HISTÓRIA DA ÁFRICA E DOS AFRICANOS

Dados Internacionais de Catalogação na Publicação (CIP)
(Câmara Brasileira do Livro, SP, Brasil)

Visentini, Paulo Fagundes
  História da África e dos africanos / Paulo Fagundes Visentini, Luiz Dario Teixeira Ribeiro, Analúcia Danilevicz Pereira.
4. ed. revista e ampliada – Petrópolis, RJ : Vozes, 2020.

Bibliografia.

4ª reimpressão, 2024.

ISBN 978-85-326-4433-6

1. África – Cultura 2. África – História 3. Africanos – Condições sociais 4. Africanos – História I. Ribeiro, Luiz Dario Teixeira. II. Pereira, Analúcia Danilevicz. III. Título.

12-09415   CDD-960

Índices para catálogo sistemático:
1. África e africanos : História   960

Paulo Fagundes Visentini
Luiz Dario Teixeira Ribeiro
Analúcia Danilevicz Pereira

HISTÓRIA DA ÁFRICA E DOS AFRICANOS

Editora Vozes
Petrópolis

© 2012, 2020 Editora Vozes Ltda.
Rua Frei Luís, 100
25689-900 Petrópolis, RJ
www.vozes.com.br
Brasil

Todos os direitos reservados. Nenhuma parte desta obra poderá ser reproduzida ou transmitida por qualquer forma e/ou quaisquer meios (eletrônico ou mecânico, incluindo fotocópia e gravação) ou arquivada em qualquer sistema ou banco de dados sem permissão escrita da editora.

CONSELHO EDITORIAL	PRODUÇÃO EDITORIAL
Diretor Volney J. Berkenbrock	Aline L.R. de Barros Jailson Scota Marcelo Telles
Editores Aline dos Santos Carneiro Edrian Josué Pasini Marilac Loraine Oleniki Welder Lancieri Marchini	Mirela de Oliveira Natália França Otaviano Cunha Priscilla A.F. Alves Rafael de Oliveira Samuel Rezende
Conselheiros Elói Dionísio Piva Francisco Morás Gilberto Gonçalves Garcia Ludovico Garmus Teobaldo Heidemann	Vanessa Luz Verônica M. Guedes
Secretário executivo Leonardo A.R.T. dos Santos	

Editoração: Elaine Mayworm
Diagramação: Alex M. da Silva
Confecção dos mapas: Paulo Campos
Capa: Naieni Ferraz
Crédito da imagem: www.sxc.hu/Piotr Menducki

ISBN 978-85-326-4433-6

Este livro foi composto e impresso pela Editora Vozes Ltda.

Aos estudantes africanos que escolhem frequentar universidades brasileiras, em lugar das europeias e norte-americanas.

Aos colegas de todo o mundo que estudam a África, não como mero objeto de pesquisa, mas como terra de um povo fascinante, que transforma o mundo.

Ainda que você possa ser mais alto que seu pai, você ainda não é seu igual.
Provérbio Ashanti

Paulo Visentini agradece ao CNPq pelo apoio a este estudo por meio da Bolsa de Produtividade em Pesquisa, bem como por meio do Projeto Parcerias Estratégicas do Brasil, edital Renato Archer, sob coordenação do Prof. Antônio Carlos Lessa, os quais me permitiram diversas missões à África e a participação em eventos africanistas em outros continentes.

Sumário

Introdução – *O continente desconhecido*, 11

1 África pré-colonial: ambiente, povos e culturas, 15
    1.1 O ambiente geográfico, os grandes grupos étnicos e a cultura africana, 16
    1.2 Fluxos interafricanos e conexões intercontinentais, 31
    1.3 O mercantilismo europeu, o tráfico de escravos e o Brasil, 40

2 Da conquista europeia à descolonização, 56
    2.1 O imperialismo europeu: penetração, divisão e ocupação (1860-1920), 57
    2.2 Os sistemas coloniais: a inserção no capitalismo mundial, 69
    2.3 Apogeu, declínio e desmantelamento dos impérios coloniais, 81

3 As independências, o neocolonialismo e a Guerra Fria, 99
    3.1 Os novos Estados, suas rivalidades e o neocolonialismo, 99
    3.2 A formação de um sistema africano pós-colonial de Estados, 100
    3.3 Os regimes racistas e coloniais e a radicalização africana, 127
    3.4 Os impérios contra-atacam I: guerras, ajuste econômico e a década perdida, 133

4 Da marginalização ao "renascimento africano", 145
    4.1 Marginalização, conflitos, epidemias e o fim do *Apartheid*, 145
    4.2 A reafirmação: a União Africana, a Nepad e a integração econômica, 163
    4.3 Os impérios contra-atacam II: presença chinesa e indiana e reação ocidental, 175

5 As relações Brasil-África: da indiferença à cooperação, 188
    5.1 O tráfico de escravos e a dimensão africana da sociedade brasileira, 188

5.2 Afastamentos e reaproximações com a África pós-colonial, 199

  5.3 A nova cooperação Brasil-África: solidariedade ou interesse?, 205

6 A África na segunda década do século XXI, 220

  6.1 A união africana e as potências extrarregionais, 221

  6.2 SADC, 223

  6.3 Comunidade econômica dos estados da África Ocidental (Cedeao), 226

  6.4 União do Magreb Árabe (UMA) e Egito, 229

  6.5 África Oriental/Igad/Comores, 231

  6.6 África Central e a Cemac, 234

Os estados africanos, 237

Territórios europeus na África, 244

Referências, 245

Os autores, 253

Introdução

O continente desconhecido

> *A liberdade de um homem é o jugo de outro.*
> Provérbio africano, Benin

Apesar de a África ser o continente mais próximo do Brasil, de existirem imensas semelhanças humanas e naturais entre ambos, de ter havido uma forte interação ao longo da história e de os afrodescendentes constituírem cerca de um terço de nossa população (o que faz do Brasil o segundo ou terceiro "país africano"[1], isto é, em número de afrodescendentes), existe um desconhecimento profundo de sua história e de nossas relações com ela. Ainda assim, no entanto, a África está se tornando moda. Proliferam cursos e publicações, muitos dos quais bastante superficiais, emotivos e equivocados. A África ou a cultura africana, como totalidade histórica, não existe abstratamente em si mesma, pois representa, de certa forma, a resposta a uma criação europeia. A cultura africana constitui um movimento reativo transatlântico antiescravista e antirracista, surgido em fins do século XIX.

Todavia, alguns procuram ignorá-la ou negam sua importância, enquanto outros tendem a idealizá-la como uma espécie de "paraíso perdido". Preocupados com essa situação de ausência ou distorção do conhecimento, procuramos articular e condensar nossa experiência docente e de pesquisa em um livro introdutório, dirigido aos estudantes e também ao grande público não acadêmico. Trata-se de uma visão histórica ampla, factual e analítica, cobrindo as dimensões socioeconômicas, políticas e culturais do continente africano nos períodos pré-colonial, colonial e pós-colonial, com ênfase na África que ressurge com a descolonização, a menos estudada e conhecida. O enfoque adotado busca fugir do etnocentrismo acadêmico da época colonial e neocolonial.

---

1. A Nigéria tem 154 milhões de habitantes e, a Etiópia, 82 milhões.

A África, embora tenha uma população reduzida, com quase um bilhão de habitantes (14% da população mundial), ocupa 20% da superfície terrestre, constituindo um dos continentes mais extensos. Essa massa de terra está posicionada "no centro do mundo", considerando-se os atuais centros civilizacionais e os fluxos e conexões existentes entre eles. O continente africano possui 54 Estados independentes, o que representa 27% dos membros das Nações Unidas. Da mesma forma, eles constituem um terço dos Estados-membro do Movimento dos Países Não Alinhados.

Do ponto de vista geográfico, a África, ainda que tenha uma baixa densidade demográfica, possui recursos naturais colossais e uma posição geopolítica que fez dela o centro da corrida imperialista e dos conflitos da Guerra Fria em sua fase final. Hoje, com o acelerado desenvolvimento asiático, a busca por matérias-primas e fontes de energia faz com que o continente seja objeto de intensas disputas. A novidade, contudo, é que a África está deixando de ser apenas "objeto" para se tornar "sujeito".

Na primeira década do século XXI, o inesperado ciclo de crescimento econômico e a postura mais ativa da inserção internacional da África, sem dúvida, causaram perplexidade em muitos analistas. Depois do afropessimismo dos anos de 1980 e 1990, quando o continente africano era considerado um "caso perdido", ocorre uma nova tendência, positiva, que no plano da cooperação com o Brasil foi acompanhada pelo desenvolvimento de intensas relações e novas agendas. Também se faz necessário conhecer melhor a realidade africana e sua política internacional, tanto aquela que aborda as relações com as grandes potências, como, especialmente, a diplomacia interafricana e os contatos com os novos atores presentes naquele continente.

Espera-se que este livro contribua para atender as demandas que estão surgindo por parte dos movimentos sociais e do Estado e coadune com as *Ações Afirmativas*, por meio da Lei Federal 10.639/03, que introduz no ensino básico o estudo da História da África, da cultura afro-brasileira e dos africanos no Brasil. Mais do que isso, busca-se motivar a sociedade para conhecer a experiência deste continente, que tanto contribuiu para o desenvolvimento da humanidade, a qual, por sua vez, teve lá suas origens mais remotas. Este conhecimento é indispensável para a superação de estereótipos e preconceitos ainda vigentes em pleno século XXI.

Esta obra é uma realização do Centro Brasileiro de Estudos Africanos (Cebrafrica), do qual os três autores são pesquisadores. Nossa experiência universitária como africanistas provém de ministrar cursos de História e de Relações Internacionais da África na Universidade Federal do Rio Grande do Sul (UFRGS) desde 1986. Desenvolveram-se, igualmente, pesquisas acadêmicas e, em 2005, foi criado o Centro de Estudos Brasil-África do Sul (Cesul), num convênio entre a UFRGS e a Fundação Alexandre de Gusmão, do Ministério das Relações Exteriores, com o objetivo de contribuir para o conhecimento sobre a região. O Cesul publica uma coleção de livros especializados e propicia viagens a países africanos, intercâmbio de professores, constituição de uma biblioteca especializada e realização de seminários. Em março de 2012, tendo em vista a expansão de suas atividades de pesquisa e o estabelecimento de uma ampla rede de contatos com instituições e pesquisadores africanistas em todo o mundo, além de suprir uma necessidade de conhecimento do continente africano, o Cesul foi transformado em Cebrafrica. Assim, o Centro cresceu e passou a cobrir todo o continente. Gostaria de destacar que os contatos com as universidades, centros especializados e pesquisadores na África "fizeram a diferença" para a compreensão da realidade daquele continente.

Com Bolsa de Produtividade do CNPq, desenvolvi pesquisa sobre "O Brasil e a China na África"; no Projeto Parcerias Estratégicas do Brasil, edital Renato Archer, sob coordenação do Prof. Antônio Carlos Lessa, escrevi sobre a África do Sul como parceiro estratégico do Brasil, e atualmente sobre "As relações interafricanas". Em 2009, estive no Afrika Studie Centrum da Universidade de Leiden, Holanda, como pesquisador associado e, ao longo dos últimos anos, tenho tido a possibilidade de desenvolver atividades acadêmicas em diversas nações africanas e em Centros de Estudos Africanos em vários países da Europa, Américas e Ásia. Anteriormente, durante meu Pós-doutorado em Relações Internacionais na London School of Economics, pude levantar amplo material de pesquisa na biblioteca dessa instituição e da School of Oriental and African Studies da Universidade de Londres.

Gostaríamos de agradecer à doutoranda Kamilla Rizzi e aos bolsistas de Iniciação Científica do Núcleo Brasileiro de Estratégia e Relações Internacionais (Nerint) do Instituto Latino-Americano de Estudos Avançados da UFRGS, onde está o Cebrafrica, que contribuíram para a pesquisa: Iara Binta Machado (brasileira de ascendência malauiana) e Mamadou Alfa Diallo (doutorando senegalês).

Paulo G. Fagundes Visentini
Porto Alegre, março de 2012.

1
África pré-colonial: ambiente, povos e culturas

Analúcia Danilevicz Pereira

A ideia de que o continente africano evoluiu isolado dos grandes fluxos internacionais é enganosa. Desde o início dos tempos históricos, a metade norte e leste do continente mantiveram contatos regulares com a Ásia e a Europa. Por essa razão, qualquer estudo que deseje colocar o continente numa perspectiva global deve iniciar pelo conhecimento e pela análise da dimensão pré-colonial e das estruturas profundas da história do continente. Da mesma forma, conhecer sua configuração geográfica é indispensável, especialmente a partir da formação de um sistema mundial calcado nos fluxos comerciais dos grandes espaços oceânicos a partir do século XV.

A África ocupa 20% das terras emersas e forma um continente territorialmente compacto. Durante a fase eurasiana "terrestre", anterior à formação do sistema mundial, o continente africano representava uma espécie de península (que se projetava sobre um oceano desconhecido) onde apenas parte de seu território estava diretamente conectada aos grandes fluxos econômico-culturais. Mas com as grandes navegações e a formação de um sistema mundial calcado nos grandes espaços oceânicos, dominado pelos impérios marítimo-comerciais europeus, a África passou a estar "no centro" dos fluxos, embora como uma espécie de barreira, cujo interior permanecia inacessível aos comerciantes-navegadores. O continente foi, assim, conectado ao sistema mundial e ao grande mercado planetário em ascensão, de forma indireta, num processo onde as formações políticas africanas detinham boa parcela de poder.

Outro ponto a destacar é que o norte e o nordeste do continente foram arabizados e/ou islamizados, mantendo sólidas interações com a Europa mediterrânea e com a Ásia Ocidental e Meridional. No restante da África houve grande processo migratório, territorialmente amplo e cronologicamente longo, primeiramente de leste para oeste e, depois, em sentido inverso e, por fim, rumo ao sul. Ao longo desse período ocorreram não apenas a formação de reinos e impérios africanos, mas também intensas mestiçagens, bem como o surgimento de novas culturas.

Portanto, é errônea a percepção de uma África cristalizada em dezenas de povos e centenas de "tribos", com suas culturas específicas consolidadas. O quadro é mais o de um intenso deslocamento, interação, fusões e surgimento de novas entidades. Da ocupação dos espaços e seus conflitos, do desenvolvimento de novas formas de produzir e das conexões com outros povos africanos e extracontinentais foi emergindo um protossistema de relações "internacionais" que terá uma dinâmica apenas parcialmente determinada pelos estrangeiros e que não desaparecerá por completo, mesmo com a ocupação europeia.

1.1 O ambiente geográfico, os grandes grupos étnicos e a cultura africana

Foi na África que surgiu o *Homo Sapiens*, há cerca de 160 mil anos, bem como a primeira civilização, o Egito, há 5 mil anos. A evolução da espécie humana teve início na África Oriental e na Meridional, ponto de partida para a colonização do restante do continente e do mundo, quando estas foram se adaptando a novos ambientes e especializando-se até surgirem grupos étnico-linguísticos diferenciados. Mas somente nas últimas décadas do século XX a África deixou de ser um continente subpovoado. Diante de todas essas dificuldades, as sociedades africanas acabaram se especializando em maximizar o número de vidas humanas e as formas de colonizar a terra.

Durante muito tempo os sistemas agrícolas foram móveis, ou seja, eram adaptados ao ambiente ao invés de o transformarem. O pensamento social centrava-se, portanto, na fertilidade e na defesa do homem perante a natureza. As populações, de número restrito e que detinham grandes extensões de terra, manifestavam as diferenças sociais a partir do controle sobre o povo, a posse de metais preciosos e a criação de gado onde o ambiente permitia (sobretudo no leste e no sul).

Assim, na África o poder estava mais relacionado ao controle de pessoas e rebanhos do que ao domínio permanente de uma porção de terra. Daí que os chamados "impérios africanos" não representavam exatamente entidades territoriais, com fronteiras definidas, como na Europa. E esses impérios, por não permanecerem longo tempo em um lugar, deixaram uma quantidade relativamente limitada de ruínas arquitetônicas. As grandes migrações africanas se encerraram muito recentemente, há pouco mais de dois séculos, ou seja, paralelamente à penetração europeia.

Algumas regiões escaparam a essas limitações, como, por exemplo, o norte da África, embora submetido a um distanciamento relativo em referência ao restante do continente pelo Saara. Do outro lado, na maior parte da África Tropical, o primeiro envolvimento com o mundo exterior em larga escala ocorreu por conta do tráfico de escravos e do comércio de sal, ouro, marfim, algumas especiarias e óleo de palma. Por ironia, um continente subpovoado foi o grande exportador de pessoas em troca de mercadorias. Hoje, o continente procura superar os efeitos do imperialismo e do colonialismo, característicos do século XIX, e da interrupção de seu desenvolvimento espontâneo.

O meio ambiente africano e seus recursos naturais

O continente africano está separado da Europa pelo Mar Mediterrâneo e da Ásia pelo Mar Vermelho, mas liga-se a ela por meio da sua extremidade nordeste, o Istmo de Suez. A principal subdivisão da África refere-se às duas regiões que ficam ao norte e ao sul do Deserto do Saara – África Subsaariana, ou África Negra, e norte da África, ou Magreb (ocidente, em árabe). Sendo o terceiro maior continente da Terra, a África ocupa, juntamente com as ilhas adjacentes, uma superfície de aproximadamente 30 milhões de km², mais de 20% do total da massa terrestre, formando um espaço compacto. Com exceção dos Montes Atlas, no norte, do maciço etíope e do Drakensberg sul-africano, o território africano é um planalto vasto e ondulado, marcado por quatro grandes bacias hidrográficas: a do Nilo, a do Níger, a do Congo e a do Zambeze.

A África pode ser dividida, geograficamente, em três regiões distintas: o planalto setentrional, os planaltos central e meridional e as montanhas do leste. Em geral, a altitude do continente aumenta de noroeste para sudeste. A característica peculiar do planalto setentrional é o Deserto do Saara, que se estende por mais de um quarto do território africano. As faixas litorâneas baixas, com exceção da costa mediterrânea e da costa da Guiné, são estreitas e elevam-se bruscamente em direção ao planalto. O litoral se caracteriza por extensões contínuas, quase sem reentrâncias e portos de águas profundas e com uma plataforma continental muito exígua, o que limita as possibilidades de pesca e jazidas de petróleo *off-shore*. Por fim, os rios praticamente não são navegáveis a grandes embarcações, devido a um grande número de corredeiras, dificultando o acesso ao interior do continente. Outra característica peculiar é que boa parte dos rios africanos corre para o interior do continente, não atingindo o mar.

A África é riquíssima em recursos minerais, possuindo em seu subsolo a maioria dos minerais conhecidos, sobretudo os mais raros e valiosos, muitos deles em quantidades notáveis. Sua principal atividade econômica refere-se à mineração, principalmente nas grandes jazidas de carvão, reservas de petróleo e de gás natural, bem como as maiores reservas do mundo de ouro, diamantes, cobre, bauxita, manganês, níquel, rádio, germânio, lítio, titânio e fosfato. Os principais países produtores desses minérios são República Democrática do Congo, África do Sul e Namíbia, que juntos, por exemplo, representam aproximadamente 98% da produção mundial de diamantes. O ouro é extraído, principalmente, no território sul-africano, no Zimbábue e em Gana, representando 50% do total comercializado mundialmente.

A profunda contradição do continente africano fica explícita numa comparação referente à energia. Há aproximadamente 66 bilhões de barris de petróleo apenas ao sul do Saara e inúmeras jazidas de gás natural, mas a maior parte da energia consumida na África provém da lenha (90%). A segunda atividade econômica mais importante no continente é a agricultura, praticada de três formas específicas – a de subsistência, em sistema de rotação de terras, desenvolvida por nativos nas áreas de floresta e savana; a permanente, realizada por povos berberes no Marrocos, felás no Egito e alguns povos negros da África Ocidental e da Meridional; e a *plantation*, cultivo de produtos tropicais em grande escala, direcionada para a exportação. Dentre esses produtos agrícolas exportados encontram-se, principalmente, o café, o cacau, a borracha, a cana-de-açúcar, o algodão, o amendoim e o azeite de dendê.

Já a pecuária é pouco praticada nas áreas equatoriais e tropicais, mas, na zona norte africana (Egito, Líbia, Marrocos, Argélia e Tunísia), há grandes criações de camelos, ovinos e caprinos. O nível de industrialização africano é bastante baixo, existindo, no entanto, ao norte do continente, indústrias relativamente bem desenvolvidas, especialmente no Egito (alimentícia, petrolífera, têxtil e siderúrgica) e na Argélia (óleos vegetais e máquinas agrícolas). No sul africano, também há industrialização média no Zimbábue (alimentícia e de energia) e na África do Sul (têxtil, alimentícia, química, siderúrgica, metalúrgica e de equipamentos de transporte).

Geografia e pré-história

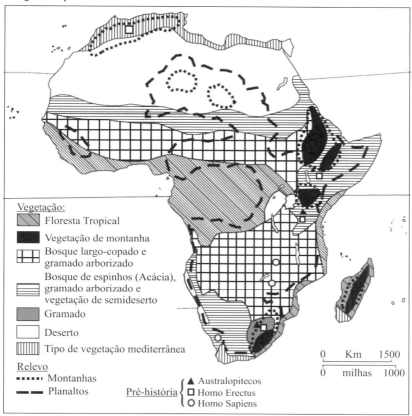

Uma sociologia dos grandes grupos etnoculturais[1]

Atualmente vive no continente africano quase um bilhão de pessoas, com uma densidade de 30,6 habitantes por km². A população urbana é de, aproximadamente, 40%, ao passo que a rural é de 60%. O continente está dividido em cerca de oitocentos grupos étnicos, cada qual com sua própria língua e cultura. A distribuição populacional da África é muito irregular. As regiões desérticas são quase desabitadas. Em compensação, nas regiões às margens do Rio Nilo, nos vales do Marrocos, na Tunísia, na Nigéria, na área urbano-industrial da África do Sul e na região dos grandes lagos a densidade é bastante elevada. Ruanda e Burundi, por exemplo, destacam-se por estarem entre as mais altas densidades demográficas do mundo.

---

[1]. Com a colaboração de Mamadou Alfa Diallo, doutorando do PPG em Estudos Estratégicos Internacionais da UFRGS.

Na parte norte do continente, inclusive no Saara, predominam os povos caucasoides, principalmente *berberes*[2] e *árabes*, constituindo, aproximadamente, a quarta parte da população do continente. Ao sul do Saara predominam os povos negroides, cerca de 70% da população africana. Na África Meridional ainda existem alguns elementos dos povos khoisan, os habitantes originais. Os pigmeus concentram-se na bacia do Rio Congo e na Tanzânia. Agrupados principalmente na África Meridional vivem 5 milhões de brancos de origem europeia.

Na África são faladas mais de mil línguas diferentes, que são divididas em quatro famílias: as afro-asiáticas, as khoisan, as nígero-congolesas e as nilo-saarianas. Além do árabe, as mais faladas são o suaíle e o hauçá. Há também várias línguas que pertencem a famílias de línguas não africanas, como a malgaxe, que é uma língua austronésia (malaia), e o *afrikaaner* (derivado do holandês, mas que se pode considerar uma língua "nativa"), pertencente à família das línguas indo-europeias, assim como a maioria das línguas crioulas da África. Além disso, a maior parte dos países africanos adotou, pelo menos como uma de suas línguas oficiais, uma língua europeia (português, francês e inglês nas respectivas ex-colônias), sendo que essas línguas são, geralmente, faladas pela população urbana desses países e, particularmente, por todas as pessoas com uma escolaridade significativa. As línguas alemã, italiana e espanhola são ainda faladas por minorias na Namíbia e Camarões, Eritreia, Líbia e Somália, Marrocos, Saara Ocidental e Guiné Equatorial, respectivamente.

Por fim, o cristianismo, a crença mais difundida, e o islamismo são as principais religiões. Cerca de 15% dos povos africanos ainda praticam religiões animistas ou locais, e grande parte da atividade cultural africana concentra-se na família e no grupo étnico.

Muitas foram as tentativas de classificar os grupos étnicos na África, seja pela cor da pele, pela identidade linguística ou pelas características culturais. Uma das primeiras tentativas nessa direção foi a de definir os habitantes do norte da África como *caucasoides* e os habitantes ao sul do Saara de *negroides*. Entre esses dois grupos podem-se encontrar variações e, além disso, entre todos esses povos houve cruzamentos, de forma que múltiplos graus de mesti-

---

2. Os berberes eram um povo nômade do Deserto do Saara, que enfrentava as tempestade de areia e a falta de água para atravessar com suas caravanas o deserto para fazer comércio. Entre os produtos comercializados pode-se citar ouro, cobre, sal, artesanato, temperos, vidro, plumas e pedras preciosas.

çagem ocorreram e ainda são esperados. Originalmente, também as fronteiras geográficas não eram tão rigorosas como atualmente.

Alterações fundamentais no mapa demográfico africano, assim como uma mudança menos radical na distribuição geográfica do Saara, foi consequência de duas grandes transformações ocorridas na metade norte do continente entre 8.000 e 2.000 a.C., uma delas climática e outra cultural. Por volta do segundo milênio a.C., o Saara se transformou no grande deserto que é hoje. Anteriormente, a região possuía um clima muito úmido que fazia dela um local próprio para pastagens, com caça abundante, enquanto nos planaltos crescia uma floresta do tipo mediterrânica.

A outra grande mudança consistiu na difusão de uma série de inovações no norte da África que iriam pôr fim ao período Paleolítico e iniciar uma onda de progressos tecnológicos cada vez mais rápidos, que conduziriam ao surgimento das grandes civilizações, a chamada Revolução Neolítica. Talvez a transformação mais significativa tenha sido a domesticação e a criação de animais (antes apenas caçados) e a melhoria e o cultivo de sementes e raízes. Com essas transformações, os homens deixaram de viver apenas em pequenos bandos e passaram a acomodar-se em núcleos cada vez maiores e mais estáveis, situados junto às melhores reservas de água para si, para os animais e para as plantas. Estava próximo o início de sociedades agrícolas e sedentarizadas.

Cultura e religião na África pré-colonial

A história do continente africano, geralmente, é construída de fora para dentro, com base nos interesses que buscaram (e buscam ainda) dominar a África e os africanos, mas também por culpa de africanos que se espelham e vivem à imagem dos povos que os dominaram, sem referência ao seu passado histórico. Segundo Ki-Zerbo (2010), é imperativo que a história e a cultura da África sejam também vistas de dentro, sem serem analisadas por parâmetros de valores exclusivamente europeus. Portanto, apesar dos mitos e preconceitos de todo tipo, que durante um longo período de tempo ocultaram a real história deste continente, existiu e existe até os dias de hoje culturas, religiões e grupos linguísticos diversos, bem como uma organização social própria dos povos africanos.

O continente africano é conhecido pela diversidade e pela riqueza de suas culturas e religiões, mas sobre o período pré-colonial a maioria dos filmes e documentários mostra uma imagem essencialmente primitiva e "bárbara". No entanto, essa visão não passa de um olhar racista e ideológico que busca descaracterizar o continente para poder controlá-lo com facilidade. Apesar disso, nenhuma dessas classificações pode apagar a história da mais antiga região do mundo, que é, culturalmente, um conjunto plural, um mosaico de nações étnicas correspondentes a identidades distintas.

Nesse sentido, Cheikh Anta Diop (1999) observa que não se deve construir a humanidade apagando a cultura de uns em benefício de outros e, tampouco, renunciando prematuramente e de forma unilateral sua cultura nacional no intuito de se adaptar à do outro em nome da simplificação da "globalização", pois isso seria um suicídio. Ou seja, importa resgatar as culturas africanas do período anterior ao colonialismo europeu, bem como suas relações com o resto do mundo, principalmente, devido às diferenças físicas, linguísticas e de organizações sociopolíticas que caracterizam a realidade africana.

Desse modo, podemos definir a cultura como sendo o conjunto da maneira de pensar, agir e se comportar de um povo que vive em coletividade, compartilhando símbolos e valores. Segundo Giddens (2004), o conceito de cultura se refere aos aspectos da sociedade humana que são apreendidos e não herdados, porém compartilhados pelos membros das sociedades e tornam possível a cooperação e a comunicação. Desse modo, a cultura é composta tanto por elementos materiais como por obras de arte, técnicas ou instrumentos de trabalho do grupo, bem como suas vestimentas, elementos espirituais ou religiosos que incluem ideias, crenças, normas, valores e costumes do grupo. Portanto, a compreensão de qualquer cultura deve evitar privilegiar, como foi feito no caso da África, o fator psicológico da identidade cultural em vez de considerar também as dimensões históricas e linguísticas (DIOP, 1987). No caso da África pré-colonial, a consideração desses elementos nos leva a falar, além da origem egípcia da civilização africana e mundial, da história dos Estados africanos conhecidos como impérios ou reinos, que foram grandes centros de divulgação da cultura africana.

Durante esse período, apesar do Deserto do Saara dividir o continente africano em dois, gerando o desenvolvimento de estilos de vida diferentes entre o norte e o sul, sempre houve trocas comerciais, culturais e sociopolíticas entre os povos das duas partes do continente. Assim o desenvolvimento de relações intercomunitárias e a organização no âmbito da formação de Estados foram facilitados. Um exemplo disso foi o Império de Gana, o mais antigo da parte ocidental do continente (do século IV ao século XI), que teve como respectivos sucessores os impérios Mali e Songhai. Essa sucessão mostra, em parte, a continuidade histórica dos povos africanos cuja base da civilização é a cultura egípcia, contrariando as afirmações das teorias que tentam distinguir a civilização e a cultura egípcia da dos demais povos do continente.

Segundo Diop (1999), a civilização do Egito Antigo é a base do patrimônio cultural, filosófico e científico de todos os africanos do continente, influenciando também a diáspora. Importa dizer que apesar de a África ser definida, primariamente, como um continente pobre e que pouco inovou, antes da colonização europeia o continente era uma das partes do mundo mais dinâmicas do ponto de vista da pesquisa e do florescimento cultural graças à organização política e socioeconômica de seus impérios. Assim, segundo Cissé (2010), na África Ocidental, por exemplo, mais especificamente na zona sudanesa-saariana, os contatos entre a população local e a cultura árabe-muçulmana, entre os séculos VIII e IX, propiciou uma grande produção de manuscritos em árabe nos principais centros urbanos como Gao, Djene e Timbuktu.

Considerando um intervalo de tempo um pouco maior, do século VII ao XVI, e sob vários aspectos, o continente africano passou por momento importante, pois este foi um período privilegiado para o desenvolvimento de culturas originais. Sem perder sua identidade, os africanos assimilaram influência externa. Foi nesta época que o grande Império do Sudão, situado ao sul do Saara, entrou em contato com a cultura e a religião islâmicas, as quais a partir de então passaram a fazer parte da cultura africana, convivendo quase que em harmonia com as religiões e crenças locais. Portanto, de forma oposta ao cristianismo, que chegou ao continente negro juntamente com os exploradores e futuros colonizadores europeus, o islamismo chegou à África pregado por africanos que tiveram contato com os fundamentos islâmicos a partir de viagens ao Oriente Médio. Conforme Diop (1999), a penetração do islã na África foi feita de forma pacífica, exceto o caso da islamização do movimento *almoravida*, durante a primeira metade do século XI, quando os berberes tentaram impor o islã pela força das armas.

Vale ressaltar que o contato dos africanos com o mundo árabe marcou o início de novos relacionamentos do continente negro com o exterior. Essas relações se intensificaram, resultando em formações sociais, políticas e culturais complexas, baseadas na diversidade que caracteriza o continente. Essa diversidade, por sua vez, dificulta a compreensão da formação, em termos de crença, de um sincretismo ou hibridismo religioso que se observa no continente até na atualidade. Desse modo, o entendimento das religiões africanas tradicionais se torna mais complicado devido à incorporação pelas mesmas de outros elementos provindos dos contatos com o exterior, notadamente do islamismo, e mais tarde do cristianismo.

Assim, segundo Tedanga (2005), para caracterizar as práticas religiosas na África tradicional os estudiosos das religiões e antropólogos do mundo moderno fabricaram todo tipo de denominação reducionista e ideológica das crenças africanas. Nesse sentido, encontramos na literatura conceitos como animismo, fetichismo, ancestralismo, magismo e totemismo, entre outros. Independentemente do termo ou conceito que se use, percebe-se a carga reducionista. No entanto, se consideramos que fetichismo, animismo ou totemismo são três fenômenos da vida humana, é normal que a religião africana tenha interesse por eles, embora seja abusivo reduzir o conjunto de suas crenças focando somente esses elementos.

Importa dizer que as religiões da África são tão diversas quanto as línguas e etnias do continente, já que cada uma delas tem seus deuses, gênios ou ancestrais cuja adoração, ritos, oração ou sacrifício segue uma lógica única. Por isso, segundo Dieng (2007), à primeira vista tudo parece ser diferente entre as religiões dos dogons, dos malis e dos zulus da África do Sul, ou entre os pangos e os iorubás da Nigéria. Porém, um olhar mais aproximado pode diagnosticar algumas características fundamentais, que são idênticas entre esses cultos essencialmente destinados a ligar os homens ao mundo invisível, seja na forma natural ou sobrenatural. Na África, os povos têm mais ou menos a mesma concepção sobre seus ancestrais, sobre os gênios, seus modos de encarnação ou de reencarnação, bem como o entendimento sobre os vivos. Portanto, pode-se encontrar no totemismo e no fetichismo uma relação sutil entre o homem, o animal e a natureza.

Fica evidente que, do ponto de vista religioso, o continente africano apresenta uma rica variedade que reflete o importante papel das crenças nas organizações políticas e socioeconômicas. Isso mostra a importância da religião, da divindade ou do sagrado na vida dos africanos, bem mesmo antes da chegada das chamadas religiões reveladas (cristianismo e islamismo). Segundo Sylla (1994), antes da islamização completa de grupos étnicos como os wolofs do Senegal, o culto do gênio e do sagrado era bastante presente na vida cotidiana do povo africano e largamente praticado. Na mesma ótica, Barry (1985) afirma que os poucos relatos sobre a religião tradicional dos wolofs permitem identificar uma igreja organizada, ou dogmas muito concisos, que revelam uma real simbiose com a natureza, onde o culto aos anciões constituía o principal fundamento da religião. Igualmente, no caso específico dos povos da Senegâmbia, o lugar que ocupa o sagrado no sentimento religioso e nas práticas, bem como nas línguas, é tão amplo que não pode ser considerado como um aporte do islamismo ou do cristianismo, apesar de certo desprezo das mesmas em relação às religiões tradicionais africanas (SYLLA, 1994).

Desse modo, pode-se afirmar que o monoteísmo africano é anterior ao islamismo, pois as religiões e o comportamento da maioria dos povos do continente se baseiam na moral e no respeito à vida em conjunto harmonioso, tanto entre os homens quanto entre eles e a natureza. Apesar da grande presença do islamismo na África Subsaariana nos séculos que antecederam à chegada do cristianismo e da colonização, importa sublinhar que a religião que dominava nos principais Estados ou impérios como Songhai, Mali e Benin, por exemplo, é aquela ligada às crenças ancestrais, as quais acreditavam em um ser supremo, do qual procedem todas as pessoas. Consequentemente, todos os indivíduos são valiosos e dignos de respeito. Ou seja, a cultura tradicional africana põe especial ênfase nas virtudes como a tolerância, a hospitalidade, a paciência e todos os valores que asseguram a harmonia social. Daí o rápido crescimento do cristianismo e do islã no continente, pois, segundo Dieng (2007), a rápida expansão dessas religiões na África se deve, em grande parte, ao sentido religioso, ao respeito e à tolerância inerente à cultura tradicional.

Nesse sentido, conclui-se que, do ponto de vista cultural, principalmente no que diz respeito à religião, a África tem sido uma grande precursora dos valores humanos incorporados pelas religiões reveladas (cristianismo e islamismo), apesar do discurso que anunciava a tarefa de "civilizar" os povos africanos a partir de seus valores. Da mesma maneira, a diversidade dos grupos linguísticos, bem como a organização sociopolítica da África pré-colonial, continua pouco conhecida ou simplesmente desvalorizada. A religião tradicional africana teve um papel importante na formação política, social, econômica e cultural do continente, da mesma maneira que as outras religiões e crenças em outras partes do mundo. Na Idade Média, a superestrutura religiosa teve um papel de igual importância na Europa e na África (DIOP, 1987). Portanto, se o cristianismo trouxe ao Ocidente um modelo de organização político-administrativa e garantiu sua continuidade histórica, na África Negra o islamismo também teve uma influência sobre a organização político-administrativa.

De qualquer modo, a religião dominante na África pré-colonial foi o animismo ou religião tradicional, apesar da islamização do continente a partir do século IX. O animismo consiste na crença em um único criador do universo que colocou um espírito em todas as coisas, sejam elas animadas ou não. Igualmente são cultuados os ancestrais, e se dá um valor particular à magia, notadamente a que cercam os ferreiros. Desse modo, percebe-se que a entrada e a expansão do islamismo se deram, principalmente, devido a essa coincidência de culto ao ser superior único, mas também por não ser uma religião de elite e aceitar sua expansão sem a erradicação do animismo (SYLLA, 1994). Nessa lógica, os seres são hierarquizados. Até o ser supremo, que pode ser confundido com o ancestral, nunca é uma abstração, mas sim energia viva, forças submetidas aos princípios da interação e que, como as forças físicas não mecânicas, podem se somar, se destruir ou se neutralizar (WADE, 2005).

Portanto, mesmo com a entrada das religiões monoteístas (islamismo e cristianismo), vale ressaltar que a religião tradicional continuou sendo a principal crença, pois neste campo, na maioria das vezes, a aceitação e a adoção das religiões estrangeiras eram vistas pelos africanos como uma forma de receptividade e de acesso ao outro para fins comerciais. Conforme Sylla (1994), em vários casos a conversão ao islamismo ou ao catolicismo de um líder comunitário era vista pelos reis e chefes dos Estados africanos como um bom negócio, já que continuar animista, por exemplo, permitiria a divinização, enquanto que se tornar muçulmano permitiria desenvolver o comércio.

Grosso modo, a cultura e a religião são dois elementos fundamentais para o entendimento da sociedade tradicional africana desde o período pré-colonial até a atualidade. Porém, continuam pouco conhecidas e, principalmente, encaradas a partir do etnocentrismo ocidental, pois sempre foi importante justificar a presença estrangeira no continente africano. Mas, independentemente dos aspectos negativos dessa presença, importa dizer que as crenças tiveram uma influência profunda sobre a organização social africana, centrada no núcleo tradicional, baseada no clã dirigido pelos anciãos.

A organização social da África pré-colonial

A África pré-colonial se dividia em grandes reinos ou impérios que funcionavam com uma organização política e socioeconômica assentada em estruturas específicas, cujo núcleo de base é a família estendida. A sociedade africana tradicional era dividida em várias categorias sociais ou castas[3], que exercem de forma exclusiva uma função ou uma atividade socioeconômica

---

3. Na África, diferentemente da Índia, as castas representam simples e unicamente o pertencimento a uma categoria profissional. Assim, por exemplo, o ferreiro que fabrica as bijuterias e armas tem o monopólio do trabalho dos metais, e são aqueles que se especializam no trabalho com ouro.

específica. Portanto, as sociedades da África pré-colonial eram organizadas conforme uma ordem patrimonial ou matrimonial. Porém, nessas sociedades, o poder não era necessariamente hereditário, apesar da transmissão do mesmo dentro de uma dada família. Ou seja, o herdeiro natural e direto do chefe morto, por exemplo, não necessariamente assumiria o lugar do mesmo. A base da organização da África pré-colonial era segmentada, sendo o principal ou o único motor socioeconômico a grande família patriarcal (KI-ZERBO, 2010). Nela, vários clãs ligados geralmente pela comunidade da língua formam uma etnia.

Portanto, as estruturas socioeconômicas da África pré-colonial se caracterizam por serem formações complexas, quase sempre baseadas nas diferenças, além de ter formas ou sistemas de governo próprias. Segundo Barry (2000), a organização social da África pré-colonial se caracterizava por estruturas concretas, organizadas pelo modo de produção, com as articulações ao seu redor formando um conjunto complexo de relacionamentos. A maioria dos Estados ou reinos eram organizados sob a forma de federação, cuja figura do rei assegurava a unidade. Nas províncias, o rei era representado por governadores ou por monarquias locais, o que simbolizava a descentralização do poder e da sociedade.

A unidade de base da organização social é o vilarejo. Cada vilarejo possui um chefe, representante do povo. Cabe ressaltar que a ideia de chefe aqui é diferente da concepção moderna, ou seja, alguém a ser obedecido, seguido e temido. Segundo Wade (2005), na sociedade tradicional africana a noção de chefe de vilarejo significava estritamente representação, isto é, o chefe era um delegado do povo. Nesse sentido, a sociedade africana tradicional não colocava o indivíduo acima do povo, mas sim o interligava ao grupo, tornando todos solidários em uma estrutura complexa de interdependência. Essa concepção reflete, na verdade, a importância da sociedade para o indivíduo na cultura tradicional africana.

Desse modo, a organização social da África pré-colonial, apesar de suas características complexas, tanto do ponto de vista político e cultural quanto do ponto de vista econômico, teve um papel fundamental nas relações internacionais da época. Já no século IX uma série de Estados dinásticos, incluindo os estados Hauçá, expandiu-se pela savana subsaariana, das regiões ocidentais até o Sudão Central. Mais tarde, o Império Songhai tomou o controle do comércio transaariano. De fato, a organização social baseada na estrutura familiar segmentada em castas teve como função a divisão do trabalho na sociedade tradicional africana e a profissionalização dos indivíduos nas atividades econômicas. Essa divisão do trabalho propiciou, em longo prazo, a acumulação da experiência e da competência, aumentando a produtividade individual e, assim, fortalecendo a economia dos Estados tradicionais. Segundo Wade (2005), graças a esta divisão e especialização do trabalho, a estrutura econômica africana pode ser considerada como uma "economia de oferta", como foi a economia clássica até sua transformação radical pelo aparecimento da moeda.

Outro ponto importante da organização social africana se refere à questão da posse da terra. Na Idade Média, o sistema feudal derivava da posse da terra, frustrando progressivamente os habitantes, teoricamente protegidos pelo Estado, e resultando na formação de uma nobreza na Europa e em outras partes do mundo. Já na África Negra nem o rei, ou qualquer outro senhor, tinha o sentimento real da posse da terra. Portanto, a consciência do poder político derivava, principalmente, de concepções religiosas e morais. O rei, um pequeno senhor local, possuía escravos e reinava sobre toda a região, cujos limites conhecia perfeitamente. Os habitantes pagavam os impostos determinados por ele, mas não tinham a intenção de se tornar proprietários do solo, pois a terra nesta sociedade "pertence aos mortos, aos vivos e aos que vão nascer" (DIOP, 1987). Nesse sentido, a fonte de recurso do Estado tradicional africano sempre foi baseada em um sistema de taxas, extração, e dos bens provindos da guerra. Com poucos trabalhadores e muita terra (geralmente pouco fértil), o sistema se baseava na migração e no controle sobre os seres humanos, e não sobre os meios de produção.

No plano político, importa destacar que a nomeação a um determinado cargo era feita a partir do pagamento de uma taxa costumeira, a qual não era obrigatoriamente entregue ao rei. Nas sociedades tradicionais havia sempre uma pessoa encarregada de confirmar a função de cada indivíduo, inclusive a do rei. Na sociedade Mossi, por exemplo, era o chefe do solo que desempenhava essa função. Hoje, ainda, podemos encontrar funções parecidas em algumas sociedades africanas que não tiveram influência direta do islamismo ou do catolicismo, como o caso dos diola de Casamance (sul do Senegal), bem como na sociedade banto na África Central. Conclui-se que a partir desse aspecto da estrutura social africana os bens materiais passam, na maioria das vezes, longe dos grandes chefes e dignitários em benefício dos homens de castas (como o *griot*), e dos trabalhadores profissionais. Ou seja, a harmonia da sociedade tradicional africana era baseada nas crenças, na moral e no respeito à divisão do trabalho por conta do sistema de castas, bem como no entendimento de que o indivíduo tem sua função dentro da comunidade e da sociedade em geral.

Grupos linguísticos da África pré-colonial

Ao abordar a organização social na África e os seus grupos linguísticos, é importante ressaltar que se torna quase impossível fazer um mapeamento completo devido à grande variedade de culturas, línguas e grupos étnicos, assim como a extensão do espaço físico que ocupam. A África figura entre os continentes com maior grau de complexidade linguística do mundo. Um detalhado mapeamento linguístico do continente africano, apesar de necessário para o desenvolvimento socioeconômico, político e cultural da África, ainda não foi feito. Essa lacuna certamente se justifica pela falta de conhecimento da linguística africana no período anterior à colonização, já que a partir da interação entre nativos e colonos desencadeou-se um processo de "tribalização e dialetização" das línguas africanas. No entanto, esse fato não transformou a essência da África como berço da humanidade e, dessa forma, berço da fala, da comunicação e dos idiomas.

Segundo Atkinson (2011), as seis mil línguas do mundo moderno descendem de um único idioma ancestral, falado pelos primeiros habitantes da África entre, aproximadamente, 50 a 20 mil anos atrás. Isso explica, de certo modo, o grande número e a variedade de idiomas que existe ainda hoje no continente africano. A maioria dessas línguas evoluiu com a tradição oral. Portanto, há carência de textos escritos nas línguas africanas, mas isso não significa ignorância em relação à escrita, tampouco ausência de literatura (MWATHA, 2011). Evidentemente o mapa a seguir é uma apresentação simplificada, pois, como afirma Ki-Zerbo (2010), ao se tentar obter uma representação do conjunto e da distribuição das línguas no continente africano, bem como as relações existentes entre elas, é impossível evitar a simplificação. Desse modo, podem-se citar alguns grupos linguísticos que se confundem, geralmente, com os grupos étnicos (ou com "tribos", como descreve boa parte da literatura), principalmente quando se trata de descrever e explicar os conflitos africanos.

Línguas africanas

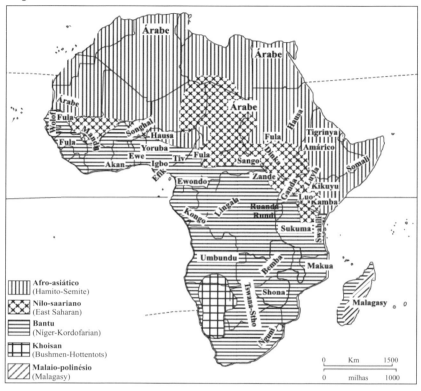

Essa classificação recente tem como objetivo unir os diferentes grupos de línguas conforme o parentesco, a proximidade geográfica ou a convivência da população africana para melhor compreender os grupos linguísticos, étnicos e socioculturais, bem como sua organização social. No entanto, apesar do estudo sobre a linguística africana estar ainda imerso em controvérsias sobre as origens e as relações, admite-se que todos os antigos idiomas africanos pertencem a um punhado de famílias fundadoras (DAVIDSON, 1969). Na medida em que os povos se tornaram mais numerosos e começaram a se deslocar, essas línguas-mãe gradativamente se dividiram no decorrer dos séculos em um número cada vez maior de subfamílias, que por sua vez deram origem a numerosas línguas faladas.

Nesta ótica, Diop (1987) afirma que próximo do século V a.C. o continente era relativamente povoado por pigmeus, exceto algumas regiões como o Vale do Nilo, onde nasceu a grande civilização africana e mundial. De qualquer modo, apesar desta suposta origem única das línguas africanas, a variedade cultural e linguística é um fato e não pode ser minimizada em busca de uma homogeneização. Cada região e cada povo desse continente formaram grupos linguísticos separados e diferentes, embora um dado grupo étnico ou linguístico pudesse pertencer a várias regiões geográficas, o que explica certamente a riqueza cultural do continente. Os fulas (ou fulbe), por exemplo, formam um grupo que pode ser encontrado da bacia do Senegal até a bacia do Nilo. Eles constituem comunidades frequentemente isoladas, em meio a áreas habitadas por etnias às vezes muito diferentes (KI-ZERBO, 2010). Da mesma forma, os duala de Camarões falam a língua banto porque, na prática, o duala é uma variante desse grupo, da mesma natureza que o lingala, bem como o egípcio, que era falado há cinco mil anos, apresenta semelhanças com o hauçá, o wolof ou o songhai.

1.2 Fluxos interafricanos e conexões intercontinentais

O grande movimento migratório africano

O desenvolvimento das sociedades africanas, sobretudo as que se estabeleceram ao sul do Saara – a chamada África Negra –, foi, até pouco tempo, considerado como um fenômeno que não sofreu influências externas, exceto na costa oriental. Essa percepção, por parte dos estudiosos, decorre do tipo de desenvolvimento vivenciado ao norte do Saara, pois a região fazia parte do mundo mediterrâneo e vinculava-se, em grande medida, aos acontecimentos do Oriente Próximo.

Era comum, assim, que os caucasoides se deslocassem apenas para o norte e para o nordeste, enquanto os negros do Saara tendiam a se movimentarem para o sul, especialmente para o Sahel. Nos dois casos, o resultado foi um aumento populacional e o consequente desenvolvimento da agricultura, como a forma mais eficaz de manter a população em crescimento. Cabe ressaltar que, independentemente do aumento da população resultante da imigração do Saara, o desenvolvimento da agricultura parece ter produzido um aumento demográfico também na metade sul da África, onde, eventualmente, absorveram as outras populações, com exceção do extremo sudoeste do continente.

O Vale do Níger e a bacia do Lago Tchad ofereciam, como o Vale do Nilo, condições favoráveis para o aumento da população e para a agricultura, ao contrário do que até recentemente se acreditava. Mais para o sul, entre os atuais territórios de Gana e da Nigéria, onde existe uma interrupção da floresta tropical sem condições para o cultivo de cereais, houve a tendência ao cultivo de vegetais que, provavelmente, deu origem aos inhames africanos.

As transformações ambientais (ressecamento do Saara) e civilizacionais (na bacia do Nilo) geraram um movimento migratório que levou sucessivas gerações de pastores cuxitas e nilo-saarianos a avançar pela margem sul da faixa do Sahel no sentido leste-oeste, possivelmente iniciado por volta do ano 2750 a.C. Os cuxitas, que pertenciam ao grupo hamita, estabeleceram-se no Lago Tchad e nas savanas a oeste deste, enquanto os nilo-saarianos se assentaram no curso médio do Rio Níger. A sudoeste deles, na zona de floresta, estavam os negros, futuros bantos. Então, a revolução neolítica, trazida pelos novos vizinhos, ingressou em sua região, fazendo com que o processo anterior de conversão dos agricultores em pastores começasse a ser revertido. O cultivo do sorgo permitiu aos povos negros crescerem numericamente e se expandirem por toda a região ocidental ao sul do Saara.

No século II a.C. eles criaram a cultura Nok (na atual Nigéria), onde começaram a fabricar utensílios e armas de ferro, difundindo a prática aos seus territórios. Logo se desenvolveu um conjunto de centros políticos e, no início da era cristã, quando os romanos estabeleceram sua hegemonia no Mediterrâneo, os bantos iniciaram uma intensa migração rumo ao leste, através da floresta equatorial, atingindo o Lago Vitória. A floresta era habitada pelos pigmeus e o leste e o sul da África pelos khoisan, povos nativos e bastante primitivos que viviam da caça e do pastoreio. Esses povos, que ainda se encontravam na Idade da Pedra, não tinham condições de enfrentar os bantos, e os pigmeus se retiravam para o interior das densas florestas do Congo, enquanto os khoisans refluíram cada vez mais para o sul. Segundo Colin McEvedy (1985: 34),

> os bantos, com seu milho e gado, suas armas de ferro e suas castas guerreiras, eram como os conquistadores [espanhóis] do Novo Mundo, operando num nível muito diferente dos nativos.

Apesar de reduzidos numericamente, eles se adaptaram a ambientes inóspitos e sobreviveram. No ano 200 d.C., os bantos chegaram ao Oceano Índico e ocuparam a região dos lagos por completo. No ano 500 eles retomaram a migração para o sul (sempre empurrando os khoisans), colonizando o oeste de Madagascar, enquanto um grupo de malaio-indonésios aportava no leste da ilha, após uma travessia marítima "cega".

Os povos originais e a grande migração leste-oeste

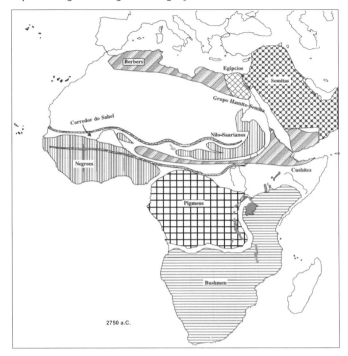

A grande migração banto

As civilizações africanas e os Estados antigos

Como foi visto, o Egito abrigou a primeira grande civilização surgida na África, embora fosse muito diferente das outras regiões africanas. Além das terras férteis, a região possuía uma importância estratégica fundamental ao situar-se como eixo de ligação entre o continente africano, a Ásia e o mundo mediterrâneo. Desde muito cedo, a fertilidade das terras egípcias fazia com que os agricultores pudessem produzir muito além de suas necessidades. No entanto, é importante considerar as origens do progresso alcançado pelos egípcios.

Esses grupos, que até então viviam de forma dispersa e desorganizada, sentiram a necessidade de organizar-se. As colheitas, cada vez mais abundantes, aumentaram ainda mais o crescimento demográfico. A demarcação das terras foi resultado desse desenvolvimento, atividade na qual se ocupavam chefes, sacerdotes e seus servidores. A medição dessa rica e fértil terra fez surgir a agrimensura e a profissão de escriba. Da mesma forma, foram dados os primeiros passos em direção ao cálculo e à escrita.

As lutas internas e as consequentes trocas culturais e biológicas que mesclaram os povos em volta do Nilo deram origem ao desenvolvimento de uma grande civilização. A utilização dos metais certamente ampliou o poder dos chefes e a capacidade, do ponto de vista militar e diplomático, de superar os inimigos. Por fim, o Rei Narmer, do sul, conseguiu unificar todo o território por volta de 3100 a.C. A posição geográfica do Egito, situado entre a Ásia, o Mediterrâneo e a massa africana do sul, bem como sua capacidade de desenvolvimento, destinou a região a uma série de invasões que marcaram os reinados das diversas dinastias.

Outra importante civilização é a de Axun, localizada no nordeste da África, atual Etiópia, Somália, parte do Sudão e Eritreia, entre os séculos I e V. O surgimento de Axun esteve ligado à sua localização privilegiada, próxima aos antigos núcleos urbanos cuxitas, egípcios e árabes. Devido às intensas trocas culturais que a proximidade entre as regiões proporcionava, a formação étnica e cultural dessa sociedade tinha um caráter profundamente miscigenado. Todavia, sua população era majoritariamente negroide. Culturalmente, entretanto, a sociedade tinha características semitas, embora reelaboradas. Na interação entre o chifre da África e o sudoeste da Península Arábica formou-se o "reino do incenso", produto intensamente exportado para os antigos centros civilizacionais.

Entre os séculos III e V, a civilização de Axun adquiriu caráter imperial, impondo-se à força sobre os vizinhos da região nordeste da África, em particular sobre Meroé, capital do Reino Kush entre os séculos VII e IV a.C., e sobre a Arábia Meridional. A expansão de Axun permitiu-lhes assumir o controle de uma vasta extensão de terras cultiváveis até o Mar Vermelho, e a ocupar também uma posição intermediária no comércio marítimo do Índico, entre os impérios do Oriente (chineses, mongóis e hindus) e o Império Romano, então em decadência.

Assim, além das conexões que ligavam o litoral norte da África à Europa e ao Levante (litoral do Oriente Médio) através do Mar Mediterrâneo, havia os fluxos norte-sul através do Vale do Nilo e os do Mar Vermelho e os do leste-oeste, por meio do Oceano Índico. Navegadores árabes, persas, indianos e malaios (até chineses, em uma ocasião) frequentaram as costas da África Oriental por muitos séculos. Esses comerciantes traziam e levavam mercadorias, influências culturais e conhecimentos que, de várias maneiras, conectavam a África ao Extremo Oriente.

Na África Ocidental surgiu uma série de reinos de população negra, cuja base econômica estava no controle das rotas comerciais transaarianas. A antiga Costa do Ouro, atual Gana, deve seu nome moderno ligado ao de um antigo império que dominou a África Ocidental durante o período que corresponde à Idade Média europeia. O Reino de Gana ficava a muitos quilômetros ao norte do atual, entre o Deserto do Saara e os rios Níger e Senegal.

O antigo Reino de Gana foi provavelmente fundado durante os anos 300. Desde essa data até 770, seus governantes constituíram a Dinastia dos Magas, uma família berbere, apesar de o povo ser constituído por negros das tribos Soninque. Em 770, os Magas foram derrubados pelos Soninques, e o império expandiu-se amplamente sob o domínio de Kaya Maghan Sisse, que governou por volta de 790. A capital de Gana, Kumbi Saleh, tinha uma população com cerca de 15 mil pessoas, parte das quais muçulmanas, que participavam ativamente do comércio transaariano.

A maior parte da população de Gana era agricultora. Entretanto, o reino enriqueceu graças à sua localização, no extremo sul da rota comercial do Saara. Os berberes Sanhaja aprenderam a utilizar o camelo, que foi introduzido da Ásia a partir do Egito, e estabeleceram uma rota transaariana que ligava o Marrocos a Gana. No início, eles traziam sal e trocavam por ouro na base de um peso equivalente. A essa altura, o Reino de Gana passou a ser reconhecido como uma região extensamente rica em ouro. Gana atingiu o máximo de sua glória durante os anos 900 e atraiu a atenção dos árabes. Depois de muitos anos de luta, a Dinastia dos Almorávidas berberes subiu ao poder, embora não o tenha conservado durante muito tempo. O reino entrou em declínio e, em 1240, foi destruído pelo povo de Mali.

O Império de Mali deu início ao seu desenvolvimento como um pequeno Estado chamado Kangaba. Em 1235, um guerreiro chamado Sundiata tornou-se soberano e fundou o império. Sundiata construiu uma nova capital em Niani e conquistou territórios ao sul, onde havia minas de ouro, e ao norte, em Tanghaza, onde existia muito sal, controlando, assim, todo o comércio transaariano. O império anexou as cidades de Timbuktu e Gao. Entre os anos de 1324 e 1326, Mansa Kankan Musa fez sua peregrinação a Meca, levando consigo aproximadamente 60 mil servos, 100 camelos e enorme quantidade de ouro, no valor aproximado de três milhões de libras. Como resultado de sua peregrinação, o Império de Mali tornou-se conhecido por todo o mundo mediterrâneo, além de ter convertido a cidade de Timbuktu, em 1337, em um famoso centro de estudos islâmicos.

Por volta do século XV, a Dinastia Songhai ganhou gradualmente a independência do Império do Mali. A expansão do Songhai avançou mais agressivamente com Sunni Ali, que conquistou o Mali em 1471. A organização de Songhai era mais elaborada que a de Mali. Askia Mohammed criou um exército profissional, o que melhorou a qualidade dos guerreiros e libertou o povo para a produção agrícola, artesanal e comercial ao reduzir os tributos cobrados da população.

Os reinos africanos da região se baseavam no controle das minas de ouro, em sua exportação para o norte e no comércio de sal, marfim, óleos vegetais e escravos. Os songhais estavam vinculados a uma segunda rota estabelecida a partir do Saara e que atingia o Mediterrâneo através da Argélia. Uma terceira ligava o Reino de Kanem, no Lago Tchad, à Tripolitânia e, já no século XIX, mais uma foi estabelecida pela irmandade dos senussi, ligando o Reino de Wadai a Benghazi que, como Trípoli, ficavam na atual Líbia. Assim, várias rotas de caravanas ligavam a África Subsaariana ao Mediterrâneo.

A expansão do islã, a África Ocidental, a Oriental e a Meridional

A expansão muçulmana, que envolvia inicialmente a conquista e, mais tarde, a conversão de povos africanos ao islã, teve início no século VII, com a conquista do Egito e da Cirenaica pelo Califado Árabe. Cem anos depois, todo o litoral africano do Mediterrâneo (e a Espanha) fazia parte do mundo islâmico. Gradativamente eles avançaram para o sul, através do Deserto do Saara, convertendo os tuaregues. Do século XI ao XII, a parte ocidental e a central do Sahel e os litorais do Mar Vermelho e da Somália já haviam sido dominados ou convertidos, enquanto as cidades comerciais árabes do Oceano Índico, desde o norte de Moçambique, já constituíam baluartes islâmicos. Posteriormente, ao longo dos séculos seguintes, a religião muçulmana ganhou terreno no *hinterland* do Golfo da Guiné (numa linha paralela à costa que parte do sul do Senegal até o centro da Nigéria e Tchad), no Vale do Nilo (centro do Sudão), no litoral do Mar Vermelho (Eritreia) e do Oceano Índico, atingindo parte do norte de Moçambique e de Madagascar.

A expansão do islã e os impérios africanos

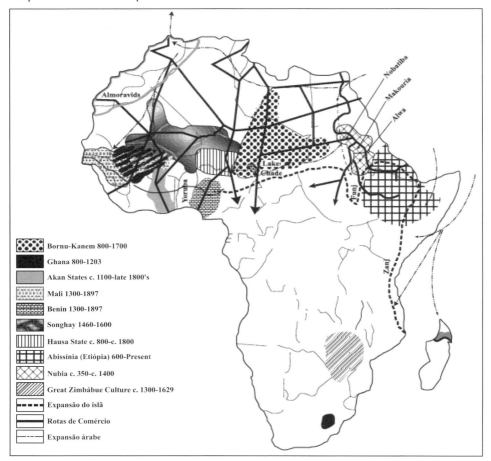

A importância desse processo é tanto de ordem civilizacional como internacional, pois afetou profundamente as formas de organização social e econômica, bem como a inserção política e econômica dessas regiões. A Europa deixou de ser a única referência, com o Oriente se tornando um polo de atração. Além das peregrinações a Meca e da universalização da língua e da cultura árabes, formaram-se novos vínculos identitários e fluxos internacionais que abarcaram boa parte da África Negra.

No tocante à grande migração africana, por volta do ano 400, os primeiros agricultores da Idade do Ferro que falavam línguas bantas ocuparam grande parte da África Oriental e da Meridional de forma esparsa e irregular. Esses povos preferiam zonas abundantes em água, sugerindo que sua economia se baseava essencialmente no cultivo de inhame e sorgo, na pesca, na caça e na criação de pequenos animais domésticos.

Foi a partir do século X que os comerciantes árabes estabeleceram-se na África Oriental, aprenderam as línguas locais e tornaram-se intermediários, comprando mercadorias dos africanos e repassando-as aos comerciantes marítimos. No século XI, as guerras na Pérsia e na Arábia forçaram muitos árabes a ocuparem definitivamente áreas da África Oriental. A miscigenação cultural e o casamento desses árabes com mulheres africanas locais geraram, algum tempo depois, uma nova língua, o suaíli, basicamente uma língua banta, intercalada com muitas palavras árabes, que ainda hoje é falada em partes da África Oriental, sendo língua oficial da Tanzânia e do Quênia.

Enquanto os árabes ocupavam Kilwa, na costa oriental, outra cidade banta estava em construção na parte sudeste africana. O Grande Zimbábue tornou-se forte ponto de comércio no Oceano Índico devido, em parte, ao ouro e ao marfim do interior africano, mas também do cobre provindo do atual cinturão do cobre no Congo (Katanga) e da Zâmbia, em um tráfico tipicamente intra-africano. Os povos de língua banta começaram a se estabelecer em torno do planalto do Zimbábue.

Por volta de 1300, já havia uma muralha, com aproximadamente dez metros de altura, erguida como proteção a toda a área. Aproximadamente 10 mil pessoas viviam fora da muralha de pedra da Grande Zimbábue. Alguns eram pastores, outros artesãos e também escultores e tecelões, pois a matéria-prima (algodão, ouro, cobre, madeira e pedra) era abundante. No entanto, os comerciantes eram fundamentais nessa dinâmica, pois levavam ouro, cobre e marfim para a costa oriental. O ouro era obtido dos povos que viviam ao sul, e o cobre, dos povos ao norte da Grande Zimbábue. Foi justamente esse comércio que tornou a região um dos reinos mais poderosos no século XIV. Contudo, sem explicação plausível, em meados do século XV o Grande Zimbábue foi incendiado e abandonado.

Na Costa da Guiné, os reinos que se beneficiaram com o comércio de escravos, já no contexto de expansão europeia em direção à costa africana, foram os de Oyo e Benin. Mais para o oeste, o Reino Ashanti também se desenvolveu progressivamente durante os séculos XV e XVI. O Rei Opoku Ware organizou um sólido sistema de impostos, com uma burocracia administrativa eficiente. No final do século XIX, porém, o império começou a enfraquecer, envolvendo-se em guerras com povos do litoral e batalhas com os britânicos, entre 1807 e 1901. No final dos conflitos, os britânicos assumiram o controle do Império Ashanti.

O desejo britânico de acabar com o tráfico de escravos se baseava na perspectiva de reorganizar a produção e o comércio africano, com vistas a outras exportações, aumentar a atividade missionária e impor a jurisdição do governo britânico sobre propriedades que tinham pertencido a comerciantes britânicos. Essas ações levaram o Estado britânico a assumir a soberania de certos territórios africanos, considerados estratégicos por eles.

Já os portugueses chegaram à costa oriental africana, e, na década de 1530, enviaram grupos para subir o Rio Zambeze e descobrir de onde vinha o ouro vendido pelos suaílis. Acabaram por estabelecer ligações comerciais com o grande Império Monomotapa, do interior do continente, responsável por boa parte do comércio interno africano.

Mas os portugueses foram impedidos de continuar adentrando no continente africano por um líder chamado Dombo, rico proprietário de gado e soberano do Império Rozvi. Entre 1684 e 1696, Dombo e seu exército lutaram contra os portugueses e os expulsaram do planalto do Zimbábue. O Império Rozvi tinha sua capital em Khami e, após um período de prosperidade, chegou ao fim na década de 1830, devido a uma invasão de povos guerreiros do sul da África, os nguni. Essas guerras se espalharam por toda a África Central e Meridional, durante mais de 15 anos. Esses conflitos internos ficaram conhecidos como o *Mfecane* ("época da aniquilação").

Mais ao norte, os povos em torno dos lagos da África Oriental escaparam do *Mfecane*. Os dois reinos mais poderosos eram o Bunioro (às margens do Lago Alberto) e Buganda (Lago Vitória). Bunioro foi o primeiro reino a tornar-se importante na região. Sua principal atividade econômica era a criação de gado e havia também a produção de sal. Durante os séculos XVI e XVII, o exército bunioro fez muitos ataques contra os povos vizinhos, tomando seu gado e sua terra, além de obrigá-los a tornarem-se vassalos e a pagar tributos ao rei. Já no século XIX surgiu o primeiro opositor ao Reino dos Bunioro, com a ascensão do Reino de Buganda, de aproximadamente 500 mil habitantes. Buganda também tinha ligações com comerciantes árabes na costa oriental e deles comprava armas de fogo, munições, tecidos de algodão, contas e produtos de vidro.

Há ainda dois povos importantes. O povo chwezi chegou, no século XIV, próximo aos lagos da África Oriental vindo do norte. Eram pastores de gado e introduziram na região a ideia de centralização da autoridade em um único governante ou rei. Também incentivaram o plantio de café e seu reino durou duzentos anos. O outro grupo era o povo nômade masai, que vive ainda hoje na Tanzânia e no Quênia. No século XVI, era um grupo pequeno, mas no século XIX sua população havia crescido consideravelmente. As sociedades que se desenvolveram no continente africano tornaram-se gradativamente complexas e diversificadas, da mesma forma que as relações das diferentes regiões com o mundo exterior.

1.3 O mercantilismo europeu, o tráfico de escravos e o Brasil

O nascimento do comércio mundial e a África

Antes da chegada dos europeus, a maior parte dos povos africanos estava organizada em reinos independentes, mas não isolados do mundo exterior. Até o advento dos traficantes de escravos europeus, os árabes já praticavam o comércio negreiro, transportando escravos para a Arábia e para os mercados do Mediterrâneo. Portanto, antes das grandes navegações europeias, o continente africano já tinha contatos com os europeus. Os primeiros contatos surgiram por intermédio dos muçulmanos, que realizavam o comércio.

O principal elemento que possibilitou o início desse intercâmbio por parte dos muçulmanos foi a descoberta de ouro em algumas regiões africanas já conquistadas por eles, como o Sudão. Assim, mais do que uma aventura expansionista, os motivos que trouxeram os europeus em direção à costa africana foram resultantes do desenvolvimento do poderio da civilização islâmica no Mediterrâneo, ou seja, no norte da África, nas regiões periféricas do sul da Europa e em todo o Oriente Próximo.

Os processos de ocupação territorial, de exploração econômica e de domínio político do continente africano por potências europeias, tiveram início no século XIV. A primeira fase do expansionismo europeu na África surgiu da sua necessidade em encontrar rotas alternativas para o Oriente (produtor das valiosas especiarias) e contornar as rotas terrestres transaarianas de comércio de ouro controladas pelos muçulmanos. Nesse período, o alargamento dos horizontes geográficos resultantes dos contatos com os povos muçulmanos e a aquisição de tecnologias como o compasso, o astrolábio, a bússola e o conhecimento astronômico tornaram possíveis novas representações do mundo.

O sucesso dos europeus no empreendimento colonizador deveu-se, portanto, à sua capacidade de sistematizar esse conhecimento e permitir, assim, à Europa Meridional, e não ao mundo islâmico, a capitalização da habilidade e do conhecimento que estavam disponíveis no século XIV. Em grande medida, isso ocorreu devido à iniciativa comercial e marítima dos empresários e marinheiros italianos. A partir daí, floresceu um comércio pelo qual as exportações europeias de madeira, objetos de metal e escravos eram trocados por artigos de luxo que os mercadores muçulmanos forneciam, como perfumes, tecidos finos, marfim, ouro, entre outros.

A Europa, no final do século XIV, encontrava-se presa a seus limites, sentindo a necessidade de se expandir. O comércio das especiarias, monopolizado pelas cidades italianas, em especial pelos venezianos, prejudicava o restante dos países do continente, pois os produtos eram vendidos a alto preço. A necessidade de quebrar esse monopólio passou a ser uma questão de sobrevivência para as economias monetárias. Nesse contexto, os principais concorrentes de Veneza, os genoveses, trataram de encontrar alternativas para o fornecimento de mercadorias que evitassem os portos do Mediterrâneo.

É preciso esclarecer que a riqueza na época moderna, para os europeus, está diretamente relacionada com a possibilidade dos Estados de acumular metais preciosos. Assim, os monarcas dos Estados nacionais europeus empenharam-se em descobrir a melhor forma de conseguir recursos para o tesouro real, a partir do acúmulo de grandes quantidades de ouro e prata para o tesouro. Assim, o mercantilismo levou à formação de um sistema colonial em que a exploração das colônias vinculava-se fortemente à acumulação de capitais, tanto por parte da burguesia, que se beneficiava do comércio colonial monopolizado (o chamado Pacto Colonial), como por parte do Estado, que recolhia tributos. O tráfico negreiro, fornecedor de mão de obra necessária para a produção nas recém-descobertas colônias americanas, por sua vez possibilitou elevados lucros para ambos.

Nos séculos XIV e XV, os comerciantes italianos que não conseguiam competir com os venezianos viram bloqueadas as portas no Mediterrâneo oriental e no ocidental. A única alternativa seria o norte da África. No entanto, não possuíam barcos nem experiência adequada. Coube aos portugueses e à sua capacidade naval a possibilidade de combinar capital e experiência atlântica. Assim, a expansão marítima, organizada de forma sistemática pelos lusos, começou com a conquista da cidade de Ceuta, no norte da África, em 1415. A partir desse momento, Portugal lançou-se a uma série de campanhas de conquista em território mouro.

A expansão marítima lusitana

As navegações portuguesas e o litoral africano

Nesse período, as expedições portuguesas eram comandadas pelo Infante Dom Henrique (1394-1460), da Dinastia de Avis. A conquista de Ceuta representou a abertura, para o Reino de Portugal, das portas ao domínio do comércio que aquele porto exercia. Em 1434, os portugueses ultrapassaram o Cabo Bojador, na costa do Saara Ocidental. A partir de então, o avanço lusitano para o sul seria permanente. Após seu regresso de Ceuta, o Infante Dom Henrique fixou-se em Sagres, onde se desenvolveram novos métodos de navegar, desenharam-se cartas e adaptaram-se navios.

O processo de exploração português avançou em diferentes etapas. A primeira dessas fases durou aproximadamente quinze anos, tempo necessário para reunir forças para ultrapassar o Cabo Bojador. Depois, mais dez anos foram necessários para explorar a costa saariana. Por último, fez-se necessário um período mais amplo para que os navegadores portugueses compreendessem o valor dessas descobertas e suas reais possibilidades comerciais.

Em 1460, os navios portugueses alcançaram a Serra Leoa e as ilhas de Cabo Verde. Com o objetivo de obter dos habitantes da Guiné não apenas o ouro, mas também o escravo, que poderia ser utilizado na exploração das terras no Algarve, região mais meridional de Portugal continental, ou nas ilhas atlânticas, os portugueses procuraram intensificar as relações com as populações nativas.

Em 1497, Vasco da Gama foi enviado à Índia, contornando o Cabo da Boa Esperança e a costa oriental africana. Quando da Gama partiu, estava bem-informado sobre a estratégia que gerou sua viagem, mas não completamente consciente sobre os problemas que enfrentaria, principalmente na costa oriental da África, diante da hostilidade das populações locais e da influência muçulmana no Oceano Índico.

Ele velejou direto para o sul da África, desembarcando a norte da Cidade do Cabo. Em seguida, continuou até Moçambique, tocando *Kilwa* e Songo, duas ilhas na costa da Tanzânia que, juntamente com Moçambique, eram vinculadas ao comércio de ouro em Sofala. Essas ilhas representavam dois grandes portos mercantes onde, na fase anterior à chegada dos portugueses, era comercializado ferro e ouro do Zimbábue, e marfim e escravos da África Oriental, em troca de *tecidos*, joias, porcelana e *especiarias* provenientes da *Ásia*.

A dimensão estratégica

De volta a Lisboa, Vasco da Gama logrou convencer as autoridades de que seria viável desenvolver um poderio naval português no Oceano Índico, pois, dessa forma, a maior parte das mercadorias asiáticas procuradas na Europa seria transportada em barcos portugueses, que contornariam a África na ida e na volta. Assim, a viagem de Vasco da Gama foi seguida do envio de armadas, a primeira das quais foi comandada por Pedro Álvares Cabral, que acabou por atingir o litoral do Brasil.

Em 1502, Gama passou a impor soberania aos portos mais importantes da África Oriental e do Oceano Índico. Assim, estabeleceu-se em Goa, na costa do Mar da Arábia, uma base permanente na costa oriental indiana. Assegurou-se, a partir de então, o controle das principais rotas marítimas através de Malaca (na Malásia), que pertenceu a Portugal de 1511 a 1641.

Os concorrentes mais perigosos dos portugueses, nesse contexto, eram os mercadores de Castela, que com a exploração do Novo Mundo, a partir de 1492, oportunamente ampliaram suas ambições territoriais, fato confirmado pelo Tratado de Tordesilhas. Logicamente, o tratado e a visível superioridade lusitana e espanhola nas atividades além-mar não evitaram tentativas francesas e inglesas, na primeira metade do século XVI, de expansão em território africano, mas nenhuma delas logrou ultrapassar o Golfo da Guiné.

O comércio asiático era, obviamente, mais interessante do que o africano. No entanto, o continente africano era estratégico para que Portugal viabilizasse seus projetos de controle marítimo-comercial. Nesse momento, as únicas coisas que interessavam a Portugal eram o ouro e os escravos. Longas faixas territoriais foram ignoradas, pois não dispunham de nenhum desses dois elementos. Aliás, essas áreas eram vistas como um obstáculo. Entretanto, outras regiões foram de fundamental importância. Os Oceanos Atlântico Sul e Índico se tornavam espaços comerciais privilegiados e objetos de uma dura disputa entre as potências navais europeias.

As bases e os entrepostos portugueses

Na África Ocidental a atenção portuguesa se concentrou, obviamente, na Costa do Ouro (atual Gana). Nessa região, em função das divisões políticas, os portugueses conseguiram se estabelecer e realizar acordos com os chefes locais, em troca de mercadorias e armas. Os portugueses tentaram, a partir da construção de fortes, manter o monopólio comercial na região e realizaram, inclusive, expedições punitivas contra grupos que comercializavam com embarcações de outros países europeus. Durante os três séculos seguintes, ingleses, portugueses, suecos, dinamarqueses, holandeses e brandemburgueses (prussianos) controlaram vários pontos da Costa do Ouro. Com a crescente ascensão dos holandeses, os portugueses perderam grande parte da região em 1642 para eles.

Na Costa dos Escravos (atual Benin), como o nome sugere, os portugueses tinham a principal fonte de fornecimento de escravos, tecidos e contas da África Ocidental. Em 1485, eles se fixaram nas ilhas do Golfo da Guiné. O local era ideal para o abastecimento dos navios que iam para a Europa e, posteriormente, para o Brasil. A área era colonizada por judeus deportados que perceberam o potencial da região para a cultura de plantas tropicais, como a cana-de-açúcar. No entanto, esse cultivo exigia mão de obra em abundância e a oferta era restrita. Por volta de 1570, o número de escravos já havia aumentado e tornou-se difícil controlá-los. Assim, o centro de produção foi transferido para o Brasil, concorrendo à área. São Tomé passou, assim, de centro produtor para entreposto do tráfico negreiro.

Na costa oriental africana, Portugal explorou uma aliança com o reino cristão da Etiópia e garantiu o controle das minas do Império de Monomotapa, um império que prosperou entre os séculos XV e XVIII no Rio Zambeze, entre o planalto do Zimbábue e o Oceano Índico. As autoridades etíopes não se mostraram muito interessadas nas investidas portuguesas até perceberem os perigos do controle turco-otomano na região. Aceitaram, então, o auxílio português, que treinou soldados etíopes no uso de armas de fogo e ajudou a constituir uma capital permanente para o rei, que até então se deslocava constantemente pelas províncias do reino.

No entanto, os últimos missionários não tiveram sensibilidade para explorar as vantagens obtidas anteriormente e provocaram uma reação contra sua interferência na igreja tradicional. Os portugueses foram expulsos e a Etiópia, nos dois séculos seguintes, fechou-se ao mundo exterior. A interferência portuguesa e a introdução das armas de fogo, em consonância com os repetidos ataques otomanos e islâmicos, fizeram com que o reino entrasse em declínio.

A tentativa lusa de conquistar Monomotapa se deu por meio de uma missão jesuítica (1560-1561), mas fracassou depois de um sucesso inicial. O controle português do ouro tendeu, assim, a declinar, devido ao domínio do comércio desse minério e do marfim realizado pelos muçulmanos através do interior, pois eram muito mais experientes nas trocas com os bantos. Ademais, eles tinham grande interesse em minar as bases do comércio luso, em retaliação à destruição dos entrepostos costeiros muçulmanos. Assim, a riqueza da região se restringia, cada vez mais, ao marfim e aos escravos. No final do século XVII, o imperador de Monomotapa buscou auxílio do novo reino do Changamire para expulsar os portugueses. Foi possível expulsar os portugueses, porém, na prática, isso significou o fim do Império de Monomotapa.

O tráfico de escravos e a economia mundial

Ascensão e declínio do Império Português

A expansão portuguesa na África nos séculos XV e XVI mostrou à Europa que o valor do continente, naquele momento, não estava somente ligado ao ouro ou ao comércio de especiarias, ou, ainda, à possibilidade de expansão do cristianismo. O continente tinha outras potencialidades – era capaz de fornecer escravos para a exploração das Américas.

A incorporação da África Tropical pelos portugueses a um sistema comercial mundial e dinâmico, dominado pelos europeus ocidentais, permitiu que a Europa viesse a controlar todo o continente. Na primeira década do século XVII, a Companhia Holandesa das Índias Orientais aniquilou o poderio português no Oceano Índico. Entre os anos de 1637 e 1642, outra companhia holandesa, a das Índias Ocidentais, apoderou-se das feitorias mais importantes dos portugueses na costa ocidental da África.

Os efeitos da dominação do continente africano não poderiam ser reconhecidos naquele momento, pois os motivos que impulsionaram os holandeses a constituir duas importantes companhias comerciais foram resultantes de uma questão interna à Europa. A população do norte dos Países Baixos estava em rebelião contra seu soberano, o espanhol Filipe II, que, com a queda da Dinastia de Avis, resultante da derrota em Alcácer-Quibir, em 1579, tornara-se também rei de Portugal. Nesse contexto, os comerciantes holandeses já eram os principais distribuidores para o norte da Europa de produtos asiáticos, africanos e americanos que afluíam dos impérios espanhol e português.

A União Ibérica (1580-1640) impôs sanções aos holandeses, em uma tentativa de punir os rebeldes, proibindo-os de participar diretamente do comércio atlântico. Como o comércio de especiarias ainda era mais atrativo, e o poderio português no Oriente mais frágil que o espanhol nas Américas, a Companhia Holandesa das Índias Orientais iniciou suas atividades antes da Companhia Holandesa das Índias Ocidentais. Nenhuma das duas companhias estava especialmente interessada na África, embora, em meados do século XVII, a Companhia das Índias Orientais tenha instalado uma base de apoio junto ao Cabo da Boa Esperança, o que teria como consequência o surgimento da colonização europeia no sul da África.

Europeus e árabes no Oceano Índico

Os holandeses, com melhores barcos e técnicas mais avançadas do que os portugueses, navegavam pelo Oceano Índico desde o Cabo da Boa Esperança, chegando diretamente às Índias Orientais através do Estreito de Sunda, localizado entre as ilhas de Sumatra e Java no arquipélago indonésio. Apenas duas bases assegurariam o controle dessa rota – uma junto ao Estreito de Sunda (Batávia, atual Jacarta), que se tornou a sede da companhia, e outra no centro do trajeto entre a Europa e as Índias Orientais, que deveria vigiar o acesso ao Oceano Índico. Inicialmente, Santa Helena foi destinada a esse fim, mas, em 1652, diante da concorrência entre ingleses e franceses, os holandeses decidiram instalar um entreposto onde nasceria a Cidade do Cabo.

Assim, o conjunto de bases que os portugueses haviam instalado no litoral do Oceano Índico, na rota compreendida entre Moçambique e Malaca, perdia a importância para os europeus. A pouca importância manteve-se mesmo quando as companhias francesa e inglesa das Índias Orientais foram derrotadas pelos holandeses e acabaram concentrando suas atividades no subcontinente indiano. Na verdade, o único interesse na parte ocidental do Oceano Índico foi o de possuir portos de apoio equivalentes ao da Cidade do Cabo, tais como ilhas Maurício, Madagascar e Comores.

Foi com o aumento das plantações de cana-de-açúcar, no conjunto das Ilhas Mascarenhas (especialmente Maurício, Reunião e Rodrigues), após terem se tornado colônias francesas no início do século XVIII, que o interesse pelas fontes de mão de obra escrava na costa oriental africana tornou-se efetivo. Cabe ressaltar que os franceses foram constantemente confrontados pelo poderio naval britânico, e Madagascar tornou-se a fonte de abastecimento mais próxima, ao passo que as Ilhas Maurício se tornaram colônia britânica no início do século XIX.

Aos portugueses pouco restou na costa oriental africana, pois não conseguiam desenvolver nem tampouco defender de forma adequada a série de bases que possuíam, deixando o caminho aberto para o renascimento do comércio muçulmano e do seu poderio no Oceano Índico ocidental. A atividade na região foi retomada pelos árabes omaneses da faixa costeira e improdutiva da Arábia, junto à entrada do Golfo Pérsico. Anteriormente, os portugueses procuraram controlar as atividades desses árabes, e, de modo geral, a dos marinheiros do Golfo Pérsico, ocupando o Estreito de Ormuz e Mascate, principal porto de Omã. Todavia, em 1650, os omaneses expulsaram os lusos de Mascate e prosseguiram com a conquista de Zanzibar, que apresentava significativas potencialidades como entreposto comercial na costa africana.

O avanço árabe continuou quando, em 1698, os omaneses apoderaram-se do principal bastião português na parte norte da costa oriental africana. Mesmo diante de uma breve reocupação portuguesa desse forte, o poderio português ficou limitado ao litoral sul do Cabo Delgado (norte de Moçambique) e ao curso inferior do Rio Zambeze.

O tráfico e a África Ocidental

Dessa forma, desde meados do século XVII até meados do século XIX, quando os europeus mencionavam o "tráfico africano", na verdade, estavam fazendo referência ao seu comércio com a África Ocidental, e, na maior parte dos casos, ao comércio com a costa compreendida, aproximadamente, entre o Senegal e o Congo. O comércio colonial europeu com a região, nesse período, aumentou consideravelmente, ainda que tenha se comportado como subsidiário dos interesses europeus na América.

Importante considerar que o aumento do comércio europeu com a África Ocidental não representou, necessariamente, aumento do poder. Ao contrário, se tomado como exemplo o caso da Guiné, os reis africanos e os respectivos povos reagiram ao aumento do comércio externo, como tinham feito alguns reis do Sudão, frente ao aumento do comércio transaariano. Fundamental destacar que, na África, haviam se desenvolvido estruturas políticas amplas, mais poderosas e comercialmente mais organizadas. Entretanto, estava prestes a surgir uma nova interação entre africanos e europeus, quando, no século XIX, esses deixaram de interessar-se pelos escravos para as Américas, e as novas sociedades industriais criaram novos tipos de comércio colonial e novas formas de império.

Sem dúvida, a pioneira na nova fase do comércio africano foi a Companhia Holandesa das Índias Ocidentais, após suas incursões bem-sucedidas no nordeste brasileiro. A produção açucareira e de outros produtos tropicais estava consolidada, e a mão de obra, dependente do fornecimento de escravos vindos da África. Na tentativa de garantir esse fornecimento, a partir de 1637, o governador da Companhia no Brasil, Maurício de Nassau, iniciou plano de conquista das bases portuguesas na África Ocidental. Apesar de um sucesso inicial, a Companhia já demonstrava esgotamento em suas atividades.

Em 1640, quando os portugueses livraram-se do domínio espanhol, houve um grande recrudescimento da atividade colonial portuguesa. Os holandeses foram expulsos do Brasil, e os portugueses, cuja resistência não havia sido completamente aniquilada em Angola, conseguiram reaver tanto a colônia como suas ilhas no Golfo da Guiné. O controle do tráfico negreiro foi retomado no Atlântico Sul, apesar de os holandeses conservarem sua posição ao norte e também na Costa do Ouro e na Costa dos Escravos. Contudo, os governos mercantilistas da Inglaterra e da França não estavam dispostos a permitir que os colonos americanos mantivessem ligações com os holandeses para o fornecimento de escravos e capitais. O desenvolvimento da concorrência comercial no contexto americano implicou concorrência também na África Ocidental, principal razão das guerras entre britânicos, franceses e holandeses, disputas que representaram questão importante no contexto europeu entre 1652 e 1713.

A disputa europeia pelo comércio africano

O resultado desses conflitos foi a eliminação dos holandeses como potência comercial importante e o início da rivalidade anglo-francesa em relação ao comércio colonial. Todavia, antes dessa fase, as companhias inglesas e francesas não eram as únicas competidoras das companhias holandesas. Os mercadores portugueses e brasileiros reapareceram na cena comercial, enquanto outros governos europeus, principalmente os da Suécia, da Dinamarca e de Brandemburgo juntaram-se aos da Inglaterra e da França na disputa do modelo holandês para a criação de companhias nacionais para o tráfico de escravos.

A segunda metade do século XVIII foi a época em que um grande número de importantes companhias comerciais europeias buscaram realizar comércio com o litoral da África Ocidental. Evidentemente a concorrência ampliou-se e, não por poucas vezes, as companhias puderam contar com o apoio armado das marinhas nacionais. Daí a importância de manter fortalezas para a realização do comércio na costa africana. Os franceses que, em 1639, haviam se instalado em uma ilha na foz do Senegal, alcançaram uma posição dominante deste país até a região do Gâmbia. Os rios e as ilhas ao sul do Gâmbia eram essencialmente de domínio português, enquanto a costa desde o rio de Serra Leoa até a ilha de Sherbro era espaço das atividades britânicas. Ao sul e ao leste, a Costa da Pimenta (atual Libéria) e a Costa do Marfim atraíam pouco a colonização de caráter permanente.

A vizinha Costa do Ouro, por outro lado, foi espaço de competição intensa entre ingleses, suecos, dinamarqueses e brandemburgueses, que, juntamente com os holandeses, lutavam pela posse de fortes junto ao mar. Mas foram os ingleses que conseguiram o domínio efetivo da região. Na extensão da costa, as comunidades africanas estavam acostumadas e bem-preparadas para a atividade de negociar com os europeus. Acreditavam haver comércio para todos. O direito de comerciar, para os africanos, era prerrogativa dos governantes africanos e era geralmente concedida a qualquer europeu que estivesse pronto a reconhecer a soberania africana e a pagar os devidos direitos e taxas. No entanto, um novo tipo de comércio tornou-se cada vez mais evidente.

Embora os europeus estivessem preparados para trocar as suas mercadorias, sobretudo tecidos (às vezes de origem asiática, mas, no fim do século XVIII, produto das manufaturas europeias), metais e utensílios metálicos, chumbo e pólvora, aguardente, rum e gin, contas e outras quinquilharias – por qualquer produto africano que lhes trouxesse benefício –, foi a crescente procura por escravos para a América que explica o crescimento da atividade comercial a partir do século XVII. O ouro e o marfim também eram importantes, mas, no caso do marfim, por exemplo, a crescente disponibilidade de armas de caça esgotou a matéria-prima rapidamente nas regiões próximas à costa.

O impacto do tráfico para a África

O envio de escravos africanos para a América foi, sem dúvida, um dos maiores movimentos populacionais da história e a maior migração por mar antes da grande emigração europeia, também para as Américas, que se desenvolveu justamente na medida em que o tráfico de escravos no Atlântico conheceu o seu fim. Mas, é importante ressaltar, essa não foi a única exportação de escravos oriundos da África Tropical. Durante séculos, foram levados escravos negros em direção ao norte, através do Deserto do Saara, pelo Rio Nilo, pelo

Mar Vermelho e pelo Oceano Índico. Evidentemente, os números aqui envolvidos não podem ser comparados ao do comércio atlântico.

Existem poucas fontes confiáveis que indiquem os números do tráfico de escravos no Saara e no norte da África. A partir do século IX, entretanto, existem vestígios de um tráfico de escravos transaariano organizado. Os poucos dados existentes apontam para uma média anual de 6 mil ou 7 mil escravos transportados até a década de 1880, apresentando pontos altos nos séculos X e XI, nos quais cerca de 8.700 escravos teriam sido importados por ano, e nos primeiros anos do século XIX, algo como 14.500. O tráfico transaariano pode, no total, ter retirado da África Negra quase tantas pessoas – cerca de nove ou dez milhões – quanto o do Atlântico.

O impacto do tráfico de escravos variou de região para região da África Negra. No que se refere ao tráfico atlântico, quase todos os escravos foram levados da costa ocidental, local onde os europeus haviam estabelecido de forma mais consistente suas relações comerciais. Somente quando a procura atingiu seu auge, no final do século XVIII, e quando as medidas contra o tráfico ao norte do Atlântico, no século XIX, ganharam proporção, é que a costa oriental passou a fornecer escravos para as Américas.

Assim, nem todas as regiões foram afetadas pelo tráfico de escravos, e, ainda, algumas regiões tinham melhores condições do que outras para resistir aos danos causados por esta movimentação – e para lucrar com ela. Na África Ocidental, por exemplo, verifica-se uma continuidade essencial da população e do aumento populacional, da evolução social, econômica e cultural, desde que seus habitantes se dedicavam à agricultura e à metalurgia em períodos anteriores ao grande tráfico de escravos.

Os casos de Angola e do Congo demonstraram que algumas das populações afetadas não viram seu número diminuído, ou que os efeitos combinados da seca, da fome e das doenças foram tão ou mais importantes do que os do tráfico de escravos. Contudo, a exportação de escravos para outras partes do mundo foi um fator importante para as transformações na África Subsaariana por desestruturar sociedades, arrasar regiões e gerar guerras e revoluções, sendo o auge do tráfico no final do século XVIII e início do XIX um momento crucial. Entretanto, foram os efeitos do imperialismo e do colonialismo do final do século XIX que deixariam mais profundas as feridas no continente africano.

A escravidão e a conexão Brasil-África no Atlântico Sul

O sistema colonial: o latifúndio, a escravidão e o tráfico negreiro

As relações entre a África e o Brasil ocorreram nos marcos do antigo sistema colonial. O Brasil passou a integrar a economia mundial, formada a partir do século XVI, quando começaram a se estabelecer as redes comerciais interoceânicas, mas, evidentemente, em uma posição periférica. A colônia existia em função da metrópole e do mercado europeu, e seu grau de prosperidade dependia das altas e baixas de seus produtos (pau-brasil, açúcar, ouro, diamantes, couros, algodão, arroz, anil e tabaco) no mercado internacional.

A história econômica do Brasil colonial estruturou-se sobre três grandes pilares – a dependência externa, o latifúndio e a escravidão. O latifúndio caracterizou-se, economicamente, pela monocultura e, em termos sociais, pela mentalidade aristocrática do proprietário rural. A abundância de terras e a baixa produtividade fomentaram a permanente ampliação das propriedades. Assim, em um contexto de abundância de terras e escassez de mão de obra, pode-se considerar que o escravo era preferível a um assalariado, pois este último poderia tornar-se facilmente proprietário. Para o escravo, era impossível abandonar o trabalho da *plantation*. Além disso, o tráfico viabilizava economicamente a manutenção de entrepostos e de bases na costa africana, articulando, realmente, um império marítimo mundial.

A mão de obra indígena escravizada foi utilizada inicialmente em regiões mais pobres. Entretanto, a escravidão dos africanos e de seus descendentes foi a mais significativa. Milhões de escravos africanos entraram no Brasil até o século XIX, vindos da Guiné, Angola e Moçambique em três grandes levas, de acordo com a procedência predominante – da Guiné, no século XVI, de Angola, no século XVII e da Costa do Ouro (ou Costa da Mina, para os portugueses), no século XVIII. A imprecisão dos dados relativos ao tráfico legal e a estimativa para os números de contrabando impede um censo confiável. Todavia, sugere-se que cerca de 10 milhões de homens e mulheres foram levados da África pelo tráfico atlântico. Ressalta-se que o número de homens escravos foi imensamente superior ao de mulheres.

No Brasil, os principais portos negreiros, nos séculos XVI e XVII, foram os de Pernambuco e da Bahia. Com a descoberta de ouro, no século XVIII, o eixo transferiu-se para o Rio de Janeiro. Sob o ponto de vista econômico, o tráfico de escravos foi um dos maiores empreendimentos comerciais do mundo atlântico. O tráfico transformou-se rapidamente de uma atividade isolada, no século XVI, em um esquema organizado por sociedades comerciais, no século XVIII.

Por outro lado, o tráfico envolveu comunidades inteiras na África. Os europeus, aproveitando-se das guerras entre os diferentes grupos africanos, nas quais os vencidos eram aprisionados e vendidos aos seus representantes comerciais no litoral africano, providenciavam o embarque para a América mediante o pagamento do imposto de saída. A operação de compra e venda do escravo acontecia mediante o pagamento em moeda, ouro e prata e, mais frequentemente, pelo escambo. Fumo, tecidos, pólvora e armas eram trocados por escravos. Importante destacar, a introdução das armas de fogo nas sociedades africanas foi elemento decisivo para a desestruturação das comunidades tradicionais.

Os escravos africanos eram transportados em navios superlotados, sem condições de higiene e mal-alimentados. Estima-se em torno de 30% a mortalidade dos cativos. Essa passou a ser uma preocupação para os traficantes, que viram sua margem de lucro diminuída. Nas primeiras décadas do século XIX, por exemplo, a mortalidade dos escravos africanos caiu para algo entre 7% e 10%. Os navios negreiros funcionavam também como correio e embaixada nas relações entre a África e o Brasil. Não só funcionavam como forma de comunicação entre as autoridades africanas e seus súditos no cativeiro, como dos exilados políticos com seus partidários, que continuavam a atuar na África. A escravidão serviu também como desterro político.

No Brasil, o escravo recém-chegado era transportado para o mercado, operação sob a qual incidia novo imposto, dessa vez de entrada, antes de, finalmente, ser vendido ao comprador final por um preço médio que evoluiu de 20 mil réis no final do século XVI para 50 mil réis em 1650, 200 mil réis na primeira metade do século XVIII e 300 mil réis no início do século XIX. O escravo africano foi utilizado em quase todas as atividades econômicas e havia claramente a preferência pelo negro, pois os africanos tinham, em geral, um padrão cultural mais próximo às necessidades dos portugueses – conheciam melhor do que os índios a agricultura e possuíam mais habilidades para a utilização dos metais e para o artesanato. Em outras palavras, dominavam com mais destreza as técnicas de produção.

Outro aspecto a ser considerado diz respeito à ampliação do tráfico e sua organização em sólidas bases empresariais, o que permitiu criar um mercado negreiro transatlântico e garantir estabilidade ao fluxo de mão de obra, aumentando a oferta. A atuação da Igreja, a partir da ação dos jesuítas, também contribuiu para a preferência pelos negros ao condenar a escravização dos indígenas. Por fim, o escravo negro era utilizado nas regiões de maior poder aquisitivo, enquanto o índio continuou servindo como mão de obra nas regiões menos abastadas, impossibilitadas de importar o africano e excluídas por isso das rotas do tráfico.

Etnias e miscigenação e as relações entre o Brasil e a África

É sabido que no contexto africano a escravidão dos vencidos nas guerras já era praticada. No entanto, a presença dos europeus transformou essa prática em um empreendimento econômico, que promoveu uma considerável desorganização nas sociedades africanas. As comunidades passaram a ser assaltadas com uma frequência cada vez maior entre os séculos XVI e XIX, na medida em que se expandia a colonização americana. O comércio de escravos, praticado pelos árabes desde a Idade Média, ganhou dimensões muito mais significativas quando os europeus assumiram o grande negócio.

Independentemente das discussões dos especialistas, costuma-se classificar os dois grandes grupos étnicos africanos no Brasil em sudaneses e bantos. Os sudaneses, influenciados pela cultura árabe, eram na maioria dos casos islamizados. Os principais grupos étnicos que pertenciam aos sudaneses eram os iorubás ou nagôs, jejes, minas, hauçás, tapas e bornus. A presença dos sudaneses foi maior na Bahia, embora antropólogos e historiadores procurem não minimizar a presença banta na região. Aos bantos, que na África povoavam o sul do continente, pertenciam os angolas, os congos ou cabindas e os benguelas. Esses grupos predominaram no Rio de Janeiro e em Pernambuco.

Resultado do convívio entre diferentes etnias foi a miscigenação, a qual ocorreu desde os primeiros contatos entre europeus e indígenas. A miscigenação entre brancos e negros foi naturalmente mais intensa com o incremento do tráfico de escravos africanos nos séculos XVII e XVIII. Menor, mas não menos irrelevante, foi a mistura entre negros e índios, existente nas áreas dos quilombos (Pernambuco e Minas Gerais) e também, no final do século XVIII, em Mato Grosso, Goiás, Maranhão e Pará.

Apesar da forte miscigenação, a organização social no Brasil colonial sofreu diretamente os reflexos da ordem econômica. No caso dos negros, a condição escrava afetou diretamente sua organização social se comparada, por exemplo, com a dos indígenas. Quando não eram simplesmente escravizados, os índios viviam em aldeias nas quais, apesar da proximidade dos europeus, ainda lhes permitiam manter traços de sua organização social original. Já a maioria da população negra não teve essa possibilidade. Diante da diversidade dos grupos étnicos, da quebra da organização familiar (decorrente do próprio tráfico) ou, ainda, da intenção deliberada do colonizador em misturar etnias por motivos de segurança, as possibilidades de manter as formas sociais foram mínimas.

Entretanto, ocorreram, ao longo do período colonial, tentativas de recuperar a organização primitiva. No Quilombo de Palmares, por exemplo, houve estruturas familiares, escravos e uma vida social estratificada que buscava recuperar as condições africanas, lembradas pela tradição oral. Talvez essa seja a forma mais visível da resistência africana à escravatura. Em geral, as rebeliões de africanos ou de afro-descendentes traziam o componente de identificação com o passado ou com a possibilidade de retorno à terra de origem. Não eram raros os casos de viagens de africanos libertos entre a Bahia e a costa da África, tampouco a influência dos acontecimentos africanos no Brasil, a exemplo da Rebelião dos Malês.

Muitos ex-escravos regressaram do Brasil à África e, lá, em Gana, no Togo, em Benin e na Nigéria formaram importantes comunidades de "brasileiros" que, de algum modo, modificaram certas cidades da costa como Lagos, Porto Novo, Águe e Anexo. As relações entre o Brasil e a África, dessa forma, não se restringiram ao tráfico de escravos. Elas foram mais complexas e apresentaram trocas afetivas, comerciais, culturais e mesmo ideológicas que se mantiveram nos séculos de escravidão.

De qualquer forma, no Brasil, o elemento negro foi uniformizado pela escravidão, embora sua contribuição para a formação social brasileira seja considerável. A presença do negro superou a do índio, não só numericamente, mas por outros fatores que asseguraram a perpetuação étnica – a resistência maior que oferecia diante da presença dos europeus e o contato mais íntimo que teve com os mesmos. Nesse sentido, africanos e seus descendentes atuaram, decisivamente, não só na fecundação do território como na formação do povo brasileiro. Sua contribuição não foi apenas "cultural" ou econômica (mão de obra gratuita), mas seu conhecimento da ecologia tropical e suas técnicas e ferramentas de cultivo e tratamento de doenças viabilizaram a colonização, pois os europeus inicialmente morriam em grande número por desconhecerem a região.

Reinos "modernos", mercantilismo e tráfico de escravos

2
Da conquista europeia à descolonização

Luiz Dario Teixeira Ribeiro
(com a colaboração de Paulo F. Visentini)

Tomando-se como marco cronológico inicial a Conferência de Berlim (1885) e final o "Ano Africano" das independências (1960), a dominação europeia sobre a África durou apenas 75 anos, o tempo da vida de um homem. Praticamente coincidiu com a vida de Winston Churchill, que nasceu em 1874, quando os europeus iniciavam sua penetração para o interior do continente, e faleceu em 1965, quando as últimas colônias britânicas na África estavam se tornando independentes.

Pode parecer pouco tempo, para um continente com mais de cinco mil anos de história documentada. Todavia, esse curto período foi intenso, além de ter sido precedido pelo impacto indireto do mercantilismo e do escravismo. Ele merece um extenso capítulo, porque, nessa fase, foram introduzidas as estruturas políticas europeias, o sistema capitalista e as ideias ocidentais, que viriam a conformar as elites, as bases socioeconômicas e o perfil dos novos Estados que emergiriam na segunda metade do século XX como integrantes do sistema westfaliano mundial.

É importante ressaltar que o imperialismo europeu, responsável por esse processo, representava a resposta defensiva a uma crise internacional que se esboçava: o declínio da *Pax Britanica* e de seu sistema liberal e o "Império Informal". A emergência da Segunda Revolução Industrial, a ascensão de potências industriais desafiantes (tanto europeias quanto não europeias, como os Estados Unidos e o Japão) e a Grande Depressão iniciada em 1873 sinalizavam o desgaste da hegemonia inglesa. Frente a rivais mais dinâmicos em termos produtivos e comerciais, Londres passou, gradativamente, a reativar antigos mecanismos colonialistas e protecionistas. Utilizando suas bases estratégicas (ilhas, portos e cabeças de ponte), os ingleses iniciaram a conquista de amplos espaços e se tornaram a mais extensa nação do mundo.

Mas essa grandeza constituía um sintoma de fraqueza, uma medida defensiva. Outros países europeus seguiram os passos da Inglaterra e avançaram sobre algumas áreas do mundo periférico já parcialmente ocupadas, como na Ásia, mas principalmente sobre territórios pouco povoados e mal-organizados, especialmente na África e na Oceania. A natureza e a intensidade desse processo viriam a marcar profundamente o perfil dos futuros Estados africanos. As características gerais (maior ou menor grau de controle europeu), peculiaridades e contradições do período, bem como as modalidades de ascensão à independência, ensejaram a emergência de distintos perfis para os novos estados.

2.1 O imperialismo europeu: penetração, divisão e ocupação (1860-1920)

As razões da penetração europeia

A integração da África como um dos pilares fundamentais da economia mercantilista da Era Moderna possibilitou e determinou sua reestruturação geopolítica e econômica. Surgiram ou se desenvolveram novos Estados litorâneos, como Ashanti, Benin, N'Gola, entre outros, voltados à exportação de mão de obra para as Américas. Para tal, eles adotaram os princípios monopolistas do mercantilismo e produziram seus "artigos" a partir da guerra ou do comércio com o interior. Tal atividade proporcionava rendas que mantinham e enriqueciam os governantes, seus séquitos (aristocratas, funcionários, militares) e os comerciantes locais, além de gerar demanda para gêneros agrícolas e artesanais. A esse novo tipo de organização econômica correspondeu uma profunda reorganização de rotas, parceiros e objetivos. Reagindo e respondendo às pressões do Antigo Regime (impérios absolutistas europeus), os africanos mantiveram os europeus encurralados em enclaves litorâneos (feitorias) e controlaram o pilar fornecedor de escravos até a crise do sistema.

O desenvolvimento do capitalismo, no entanto, provocou uma série de transformações que terminaram por romper o sistema e provocar uma revolução originada no polo central, a qual afetou profundamente todo o mercantilismo. As chamadas Revolução Burguesa, Revolução Atlântica, Revolução Francesa e Revolução Industrial foram, na realidade, uma revolução sistêmica, cujos efeitos exigiram e possibilitaram transformações contraditórias em todos os parceiros do Antigo Regime, reunindo-os em ritmos desiguais em uma nova estrutura.

Transformações materiais, políticas e ideológicas na origem e no resultado dessa revolução intensificaram o tráfico de escravos e sua condenação.

Os Estados do litoral da África, monopolizadores da exportação de escravos, descobriram alternativas para sua crise no desenvolvimento paralelo do chamado "tráfico legal" de matérias-primas e insumos localmente produzidos. O efeito imediato foi o surgimento de novos tipos de produtos de comércio livre (óleo de palma, amendoim, algodão, ouro e marfim) e da nova atividade mercantil, ao mesmo tempo em que autoridades e traficantes locais introduziam no continente a produção escravista em larga escala para suprir as lavouras de exportação (*plantation*), características do continente americano.

O processo transitório gerava instabilidade e transformação em todo o planeta, provocava tensões internas, disputas pelo controle de áreas de produção e de escoamento, mas mantinha o controle da produção e os principais ganhos nas mãos africanas e de seus Estados independentes, os quais jogavam com os importadores. A crise e as instabilidades das mudanças, acompanhadas pela luta da Inglaterra contra o tráfico de escravos, determinam novo tipo de ocupação europeia no litoral. Eram então necessárias bases navais para a repressão ao tráfico negreiro, áreas para devolução de ex-escravos e para controle de rota de exportação de produtos legais (produzidos por escravos e homens livres em terras de propriedade comunitária no interior africano).

Novos tipos de enclave instalaram-se – missões religiosas, aquartelamento e casas comerciais. Os fundamentos e mecanismos de ação eram as transcrições materializadas da nova ideologia em ascensão – o liberalismo – com seu corolário de pressão sobre os custos. Como consequência, o Estado de origem não devia ou não desejava arcar com os custos. As fontes locais deviam suprir as despesas públicas. Com esses fatores surgiram os novos elementos que estiveram na base da conquista colonial da África – missionários, exploradores, soldados e principalmente comerciantes.

A Conferência de Berlim e a partilha da África

A intensificação da corrida por esferas de influência no território africano, originada pela disputa entre capitalistas europeus e Estados africanos como Ashanti, Benin e N'Gola, que controlavam ferreamente as exportações de novos produtos (óleo de palma, amendoim, algodão, ouro e marfim), foi potencializada pela crise econômica que eclodiu na década de 1870. Para os europeus, era necessário abrir o comércio direto para os produtos africanos e os manufaturados europeus. Nesse quadro, tornou-se necessária uma ruptura do controle do acesso ao interior, que era mantido pelos Estados do litoral. Tais

Estados vinham, ao longo do século XIX, estabelecendo impérios tributários com a subjugação dos vizinhos menos poderosos e, assim, compensando a repressão ao tráfico internacional de escravos.

Outro aspecto decorrente do processo foi a internacionalização, no continente, da escravidão moderna, para atender à demanda do comércio legítimo dos novos produtos. Essa situação (a utilização de escravos na produção africana) provocava o aumento da intervenção filantrópica (via missionários) e da pressão sobre os Estados europeus para intervir, com o estabelecimento de consulados e agentes para firmar acordos de proibição do tráfico de escravos e de liberalização de mercados, além do estabelecimento de esferas de interesse.

Frente aos tradicionais parceiros nas relações da Europa com o continente africano – Inglaterra, França e Portugal –, que deslocaram os outros da época mercantilista, surgiram novos competidores: o Rei Leopoldo II, da Bélgica, e empresários alemães. Se o primeiro pretendia construir um império colonial privado na África Central, os segundos desejavam estabelecer esferas de influência no litoral dos territórios com projeção para o interior, nas áreas não controladas pelas potências tradicionais. Métodos privados, através de empresas que recebiam apoio estatal e de entidades filantrópicas, foram empregados. Associações aparentemente internacionais de exploração, além de companhias com carta de direitos emitidos por potências europeias, mesclaram-se nessa corrida gerando desconfiança recíproca e instabilidade.

Exploradores e viajantes, agindo por representação ou autonomamente, estabeleciam, por onde passavam, tratados e acordos pessoais em benefício de Estados europeus, sob a forma de cessão de soberania ou de estabelecimento de esferas monopólicas de proteção. Portugal tentou fortalecer, com reconhecimento internacional, seu controle sobre a foz do Rio Congo, sendo barrado pelo governo britânico. Essa situação, numa área de intensa disputa, proporcionou as condições para a convocação de uma conferência internacional em Berlim, de novembro de 1884 a fevereiro de 1885. Seus objetivos explícitos eram o estabelecimento de regras para a liberdade comercial e a atuação humanitária no continente. Na conferência, foram estabelecidas regras para a liberdade de comércio e igualdade de condições para os capitais concorrentes. O mundo liberal vencia o protecionismo.

Paralelamente aos tratados de navegação, foi reconhecida a esfera de influência da Alemanha sobre os territórios litorâneos conquistados ou ocupados por suas *Chartered Companies* e o Estado Livre do Congo, propriedade pessoal do rei da Bélgica. Definiam-se, também, a legitimidade e inviolabilidade das esferas dos antigos ocupantes do litoral da África – Inglaterra, França e Portugal. A conferência estabeleceu ainda as regras para a legitimidade da dominação: a prova de ocupação definitiva e a declaração de tais normas para possível contestação por outras potências europeias e assinaturas de acordos. Um senão das decisões foi a limitação do reconhecimento às áreas litorâneas, o que abriu caminho à corrida pela conquista do interior e ao estabelecimento de novas fronteiras que atendiam aos interesses econômicos, aos limites de conhecimento do interior e às rivalidades intraeuropeias. Ao final da conferência, a história e a política africanas passaram a ser definidas pela diplomacia europeia.

Após a conferência, os beneficiários trataram de impor sua dominação no interior e de remodelar geopolítica, social e economicamente o continente, transformado em objeto do imperialismo de novo tipo que surgia na Europa. Para isso, usavam os mesmos argumentos de sua instalação no litoral: fim da escravidão, civilização, cristianização e abertura do território para o comércio internacional. Iniciaram-se as guerras de conquista e a dependência econômica do continente às economias industriais das potências europeias.

O século XIX e as expedições exploratórias

A evolução da África do Sul no século XIX

Dentre os povos da África, existe uma excepcionalidade e originalidade, que são os brancos sul-africanos. O Cabo da Boa Esperança (ou das Tormentas) ocupava uma posição estratégica para os navegadores europeus como ponto de passagem do Oceano Atlântico para o Índico. Em 1652, a Companhia das Índias Orientais holandesa estabeleceu no Cabo um entreposto destinado a abastecer seus navios de água e alimentos. Jan van Rebeeck desembarcou com cem homens, empregados da companhia, os quais, com o tempo, buscaram converter-se em colonos, estabelecendo uma relação tensa com a empresa, que desejava apenas manter o entreposto.

Naquela época, a região era habitada pelos povos primitivos khoisans, enquanto os grupos bantos já estavam localizados, simultaneamente, no nordeste e no leste do que hoje é a República da África do Sul. Eles entraram em conflito com os colonos boers, as seculares *guerras cafres*, que foram um dos fatores da revolução zulu e do "Mfecane", que alterou as sociedades da África Meridional. Os khoi (pejorativamente chamados de "hotentotes") eram pastores e os sans (pejorativamente denominados "bosquímanos") eram caçadores, enquanto os bantos eram agricultores e pastores seminômades.

Ao longo do século XVII, a burguesia *compradora* crescia e se antagonizava com os que se assentavam na agropecuária. À medida que os holandeses iam ultrapassando os limites do porto do Cabo, dominavam as terras e exploravam o trabalho dos khoisans. Em meio à relativa tranquilidade do século XVIII, foi se formando o grupo *boer* ("camponês", em holandês). Esses, movendo-se para o interior com suas carroças e seus rebanhos, vão deixando de ser europeus e passam a se considerar "africanos", isto é, a considerar a África a sua terra. Segundo Kiemet,

> essa vida lhes dava uma grande tenacidade, uma resistência silenciosa e um respeito muito fortes por si mesmos. Mas seu isolamento marcou seu caráter ao deixar vazia sua imaginação e inerte sua inteligência. Tinham também os defeitos de suas virtudes. Sua tenacidade podia degenerar em obstinação, seu poder de resistência em barreira à inovação e seu respeito em relação a si mesmos em desconfiança ao estrangeiro e desprezo ao inferior[1].

Os colonos holandeses professavam um calvinismo radical e constituíam, na Europa, minorias religiosas em meio a católicos ou outros. Posteriormente,

---

1. KIEMET, C.W. "History of South Africa, social and economic". In: LEFORT, R. *Sudáfrica, historia de una crisis*. México: Siglo XXI, 1977 [Tradução nossa].

a eles se juntaram no sul da África os huguenotes, calvinistas franceses perseguidos em sua terra natal. Ao virem para a África, rompiam com as metrópoles e não se consideravam colonos delas. No Cabo, lutavam contra o domínio da companhia e contra a "barbárie negra". Tornaram-se *afrikaaners* e criaram a língua *afrikaans*, derivada do idioma holandês. Assim, ao longo de um século e meio, o entreposto do Cabo foi se tornando uma colônia de povoamento, que se expandia na busca de terra para o gado. Os pastores khoi foram exterminados ou escravizados, enquanto os caçadores san foram expulsos para o deserto ao norte.

Cada vez mais preocupada, a companhia proibiu a imigração, e os colonos buscavam mão de obra, forçando os khoisans a trabalharem para eles. Os casamentos mistos eram rigorosamente proibidos, mas a mestiçagem era intensa, gerando o grupo dos *grikuas* (mestiços, ou *coloureds*). Assim, a raça vai se tornando um critério de posição social em relação à propriedade dos meios de produção (terras e rebanhos). Segundo Lefort, "a escravidão, fruto da pobreza da colônia, vira sua causa". Em fins do século XVIII, a colônia evoluiu sem uma ordem, devido ao declínio da Holanda e à falência da Companhia das Índias Orientais holandesa, um quadro que seria alterado pelas rivalidades europeias.

Durante a Revolução Francesa, os ingleses ocupam a estratégica Colônia do Cabo (1795) para evitar que caísse em mãos inimigas, anexando-a, formalmente, em 1806. A Inglaterra, livre-cambista, não desejava promover uma colonização com ocupação direta e, sim, formar uma burguesia local, concedendo-lhe autonomia quando os vínculos econômicos com a metrópole estivessem suficientemente sólidos. Para evitar guerras dispendiosas, os ingleses desejavam estabelecer alianças com os chefes nativos e, ao mesmo tempo, que a população local se integrasse na economia colonial. Para tanto, introduziram um imposto em dinheiro sobre cada choça e converteram as *chefferies* negras[2] em administrações econômicas monetarizadas.

A burguesia comercial do Cabo enriqueceu e desejava uma produção voltada para a exportação, sobretudo de vinho, lã e açúcar, cultivado, posteriormente, no Natal. Os boers, que viviam de uma agropecuária atrasada, eram prejudicados pelo novo sistema e necessitavam de mais terras e mão de obra compulsória para fazer frente ao livre-cambismo, pois sua produção não era competitiva. O governo, temendo perder o controle sobre esse grupo, não permitiu que eles desarticulassem as *chefferies* negras, pois elas também ajudavam a defender as fronteiras indefinidas da colônia. Em 1828, os ingleses promul-

---

2. Forma de organização política intermediária entre a tribo e o reino.

gam uma Lei de Igualdade Racial, e, em 1833, proibiram a escravidão. Como reação, grande parte dos boers iniciou o Grande Trek (1836-1844), uma migração em carroças rumo ao planalto do nordeste, muito semelhante à dos pioneiros do oeste americano. Os boers desejavam fugir da autoridade do governo inglês, buscando conquistar terras e derrotar os chefes bantos, escravizando a população negra. Também travaram combates com os zulus e outros grupos, estabelecendo-se no Natal e nos montes Drakensberg (Montanhas do Dragão), em 1839. No entanto, a região do Natal, onde fora criada a primeira república boer, foi ocupada pelos ingleses em 1843.

África do Sul no século XIX

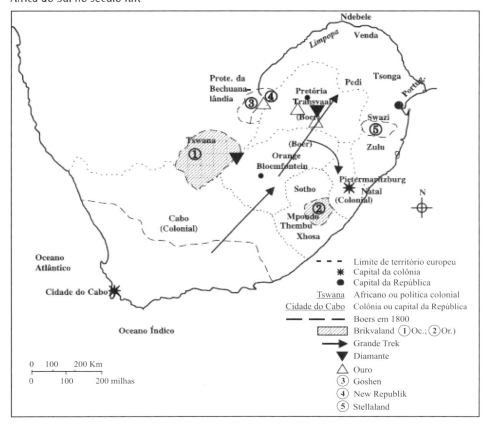

Nascia, assim, o nacionalismo *afrikaaner*. Em 1842, eles criaram o Estado Livre de Orange, e, em 1852, a República do Transvaal (depois República Sul-Africana), no planalto do nordeste da atual África do Sul. Esses Estados eram baseados numa legislação racista. Os ingleses, sempre em seu encalço, conquistaram Orange em 1854, seguindo uma evolução indesejada que onerava os cofres públicos. Ocorreu, então, a descoberta de jazidas em diamantes, em 1867 (mesmo ano da construção do Canal de Suez), e de ouro em 1886, em território dominado pelos boers. Os ingleses tentaram isolá-los, estabelecendo os Protetorados da Basutolândia (atual Lesoto), em 1868, Bechuanalândia (atual Botsuana), em 1885, e da Suazilândia, em 1894, por meio dos quais mantinham a autoridade dos soberanos negros e impediam a anexação dessas regiões e o domínio de suas populações pelos boers.

Em 1877, os britânicos anexaram o Transvaal, mas os colonos se revoltaram em 1880-1881, e os expulsaram. Entre 1883 e 1902, o lendário Paul Kruger foi presidente do Transvaal e a invasão comandada pelo aventureiro inglês Cecil Rhodes, em 1895-1896, para derrubá-lo fracassou. Em 1882 foram estabelecidas, ao lado do Transvaal, as pequenas Repúblicas boers de Goshen, Niew Republiek e Stellaland, que os ingleses ocuparam em seguida. A mineração atraía uma impressionante vaga de imigrantes, que criaram a cidade de Joanesburgo, formando um capital minerador. Insatisfeitos, os ingleses desencadearam a Guerra Anglo-boer (1899-1902), na qual os colonos foram derrotados com grande dificuldade, obrigando as tropas imperiais a empregar métodos cruéis, como os campos de concentração. Essa realidade consolidava o nacionalismo boer.

Numa conjuntura em que a África estava sendo partilhada e a competição com outras potências crescendo, os ingleses não podiam se dar ao luxo de permitir a permanência da rivalidade. Em 1910 foi estabelecido o domínio da África do Sul, baseado na "aliança do ouro com o milho", com autonomia dentro do Império Britânico. Ele era formado pelas províncias do Cabo e Natal (inglesas) e de Orange e Transvaal (boers), e consagrava o princípio de *Segregação* (depois de 1948, *Separação*, ou *Apartheid*). O Native Land Act, de 1913, concedia aos negros 7,3% das terras (12,7% em 1936), os quais constituíam três quartos da população. O fluxo de escravos de Madagascar para a África Oriental, de fins do século XVIII e início de século XIX, fora substituído ao longo desse último século pela imigração indiana para as lavouras de cana de Natal e pelo estabelecimento de um fluxo de trabalhadores africanos, especialmente moçambicanos, para as minas do Transvaal. Estabeleciam-se, assim, os fundamentos étnicos da África do Sul racista.

A conquista, a ocupação, a Primeira Guerra Mundial e a nova divisão da África

Tendo o Congresso de Berlim estabelecido as regras para a partilha da África e reconhecido a supremacia das potências europeias, cabia realizar ajustes das fronteiras litorâneas e a incorporação do interior do continente. Diplomacia e armas modernas seriam utilizadas. A primeira, para as relações entre os europeus; as segundas, para as relações com os africanos. A dominação efetiva do continente gerou guerras de conquista territorial e para a submissão dos africanos até as vésperas da Primeira Guerra Mundial. Os naturais do continente resistiam à perda de uma soberania e às transformações econômicas, fiscais e políticas que, junto com a exploração predatória de recursos naturais e demográficos, impunham a transformação da África.

Os defensores do imperialismo visavam explorar economicamente o continente e adaptá-lo à nova divisão internacional do trabalho como região periférica e subordinada. A riqueza produzida com o atendimento da demanda de minerais, matérias-primas e gêneros tropicais da nova sociedade fabril, monopolista e urbanizada devia ser acumulada na metrópole para garantir lucro e custo de produção, além de reservas que possibilitassem a liberdade de ação e produção das potências imperialistas. Para isso, era necessário submeter territórios e populações, reorganizar a produção, o sistema de propriedade e obrigar a população ao trabalho orientado pelos novos objetivos e volumes de produtos. Esse imenso processo de expropriação da economia, do tempo, da cultura e das condições de vida originou rebeliões e resistências, principalmente nas sociedades sem organização estatal. A anulação da soberania e a subordinação das sociedades organizadas sob formas estatais foram efetivadas através de guerras de conquista. A superioridade em armamentos e meios de locomoção proporcionada pela nova tecnologia foi a garantia da vitória na repressão às resistências e nas guerras.

Enquanto a violência física e simbólica marcou as relações de conquista, as diferenças entre as potências eram resolvidas entre os diplomatas por meio de mapas incompletos e falhos. Resultou disso o estabelecimento de fronteiras em linhas retas que reuniam, em uma unidade administrativa, povos diferentes e até inimigos e dividiam conjuntos étnico-linguísticos com uma longa história de unidade. Somente quando os projetos expansionistas se enfrentaram, por razões geopolíticas, como no caso do controle do Alto Nilo (em Fachoda, 1898), houve a possibilidade de enfrentamento entre as potências colonialistas, não mais por projeções de esferas de influência, mas pelo domínio territorial efetivo a partir da ação dos Estados, ao invés de concessionários com amplos poderes para assinar acordos e estabelecer esferas de interesse – aspecto do passado recente.

Impérios coloniais em 1914

O declínio do Império Turco Otomano no norte da África já havia levado o Egito a tornar-se um Estado-pivô da região. Como consequência da intervenção napoleônica no Oriente Médio, os princípios do nacionalismo e do desenvolvimento europeus penetraram na região. Assim, em 1808 surgiu no Egito um regime autonomista e modernizador liderado por Mohamed Ali, um general albanês do exército turco. Ele adotou políticas modernizadoras e desenvolvimentistas e criou um grande exército, que chegou a ameaçar o Sultão turco, ao qual, nominalmente, estava subordinado. A intervenção militar europeia em defesa da Turquia, em 1839-1841, obrigou Ali a acatar o domínio turco e a desmantelar seu regime econômico, aceitando os interesses semicoloniais anglo-franceses no Egito em troca do estabelecimento de sua dinastia no país (que perduraria até os anos de 1950). Lentamente, os ingleses afirmaram seu domínio no país, deslocando os franceses e inaugurando o Canal de Suez em 1867.

Em 1830 os franceses iniciaram a conquista da Argélia, a mais distante das províncias turcas, iniciando um processo de colonização induzida politicamente. No final do século XIX a França ocupou a Tunísia, também pertencente aos turcos, que em 1912 perderam a Tripolitânia e a Cirenaica (litoral da Líbia), sua última possessão norte-africana, para os italianos. Os franceses, em decorrência das duas crises do Marrocos, no início do século XX, tornaram a maior parte do Marrocos um Protetorado. Aos espanhóis coube a faixa mediterrânea marroquina, o enclave de Ifni e o Saara Ocidental. Mas todos esses países tiveram dificuldade em dominar o interior do Deserto do Saara, onde berberes e tuaregues resistiram arduamente. Na Líbia, os italianos somente lograram derrotar a irmandade senussi em 1928. No Sudão, os ingleses tiveram de enfrentar o movimento islâmico e Reino Mahadita, que impôs várias derrotas aos invasores até ser submetido. Por fim, os alemães foram os últimos a entrar na corrida colonial e aproveitaram as brechas remanescentes, tirando proveito de áreas periféricas, ou onde havia rivalidade entre ingleses e franceses. Assim, estabeleceram-se no Togo, no Kamerun (Camarões), no sudoeste africano (Namíbia) e em Tanganika (África Oriental Alemã).

A Primeira Guerra Mundial teve importante impacto na África. Como a marinha britânica bloqueou a frota alemã no Mar do Norte e impediu o acesso da Alemanha às suas colônias, elas foram conquistadas com relativa facilidade – o Togo ainda em 1914, o sudoeste africano em 1915 (onde contaram com o apoio de voluntários boers ressentidos com os ingleses), e os Camarões em 1916. Mas na Tanganika houve combates navais nos lagos e o comandante alemão Von Lettow-Vorbeck manteve a resistência até o fim da guerra na Europa, tendo mantido uma luta de guerrilhas e adentrado em Moçambique com sua coluna de askaris (soldados africanos). Os turcos, por sua vez, embora tenham fracassado no ataque ao Canal de Suez, em sua estratégia contra a *Entente* motivaram o sultão mahadita a se rebelar contra os ingleses no Sudão e a irmandade senussi contra os italianos na Líbia. Os mahaditas foram derrotados facilmente, mas os senussis não.

Mais importante que os conflitos, todavia, foi a mobilização de africanos para os combates ou trabalhos (2,5 milhões, ou seja, 1% da população). Frentes de trabalho nas colônias e, mesmo, nas metrópoles, foram mobilizadas, e muitos tiveram de substituir os europeus até em funções de certa relevância no continente africano. Além do recrutamento para as tropas coloniais, milhares foram engajados na Europa, especialmente pela França, como se pode observar nos milhares de túmulos muçulmanos nos cemitérios militares europeus. O impacto político, social, econômico e ideológico desse processo foi enorme.

Ao mesmo tempo em que os Quatorze Pontos do Presidente Wilson e, em menor medida (no caso africano), a Revolução Soviética propagavam a ideia da autodeterminação e o colonialismo passava a ser um termo pejorativo, os vencedores, numa visão imediatista, dividiam as colônias alemãs entre si. Todavia, isso agora tinha de ser feito a partir do mecanismo "politicamente correto" dos Mandatos da Liga das Nações, que eram, em princípio, autorizações temporárias para administrar os territórios, mas sem uma data definida para o término. À França coube 2/3 do Togo e dos Camarões e o restante à Inglaterra, que também recebeu a totalidade da Tanganica. Os pequenos e densamente povoados Ruanda e Burundi couberam aos belgas, enquanto o sudoeste africano ficou com a União Sul-Africana. Os italianos receberam compensações anglo-francesas na Líbia e na Somália.

No mundo colonial, a "guerra civil europeia" repercutiu como um incentivo às lutas anticoloniais. As metrópoles europeias, além de sair enfraquecidas do conflito, tiveram de enfrentar a Guerra do Riff no Marrocos espanhol (1921-1926), que só foi vencida graças à intervenção francesa, e as guerrilhas na Somália britânica e na Líbia italiana, derrotada em 1928. Enquanto ocorriam violentos protestos na Índia, no Egito os britânicos tiveram de enfrentar as mobilizações do partido nacionalista Wafd, que resultaram na concessão de uma independência formal em 1922, embora continuassem controlando a defesa, a política externa e o canal de Suez e mantendo seus interesses econômicos. Aliás, o não cumprimento das promessas feitas por Londres aos árabes ao mobilizá-los na luta contra os turcos deu ensejo à emergência de um forte movimento nacionalista no mundo árabe, que viria a ter forte influência na luta pela emancipação africana.

Impérios coloniais em 1925

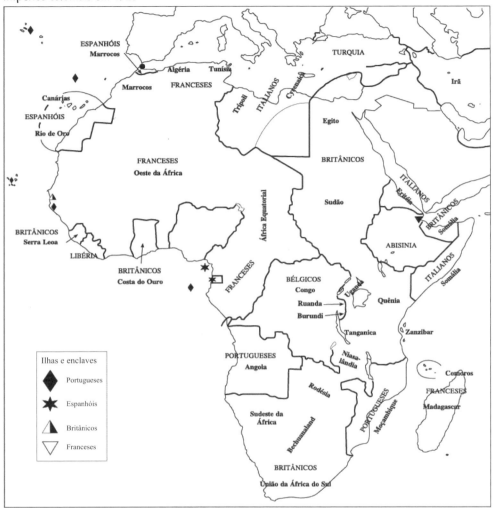

2.2 Os sistemas coloniais: a inserção no capitalismo mundial

Os impérios e as formas de dominação

A dominação ideológica

Já durante a conquista foram sendo implantados os sistemas de dominação colonial, que tinham como característica básica a transferência da soberania para a metrópole e seus funcionários. Os africanos eram transformados em objeto da administração e sujeitos a leis, regulamentos e normas subordinadoras. Surgia aí a característica política básica do imperialismo colonial – o uso de meios de domínio e controle formais e diretos exercidos pela e em nome da metrópole. A justificativa que legitimava esse processo era fornecida por um conjunto de ideologias imperialistas que predicavam a superioridade e o direito de dominação dos europeus e a superioridade e a naturalidade da subordinação e da exploração dos africanos.

As ideologias colonialistas podiam assumir a forma de doutrinas filantrópicas, pragmático-utilitaristas, racistas ou social-darwinistas. As filantrópicas justificavam a dominação como uma necessidade para promover a civilização, educar e eliminar os "costumes bárbaros" que caracterizavam as sociedades africanas. As pragmático-utilitaristas explicavam essa dominação pelos benefícios que ela trazia para as economias metropolitanas e para as populações sujeitas, além de pela necessidade de acesso a mercados, matérias-primas e trabalho sempre esquivo, mas fundamental para a sobrevivência e expansão da sociedade industrial-capitalista.

Os racistas defendiam a existência de diferenças naturais e hierarquias entre as capacidades das raças e que, portanto, era consequência lógica as raças superiores dominarem e se beneficiarem da exploração das raças inferiores. Entre as racistas, as doutrinas do "destino manifesto e do fardo do homem branco" incorporavam um princípio de revelação divina e de dever de conquista e de dominação como destino predeterminado e irrecorrível. Os social-darwinistas transpunham para as relações humanas e sociais os princípios da luta pela sobrevivência das espécies e uma visão da dominação dos mais fracos pelos mais fortes como resultado das relações na natureza e na sociedade. Essa visão que se reivindicava científica e positiva não deixava outra solução que não a de seguir o curso da natureza e eliminar as sociedades mais fracas, minar e tirar benefícios das populações derrotadas na luta pela natureza.

As ideologias podiam ser de cunho materialista ou idealista e no discurso "teórico" emergiam de forma pura, mas, na realidade e na prática, combinavam diferentes aspectos e tinham uma base que era material. O fundamento dessas ideias era constituído pela percepção da superioridade tecnológica e do desenvolvimento que a causava e dele tirava proveito. Como esse desenvolvimento era fruto do capitalismo, que, em seu conjunto econômico, político e cultural atingia a maturidade na Europa, deduzia-se de forma etno e eurocêntrica a causa disso e os direitos daí recorrentes.

A partir das normas definidas pelo Congresso de Berlim e do processo de expansão europeia, foram desenvolvidas diferentes formas de dominação que correspondiam aos mecanismos de aquisição territorial, às tradições políticas metropolitanas e aos objetivos específicos de cada conquista. Desse complexo de condicionantes, e num processo de experimentação, terminaram por ser instituídos os dois modelos clássicos de controle e de exploração das populações autóctones.

A teoria terminou por caracterizar a dominação colonial em duas formas ideais e diferentes que, na prática, no nível local interpenetravam-se – a dominação direta e a dominação indireta. Tais formas definiam muito mais os mecanismos de estruturação imperial e de governo provincial do que as relações locais com a população subordinada. Originalmente, foram tentadas experiências privadas, com exceção do império francês. Nessa experiência, a soberania sobre o território era transferida a empresas (as *Chartered Companies*, companhias de carta ou alvará) que assumiam os direitos e os deveres da dominação e eram resguardadas pela diplomacia e pelo poder militar metropolitanos. As contradições dos interesses, o objetivo de lucro e a fragilidade dos recursos acabaram por levar à substituição desses pelo poder do Estado metropolitano.

Governo direto, indireto e protetorados

Quando o Estado metropolitano organiza seu império sob a forma de governo direto não institui organismos intermediários na província. O representante da autoridade imperial governa com plenos poderes executivos e legislativos e deve, no caso francês, subordinar-se às determinações emanadas do Parlamento de Paris. Os representantes locais são constituídos por funcionários coloniais e as relações com a população são estabelecidas por meio de chefes nativos (substituídos conforme os interesses de estabilização) transformados em funcionários. Todos os administradores possuem poderes discricionários. A colônia ou protetorado não possui organismos intermediários de legislação ou de aconselhamento. A administração organizada em forma de árvore é hierarquizada, e os representantes metropolitanos cumprem funções administrativas, policiais e judiciárias.

No caso do governo indireto, a autoridade colonial possui poderes dominantes, mas são desenvolvidos na província do império organismos intermediários para aconselhar, e, posteriormente, legislar. Tais conselhos envolviam, ao longo do período, uma série de organismos designados. Quando havia eleições, sempre a maioria era constituída por funcionários e colonos. Neste caso, a relação direta com a população se dava por meio de chefes nativos subsidiados pelo império, que permaneciam com alguns direitos tradicionais. No entanto, o desrespeito às determinações da autoridade leva à sua substituição por elementos mais dóceis.

Se a realidade concreta significa a dominação e a exploração, do ponto de vista formal existem duas formas de dominação: a colônia e o protetorado. As colônias eram constituídas por áreas conquistadas e organizadas conforme o direito de conquista; a população era administrada pelo império e a metrópole podia realizar estruturações e reestruturações territoriais a seu bel-prazer. O "Código do Indigenato" estabelecia a posição das pessoas, seus deveres e as penalidades a que estavam submetidas caso descumprissem os regulamentos. O controle era feito por autoridades da metrópole e por forças militares e policiais coloniais constituídas por oficiais europeus e tropas nativas. Havia o cuidado de acantonar tropas de etnias diferentes às da região ocupada ou de constituir tropas com escravos ou ex-escravos locais. A exploração dessa situação foi um importante instrumento para a conquista inicial e para a posterior manutenção da dominação.

Os protetorados foram constituídos a partir de acordos formais com Estados africanos preexistentes. As causas eram múltiplas e iam desde a ameaça da conquista, por parte dos europeus, até opções da política regional (impedir a conquista ou a ameaça por parte de outra potência europeia, consolidar ou estabilizar o poder local ou ainda expandir seu território) por parte dos africanos. Os protetorados apresentavam restrições às ações arbitrárias das metrópoles e teoricamente mantinham suas estruturas políticas, sociais e econômicas. A dominação se realizava por meio de residentes e conselheiros que atuavam nas instituições nativas e terminavam assumindo a função de verdadeiros governantes. Outra característica dos acordos de protetorado era a transferência da soberania nas relações diplomáticas para o império protetor, a extinção das forças militares próprias e a monopolização das relações pela metrópole.

Como o protetorado não perdia a totalidade de sua soberania, a população não era subordinada a um código do indigenato, mas às modernizações determinadas pelos agentes imperiais através dos soberanos locais. Essa aparente situação idílica era, no entanto, subordinada à realidade da dominação: a tentativa de romper os acordos podia levar à conquista militar e à transformação em colônia ou à substituição das autoridades locais por elementos dóceis e dispostos a atender as exigências dos protetores. A permanência no *status* de protetorado dependia da permanente subordinação e adequação da área aos desígnios do domínio metropolitano. Os ingleses caracterizavam o protetorado como uma situação de "governo dual" e aplicaram-no na maioria das áreas de seu império africano.

Na realidade, fosse colônia ou protetorado, o elemento fundamental da dominação era a expropriação da soberania e a administração da população. A subordinação da população e do território a uma autoridade direta ou indireta emanava da metrópole com o objetivo de implantar a economia de mercado, a propriedade privada e de explorar os recursos da região em benefício dos senhores do império.

O processo de modernização capitalista e a inserção internacional

O confisco da terra e os impostos

A conquista e a dominação da África levaram à sua modernização. Essa foi seletiva em consequência das necessidades da divisão de trabalho e da integração subordinada da economia africana à economia metropolitana. Como a função econômica das colônias era, segundo os teóricos coloniais, levar benefícios às metrópoles e serem autofinanciadas, era necessário prepará-las para cumprir tais funções. A primeira mudança era a assimilação e a integração dos territórios à economia capitalista industrial. Para tal, era necessário criar a propriedade privada da terra e implantar o trabalho assalariado. Dessa forma, os territórios e suas populações seriam transformados em fornecedores de insumos agrícolas e minerais e em consumidores de produtos manufaturados. A África se transformava em uma área de produção de valores de troca, abandonando o predomínio da produção de valores de uso para consumo próprio.

Foram utilizados vários processos para modernização da nova área dos impérios coloniais. A primeira prática modernizadora foi a expropriação das terras consideradas vagas – áreas em pousio, florestas, regiões abandonadas por suas populações, áreas "públicas" de Estados derrotados, terras comunitárias, que passaram à propriedade do Estado metropolitano. Tais terras foram concedidas a empresas metropolitanas a fim de implantar *plantations* – imensas áreas voltadas à monocultura de exportação – para a exploração madeireira ou mineral ou para colonos que se transformaram em latifundiários. Os naturais da terra eram confinados em reservas de área restrita e em terras de baixa qualidade ou, se permaneciam nas terras redistribuídas, deviam prestar serviços, pagar rendas e submeter-se a cultivos obrigatórios.

Além de perder as terras, os africanos foram submetidos a impostos monetários para financiar o custo da colônia e para obrigá-los a buscar trabalho assalariado e ou dedicarem-se a produzir o que era demandado pelos mercados metropolitanos. Como os africanos eram submetidos à legislação administrativa, o não pagamento dos novos impostos podia acarretar trabalhos forçados. Os tributos foram a evolução de mecanismos predatórios utilizados nos primeiros tempos (principalmente no Congo) e que obrigavam a produção e a entrega gratuita dos insumos (látex, cera, marfim e alimentos) em volumes arbitrários e sob ameaça de brutais torturas ou de execução dos que não produziam o exigido.

Paralelamente aos dois mecanismos anteriormente apresentados, outras formas, unificadas sob o nome de trabalho obrigatório, eram utilizadas para explorar a mão de obra africana, que podia ser convocada para trabalhar em serviços do interesse da colônia. Nessa situação, enquadravam-se os serviços de construção de portos, de estradas (ferrovias ou rodovias) ou de habitação para os funcionários. O transporte de equipamentos e produtos coloniais também podia exigir trabalho obrigatório. Em várias regiões, tornou-se habitual a migração forçada ou voluntária de "trabalhadores contratados" para outras áreas da África, ou até mais distantes, para pagar os impostos, fugir das brutais condições de trabalho e do empobrecimento ou, simplesmente, para conseguir recursos para sobreviver.

A debilitação da saúde da população, pela redução da alimentação e pelo empobrecimento dietético, foi elemento responsável pela difusão de doenças que antes eram territorialmente restritas (como a doença do sono e a malária) e que terminavam assumindo caráter epidêmico.

A produção e os produtos

O continente foi explorado, e suas riquezas pilhadas a partir de formas variadas que iam da primitiva pilhagem dos recursos disponíveis até a mineração moderna, passando pelas *plantations* e pela economia de "tráfico". A forma mais simples de exploração era a pilhagem, como a coleta de látex, de cera, a extração de madeira e a caça indiscriminada de elefantes. Como era uma atividade altamente destrutiva, rapidamente esgotaram-se as reservas e a população das áreas onde acontecia.

A *plantation* era uma atividade realizada por empresas ou colonos que recebiam imensas áreas territoriais a fim de produzir gêneros alimentícios e matérias-primas necessárias às populações e às indústrias metropolitanas. Tais empreendimentos englobavam a produção agrícola, a elaboração primária, o transporte e a comercialização monopolista de seus produtos. Eram beneficiados com subsídios, juros baixos, mercados garantidos e reservados, além de preços administrados favoráveis aos seus rendimentos e com fretes abaixo do custo do transporte.

Outra atividade que beneficiava a economia metropolitana e era fonte de exploração dos africanos foi o tráfico. Essa era uma atividade por meio da qual os frutos da produção autônoma dos camponeses eram trocados por produtos europeus a partir de agentes locais, estrangeiros ou nativos, das empresas mercantes metropolitanas. Tais produtos eram reunidos em armazéns distribuídos ao longo das rotas e enviados aos portos para exportação à metrópole sob a forma original ou após sofrerem um beneficiamento primário. Muitas vezes, esses produtos concorriam com os das *plantations*, demonstrando a capacidade de iniciativa e de adaptação dos africanos. A cera, o algodão, a cola, o amendoim, o óleo de palma, o sisal e alguns frutos da caça, como as peles e o marfim, ou do garimpo de ouro e de pedras preciosas constituíam o produto de tal comércio.

Durante o período colonial, a principal atividade foi a exploração mineral por grandes empresas que contavam com toda a proteção metropolitana. Além de receberem a concessão de jazidas, contavam com a criação de redes ferroviárias até os portos de exportação. Foram essas atividades e a estrutura de transportes que receberam investimentos maciços, aportaram tecnologias e equipamentos modernos para a economia colonial. A mão de obra era dividida em um setor restrito especializado e bem-remunerado, constituído por europeus, e um amplo setor sem especialização e com baixa remuneração, constituído por africanos. Esses eram atraídos pela vantagem comparativa dos salários em relação aos das *plantations* ou ao valor pago pelos produtos no tráfico. A construção das vias férreas para atender às necessidades das mineradoras acabava por incluir e beneficiar territórios e populações que as margeavam na moderna economia capitalista.

Construção de infraestruturas, educação e saúde

A exploração da África, que foi iniciada a partir das bacias dos rios, avançou pelo interior e, rapidamente, passou a exigir a construção de infraestruturas mais complexas. Era necessário construir ferrovias, rodovias e portos para o crescente escoamento dos produtos exportados. Esses complexos integrados ligavam o interior aos melhores litorais para atracar os grandes cargueiros a vapor, criando novas rotas e integrando economicamente populações até então dispersas. Nos entroncamentos, nas estações e nos portos surgiam novas cidades beneficiando os proprietários do solo. O crescimento das atividades de transporte e de manutenção criou um setor moderno, onde o trabalho assalariado e com conhecimentos técnicos progressivamente se expandia para os africanos. O crescimento do comércio varejista, a serviço das concessionárias ou por conta própria, permitia o surgimento de uma nova classe social – a burguesia nativa – que se aventurava em novas atividades.

A maior complexidade da economia colonial passou progressivamente a necessitar de um grande número de trabalhadores especializados e de funcionários nativos e especializados, o que levou à implantação de sistemas educativos de formação geral e de trabalhadores. Embora atingissem um número restrito de jovens, esses sistemas formaram as elites que constituiriam os movimentos nacionalistas e difundiriam as ideias modernas de autogoverno e de soberania oriundas das metrópoles. As tropas coloniais foram obrigadas a formar, entre os africanos, seu setor de comando básico e seus soldados, qualificando-os nas modernas tecnologias militares. Educadores, operários, técnicos e militares de um novo tipo se constituíram junto aos religiosos nativos – todos eles educados para a sociedade moderna – e formavam uma elite de novo tipo na qual a capacitação e o mérito contavam.

O deslocamento de população, o trabalho extenuante para a maioria e a subnutrição acabaram por difundir doenças africanas ou importadas, que assumiam o caráter de epidemias mortais ou de males crônicos, reduzindo a capacidade de trabalho e a produtividade. Essa situação colocava em risco a sobrevivência dos impérios e a função das colônias de fornecer utilidades às metrópoles e servir de mercados para a exportação de artigos industriais, fornecer soldados aos seus exércitos e emprego rentável ao seu excesso de capitais. Nesse quadro, a preservação da saúde e o saneamento passaram a ser de importância vital. Foram construídas redes de atendimento médico que, embora precárias, prestaram serviços à saúde dos africanos. As doenças tropicais passaram a ser pesquisadas, e o Estado assumiu, diretamente ou por meio de missionários, os cuidados com a saúde geral, através de dispensários, vacinações e a formação de auxiliares e de enfermeiros.

A modernização foi, em linhas gerais, a incorporação do continente africano e de sua população à divisão internacional do trabalho especializada do capitalismo industrial, com o corolário da transformação da produção de valores de troca, a implantação do trabalho disciplinado e subordinado para produzir mercadorias e a proletarização de um campesinato autônomo. Outro aspecto foi a introdução da propriedade privada, normalmente em benefício dos europeus ou de suas empresas.

A construção de infraestrutura, a educação e o desenvolvimento da saúde foram mais consequências das necessidades de exploração do que objetivos humanitários e primários dos colonizadores. O aspecto mais marcante da modernização foi negativo, com a implantação de monoculturas e de atividades mineradoras dependentes de mercados externos e dos ciclos econômicos determinados pela concorrência internacional e pelas crises econômicas. Mas, como afirmou o historiador indiano Kawalan Pannikar em *A dominação ocidental na Ásia*,

> a dominação europeia, forçando os povos asiáticos a resistir e simultaneamente a adaptar-se às novas ideias, que eram as únicas que podiam ajudá-los a libertarem-se e a reforçá-los, deu-lhes uma vitalidade nova e preparou realmente o advento de um mundo novo. [...] O imperialismo trazia consigo o germe de sua destruição.

Tal afirmativa ressalta uma dialética histórica igualmente aplicável à África, como seria visível nas décadas seguintes.

A evolução da África do Sul na primeira metade do século XX

A doutrina da "Separação", ou *Apartheid*, teve início formal em 1948, mas a segregação antecede essa data em muito, pois suas raízes remontam ao século XIX. A ideologia da superioridade branca e da discriminação racial era uma exigência do sistema de exploração agrária a que se dedicavam os *afrikaaners*, pois praticavam uma agricultura atrasada e pouco lucrativa em comparação com a agricultura intensiva que a burguesia inglesa desenvolvia nas províncias do Cabo e Natal. O pragmatismo mercantil dos britânicos considerava a escravidão como um obstáculo à formação de um mercado consumidor, mas não deixava de estabelecer barreiras rígidas para a ascensão social e econômica dos negros.

Exemplos da postura inglesa são o Decreto Caledon, de 1809, que tornou obrigatório um contrato de trabalho que previa severas punições para o trabalhador que resolvesse mudar de emprego, e o *Master and Servant Act*, de 1843, o qual, junto com decretos posteriores, qualificava como crime a rescisão do contrato de trabalho. Por volta de 1850, os ingleses começaram a contratar trabalhadores negros de Moçambique, Lesoto e Botsuana, assim como indianos e chineses (esses trabalhadores não podiam levar suas famílias, recebiam apenas uma parte do salário e eram obrigados a voltar a suas regiões se perdessem o emprego). A discriminação racial e os contratos de trabalho nas províncias dominadas pela Inglaterra tinham como objetivo forçar a redução do salário dos trabalhadores brancos, mediante a utilização de mão de obra negra, quase gratuita.

Ao iniciar a exploração das minas de ouro e diamantes, os grandes capitalistas europeus tiveram que recorrer aos operários brancos com alguma especialização e preparo intelectual. Essas pessoas, na maioria ex-fazendeiros boers que haviam perdido todo o seu capital na guerra de 1899-1902, e também europeus atraídos pela corrida do ouro, faziam exigências e reivindicações trabalhistas, pois conheciam o funcionamento do capitalismo industrial britânico. Os ingleses manipularam habilmente essa situação, prometendo vantagens aos trabalhadores brancos desde que se tornassem cúmplices na exploração de mão de obra negra. A *Colour Bar* (Barreira de Cor), de 1898, foi plenamente instaurada no setor mineiro e também nos núcleos urbanos de maioria britânica.

Com a aprovação da Constituição da União Sul-Africana (federação das províncias do Cabo, Natal, Orange e Transvaal), a população negra foi privada do direito ao voto e à propriedade da terra. A partir de 1910, quando o país torna-se independente da Coroa Britânica, juntamente com a Austrália e o Canadá, várias leis segregacionistas foram implementadas. Entre elas, o *Native Labour Act*, de 1913, estendeu aos trabalhadores urbanos o sistema de submissão vigente nas fazendas, dividindo a África do Sul em duas partes – 7% do território nacional foram deixados aos negros, que representavam 75% da população (bantostões), e 93% das melhores terras foram entregues aos brancos, que correspondiam a 10% da população.

Nas reservas negras predominava a agricultura de subsistência e, nas demais áreas, a exploração capitalista intensiva da terra. Nessa lógica, o segundo setor passou a viver à custa do primeiro, que era visto como uma reserva permanente de mão de obra. Em 1923, o *Native Urban Act* limitou drasticamente a possibilidade dos negros se instalarem em cidades consideradas redutos dos brancos.

Até a Primeira Guerra Mundial, os interesses econômicos dos brancos eram baseados na complementação da mineração com a agricultura intensiva. Com a recessão do mundo capitalista no pós-guerra, houve uma significativa queda nas taxas de lucratividade das minas, obrigando as grandes companhias a contratarem trabalhadores negros. Esse fato acabou por provocar o embate racial entre os trabalhadores assalariados. A greve de Rand, em 1922, em que o recém-fundado Partido Comunista da África do Sul teve o seu batismo de fogo, foi duramente reprimida pelo governo. A maioria dos grevistas era formada por brancos pobres, descendentes dos boers que haviam perdido suas terras e que encontravam dificuldades de acesso à nascente estrutura industrial do país. Eles acabaram se tornando, mais tarde, alvo fácil da propaganda nacionalista de extrema-direita.

Esses nacionalistas, vencedores nas eleições de 1924, juntamente com seus aliados do Partido Trabalhista, representantes da burguesia nacional urbana, promoveram o rompimento com a política liberal implementada pelos defensores dos grandes monopólios mineiros e impuseram medidas protecionistas. O objetivo era o de tentar neutralizar a evasão dos lucros das companhias mineiras sediadas no exterior e utilizar os recursos da agricultura branca para iniciar um processo de industrialização interna capaz de satisfazer aos interesses dos trabalhadores de origem europeia.

O surgimento de um capitalismo de Estado, promovido pelos nacionalistas, permitiu ao país um rápido crescimento. Foram criadas siderurgias, estradas de ferro e centrais elétricas em um momento classificado por muitos como "milagre econômico". Entretanto, ao final da década de 1920, uma nova crise foi anunciada com a queda do preço do ouro no mercado internacional, colocando em risco também a aliança entre nacionalistas e trabalhistas. A direita nacionalista, para sobreviver no poder, abandonou a aliança com o Partido Trabalhista e apoiou-se no outrora rechaçado capital estrangeiro. Nessa direção, os *afrikaaners* continuavam controlando o poder e mantinham o sistema de segregação racial. A reconciliação com a elite pró-britânica, embora permitisse a ampliação dos lucros "estrangeiros", garantiu a organização interna em relação ao sistema segregacionista. Todavia, o novo surto industrial, que resultou no aumento do número de negros empregados no setor, reabriu o debate entre nacionalistas e pró-britânicos.

Ao discurso nacionalista *afrikaaner* somaram-se elementos fascistas manifestos, por exemplo, na sociedade secreta *Afrikaaner Bond* (Irmandade *Afrikaaner*). A recessão no pós-Segunda Guerra Mundial repetiu o fenômeno, quando os brancos pobres, ameaçados pelo desemprego, elevaram seu racismo com o *slogan Gevaar Kaffer, Koelie, Komunismus* ("Cuidado com os negros, com os indianos e com o comunismo").

De qualquer forma, foi a partir de 1948, quando o Partido Nacional venceu as eleições que, efetivamente, o *Apartheid* foi implantado. Era uma resposta à situação criada com o *boom* econômico do período da Segunda Guerra Mundial, que levara centenas de milhares de negros a estabelecer-se nas cidades, para suprir as demandas de mão de obra. Com a redução do crescimento após 1945, os operários brancos desejavam monopolizar os empregos e a elite optou por "retribalizar" os negros urbanos. Daí a lógica material do *Apartheid*.

Com os nacionalistas novamente no poder de forma independente, a União Sul-Africana entrou em uma fase muito mais complexa, quando ocorreram mudanças políticas, econômicas e sociais que forjaram um país, de certa forma, na "contramão da história". O que caracterizou o novo período foi a dissociação entre poder político e poder econômico; a população de origem inglesa manteve o poder econômico, enquanto os *afrikaaners* passaram a deter o poder político. Assim, a institucionalização do *Apartheid* tornou-se um dos pilares do novo surto de desenvolvimento.

A percepção do novo governo em relação à política externa do país, diante de sua posição geoestratégica e da extensão da Guerra Fria para cenários secundários, foi a de identificar-se como um "país europeu estabelecido na África". É preciso levar em conta que a elite branca mantinha vínculos tradicionais com a Europa Ocidental e, posteriormente, com os Estados Unidos. Geograficamente, o país se encontra na confluência de rotas marítimas e possui, em seu subsolo, riquezas minerais importantes para o desenvolvimento econômico moderno que o Ocidente necessita e para o esforço armamentista da Guerra Fria em termos de armas estratégicas. Assim, Pretória explorou o discurso anticomunista e fez da União um bastião do chamado "mundo livre".

A União Sul-Africana explorou essa circunstância com propósitos de ordem política, econômica e de segurança. No contexto doméstico, os nacionalistas tinham como objetivo a conquista total do poder, com a consolidação da independência do país e com a substituição da anglofilia predominante por uma cultura que promovesse os valores *afrikaaners*. No plano econômico, esforçaram-se em promover e introduzir o capital *afrikaaner* no coração da economia – o setor de mineração – ainda reduto do capital de origem inglesa e dos investidores externos. O Estado passou a ter expressiva participação na economia, permitindo a expansão da indústria de substituição de importações nos setores siderúrgico, químico, de minerais processados, energético e, mais tarde, de armamentos. Esta industrialização por substituição de importações representava uma forma de contornar os embargos e sanções internacionais que o país viria progressivamente a sofrer.

2.3 Apogeu, declínio e desmantelamento dos impérios coloniais

A Segunda Guerra Mundial, a descolonização do Magreb e a Revolução Nasserista

As consequências da Primeira Guerra Mundial e da Revolução Soviética reforçaram o declínio europeu e os movimentos político-ideológicos favoráveis à emancipação dos povos coloniais. Esse processo foi ainda mais fortalecido pela Grande Depressão e pelo impacto e resultado da Segunda Guerra Mundial. A Depressão produziu um considerável impacto econômico e social no continente africano devido ao acentuado declínio dos fluxos comerciais e financeiros internacionais, bem como ao aumento das tensões mundiais. Essas viriam a conduzir à Segunda Guerra Mundial, que afetou diretamente o norte e o Chifre da África.

A Segunda Guerra Mundial na África

Em outubro de 1935, a Itália fascista invadiu a Abissínia (atual Etiópia) a partir de suas colônias da Eritreia e da Somália. A Liga das Nações, da qual a Abissínia era membro, além dos tradicionais protestos verbais, aprovou um embargo comercial à Itália, por pressão de Londres, pois o controle da região por Mussolini poderia ameaçar a rota do canal de Suez e os interesses petrolíferos britânicos no Golfo Pérsico. Mas o embargo constituía apenas uma pressão limitada para impedir novos ímpetos expansionistas de Roma, pois nada de concreto foi feito para defender o agredido. A dificuldade na conquista do país (só completada em maio de 1936), apesar da desproporção de forças, evidenciou a fragilidade italiana. Além do choque produzido na África pela ocupação do único país realmente independente do continente, gerando um elemento catalisador pan-africanista e uma contradição na política internacional (pois a Inglaterra defendia a independência de uma nação africana contra um poder europeu), Mussolini aproximou-se de Hitler para fazer frente ao embargo britânico, criando o Eixo Roma-Berlim em 1936.

O extenso bastião criado pelos italianos no Chifre da África deixou a Inglaterra de prontidão. Quando a guerra iniciou na Europa e a Inglaterra ficou debilitada pela queda da França (cujas colônias ficaram sob o controle do governo fascista de Vichy, aliado do Eixo), a Itália lançou sua expansão nos Bálcãs, na África do Norte e na Oriental, atacando os britânicos e seus aliados. Os italianos atacaram o Egito a partir do território líbio, mas em dezembro o exército britânico empurrou as tropas fascistas de volta à fronteira. As forças italianas acantonadas na África Oriental italiana, por sua vez, ocuparam a Somália britânica, um trecho do Quênia e algumas cidades além da fronteira sudanesa, e todas as colônias britânicas, onde foram contidas. No início de 1941, o exército britânico ultrapassou a fronteira líbia e ocupou a Cirenaica, enquanto sua ofensiva na África Oriental italiana derrotou completamente os fascistas em maio, com a rendição do Duque d'Aosta e o retorno do Imperador Hailé Selassié.

Os alemães enviaram o *Afrika Korps* de Rommel em auxílio aos italianos e, em 1942, avançaram até El Alamein, a 100km do Cairo. A contraofensiva do Império Britânico empurrou os ítalo-alemães até a Tunísia, enquanto os norte-americanos e franceses livres desembarcavam no Marrocos e na Argélia, onde o regime de Vichy ofereceu pouca resistência, concluindo um armistício com os aliados em novembro. Tendo recebido reforços, os ítalo-alemães ainda resistiram na Tunísia até maio de 1943. As colônias francesas na África deixaram de ser território do Eixo (anteriormente, apenas o governador da África Equatorial francesa havia apoiado De Gaulle).

A partir de 1943, o recrutamento de soldados magrebinos, negros e brancos sul-africanos e de trabalhadores africanos foi acelerado, com significativa participação no teatro de operações europeu. Além disso, desde o início do conflito o aumento da produção de borracha e minérios mobilizou milhões de trabalhadores. Muitos dos futuros líderes das independências africanas foram soldados ou trabalhadores mobilizados na guerra. Além disso, a participação na derrota de regimes racistas europeus elevou a autoestima dos africanos, o que se somou ao enfraquecimento das metrópoles coloniais e ao anticolonialismo americano, soviético e das Nações Unidas.

A descolonização no Magreb e a Revolução Egípcia

Após a guerra, no Magreb, o nacionalismo árabe era o fator político que se tornara o mais importante. Em 1949 a ONU determinou que a Líbia, a qual se encontrava dividida e sob ocupação inglesa e francesa, fosse unificada, sob o reinado de Idriss al-Senussi. A independência foi obtida em 1951, com bases americanas e inglesas sendo mantidas e, em 1959, foi descoberto petróleo em grande quantidade. Paralelamente, no Sudão, ao longo dos anos de 1950 o nacionalismo fez grandes avanços e, em 1953, os ingleses concederam um estatuto de autogoverno. A vitória nacionalista nas eleições conduziu à independência em 1956. Meses antes da independência teve início uma revolta no sul, predominantemente africano animista e cristianizado, contra o governo central dominado pelo norte arabizado, gerando uma guerra civil que durou décadas. Na verdade os ingleses, desde o período entreguerras, percebendo o avanço do nacionalismo, tencionaram incorporar o sul a Uganda, mantendo o condomínio anglo-egípcio apenas no norte. Para manter a separação das duas regiões, chegaram a proibir casamentos intercomunitários.

Levantes antibritânicos no Egito sempre questionaram a presença semicolonial inglesa em um país formalmente independente, até que em 1952 um golpe militar derrubou o Rei Faruk. Na esteira deste movimento o país tornou-se uma República, logo liderada pelo oficial nacionalista Gamal Adbel Nasser. Esse líder, que era o primeiro egípcio a governar o país desde a época dos faraós, não possuía uma visão política articulada. Jovem César, ele pensava em voz alta, em um processo de autoeducação que cobria um vazio junto à população, depois de séculos de opressão e silêncio das massas árabes. Quando discursava anunciando a nacionalização do Canal de Suez, em 1956, ele, inesperada e espontaneamente, sorriu de satisfação, e o povo, que pela primeira vez presenciava um fato tão insólito, riu também, encontrando nele a sua voz. Seus discursos, transmitidos pelo rádio às massas analfabetas, eram ouvidos em todo o mundo árabe, convertendo-o numa liderança pan-árabe.

Levado pelas circunstâncias, Nasser promoveu reformas sociais e aliou-se à URSS, em busca do apoio que o Ocidente lhe negou adotando políticas de esquerda, ao mesmo tempo em que perseguia o Partido Comunista Egípcio. Da mesma forma, combateu os grupos islâmicos e instituiu um regime laico e modernizador, promovendo a reforma agrária, a educação e o saneamento e coibindo, paralelamente, as elites capitalista e feudal do país. Ao mesmo tempo, porém, sem uma estratégia de transformações socialistas que alterasse as bases da sociedade, sua política se apoiava numa burocracia civil-militar hipertrofiada, em práticas autoritárias e na repressão constante.

Manifestações e levantes anticoloniais também ocorreram na Tunísia, na Argélia e no Marrocos, colônias francesas. Tunísia e Marrocos tornaram-se independentes em 1956, a primeira sob o comando de Habib Bouguiba, de postura neocolonial, que proclamou uma república autoritária. No Marrocos, o Sultão Ben Iussuf cobrou a prometida independência, mas os franceses reagiram incitando os berberes contra os árabes e exilando-o em Madagascar em 1951. Em 1956 ele retornou, com o consentimento da França, proclamou a independência e assumiu como Rei Mohamed V. Tanger e o Marrocos espanhol foram incorporados ao novo Estado, que também reivindicou Ifni, Saara espanhol e Mauritânia. Ifni e uma pequena faixa do Saara foram cedidas pela Espanha.

Mas na Argélia, onde havia expressiva colonização francesa, a metrópole resistiu à descolonização. As primeiras manifestações, logo no final da Segunda Guerra Mundial, haviam sido reprimidas com um saldo de 20 mil mortos, e ficou conhecida como Revolta da Cabília. Contudo, em 1954, com uma onda de atentados, teve início a guerra de independência da Argélia. A Frente Nacional de Libertação (FLN), apoiando-se no nacionalismo e no islã, mobilizou a população na luta armada e defendeu a organização de uma sociedade socialista não marxista. A repressão francesa foi implacável, custando ao final do conflito a vida de quase um sexto da população do país.

A descoberta de petróleo no Saara argelino reforçou a determinação francesa, cuja linha dura, representada pelo General Salan e pelos colonos, criou a Organização do Exército Secreto (OAS), que deflagrou um golpe de Estado e colocou De Gaulle no poder em 1958, como forma de evitar concessões aos árabes. A França não suportou o desgaste da guerra e concedeu em 1962 a independência à Argélia, de onde os colonos brancos se retiraram. A Guerra da Argélia teve grande influência na descolonização da África Subsaariana, ou África Negra, seja como estímulo à mobilização africana pela independência, como também condicionando a atitude das metrópoles europeias, as quais decidiram se adaptar aos novos tempos para conservar sua influência econômica, agora já recuperada da guerra e em integração (Comunidade Econômica Europeia, fundada em 1957). O exemplo argelino representou um risco a ser evitado no resto do continente.

Durante a Guerra da Argélia eclodiu a crise de Suez. Após direcionar a política externa egípcia para o neutralismo, Nasser viu os Estados Unidos retirarem a oferta de financiamento à barragem de Assuã. Necessitando de recursos para o desenvolvimento econômico e as reformas sociais que prometera ao miserável povo egípcio, Nasser nacionalizou o Canal de Suez em julho de 1956. Em novembro, tropas francesas, inglesas e israelenses atacaram a zona do canal e a Península do Sinai. O velho colonialismo franco-britânico fazia um último esforço para manter suas posições no Oriente Médio, e Israel tentava tirar proveito da situação. A Inglaterra desejava reverter a nacionalização do Canal de Suez, e todos os três desejavam conter ou derrubar o regime nasserista, de forte apelo anticolonialista. Os franceses, por sua vez, procuravam cortar o apoio que Nasser dava à FNL argelina, que possuía bases de treinamento no Egito.

Os atacantes derrotaram facilmente o exército egípcio, mas os soviéticos lançaram um ultimato exigindo a retirada das forças invasoras, ameaçando intervir militarmente. Numa tentativa de não serem ultrapassados pelos acontecimentos, os Estados Unidos também pressionaram seus aliados a evacuar o Egito, o que ocorreu em dezembro. Assim, Nasser conseguiu transformar uma derrota militar em triunfo político, consolidando seu nome como a maior liderança do mundo árabe, estimulando sua ideia de unificação das nações árabes. Enquanto se aproximava do mundo socialista, seu prestígio atingia o apogeu no Terceiro Mundo. Ainda assim, a crise de Suez também permitiu a Kruschov aumentar a influência da URSS na região. A União Soviética, por sua vez, consolidou a partir de então sua influência na região do Oriente Médio e ganhou prestígio na África.

Enquanto se aproximava do mundo socialista e do movimento neutralista, seu prestígio se afirmava junto ao movimento de descolonização e às nações do Terceiro Mundo, do qual já era um protagonista reconhecido desde a Conferência de Bandung (1955). A partir de então, junto com o iugoslavo Tito, o indonésio Sukarno, o ganense Nkrumah e o indiano Nehru, ele trabalhou para a constituição do Movimento dos Países Não Alinhados, que ocorreu em 1961. A conferência preparatória foi sediada, por Nasser, no Cairo, e a de fundação em Belgrado, Iugoslávia. Com as potências europeias desmoralizadas e o surgimento de um Segundo e de um Terceiro Mundos, todos sob o sistema das Nações Unidas, as relações internacionais pareciam apontar para perspectivas promissoras para os povos africanos.

A negritude e o pan-africanismo

A negritude constitui um movimento cultural e literário com fortes implicações ideológicas e políticas. Surgiu entre os descendentes de escravos das Antilhas francesas, de onde atingiu os estudantes das colônias africanas em Paris, tendo como ponto central a recuperação da identidade e da humanidade dos povos africanos. Seu aspecto positivo está ligado à restauração da dignidade do homem negro. Sua radicalidade é abstrata e anti-histórica desde o momento em que passa a defender não o desenvolvimento dos africanos, mas a necessidade da manutenção das estruturas e da cultura pré-moderna da África Negra de forma intocada. O movimento iniciou como uma busca pelas raízes e pela identidade e humanidade, na época de suas origens. Depois, com o poeta Aimé Césaire, transformou-se num racismo às avessas a partir de Leopold Senghor, o patriarca da independência do Senegal.

Politicamente, o único ponto positivo na África foi o apoio militante às independências e à criação de uma entidade política continental. Marcada por um profundo conservadorismo, termina por ser um instrumento de imobilização, de manutenção do *status quo* e de confirmação da teoria racista das diferenças genéticas, que explicaria uma personalidade africana. O homem branco seria "materialista e interesseiro", voltado ao desenvolvimento, enquanto o negro teria "sensibilidade para as artes", portanto, sem interesse no "progresso". Assim, o movimento, expressando uma crítica da aculturação pelas elites assimiladas africano-francófonas, não contribuiu para o desenvolvimento continental. Apenas garantiu o direito dessas elites e o espaço e a posição que o colonialismo negava-lhes após a assimilação, tornando-se, desse modo, um instrumento fracassado de coesão nacional.

No continente americano e na África do Sul, onde os africanos e seus descendentes foram colocados em uma posição de inferioridade "natural" e absoluta, é outro o contexto, e a negritude tornou-se um instrumento para a conquista da cidadania e da igualdade de direitos. Pode, no entanto, ser usada de forma contrária se os pressupostos da personalidade africana, definidos por Senghor como o predomínio do sensorial, do sentimento, dos reflexos naturais, forem usados como instrumento do etnocentrismo dominante. É preciso, pois, entender a negritude como uma reação cultural ao escravismo e à dominação colonial – com suas perversões –, e mantê-la nesse nível, para evitar que a especificidade africana seja reconhecida como resultado de uma determinação biológica, uma teoria cara aos racistas.

Assim como a negritude, o pan-africanismo nasceu fora da África. Originado entre descendentes de escravos das colônias inglesas do Caribe e dos Estados Unidos, é um movimento político e social surgido na passagem do século XIX ao XX. Inicialmente voltado para a promoção social e política dos negros na racista América, voltou-se para a defesa da descolonização e do progresso político-social da África. Nunca, no entanto, foi homogêneo ou monolítico. O principal organizador foi o sociólogo afro-americano W.E.B. Dubois, que marcou, inicialmente, o movimento com características como solidariedade, união, promoção social e cultural, que ao longo do tempo foram se politizando.

Dubois organizou os quatro primeiros congressos pan-africanos (1919, 1921, 1923 na Europa e 1927 nos Estados Unidos), onde a representação africana foi minoritária. Na década de 1930, o movimento não realizou congressos, mas manteve sua militância na oposição à conquista da Etiópia pelo fascismo italiano. Sob inspiração de Dubois, realizou-se o V Congresso Pan-africano em Manchester, Grã-Bretanha (1945), com significativa e destacada participação de delegados africanos. Esse congresso sinalizou a politização do movimento e destacou delegados que foram importantes na descolonização africana (Nkrumah, de Gana, e Kenyata, do Quênia). Além da reativação do movimento, esse passou à reivindicação política da descolonização para o anti-imperialismo e o anticolonialismo, definindo-se abertamente socialista (mas não comunista). Foram acordadas as necessidades de um programa de ação para a independência e a criação de uma organização para atuar pela independência da África colonial – considerada precondição para a futura unificação continental.

Reconhecendo a existência de uma unidade cultural africana, o movimento passou a manifestar-se em todos os planos. No aspecto cultural, a promoção da identidade africana aproxima da negritude francófona. No campo político, na organização de congressos, conferências e uniões que culminaram com a criação da Organização de Unidade Africana (OUA) em Addis-Abeba, Etiópia, no ano de 1963, e na militância pela descolonização. No plano econômico, na procura por soluções para os problemas comuns do continente e o progresso, que exigiam cooperação para superar o atraso tecnológico e os interesses particularistas. No campo diplomático, o pan-africanismo atuou contra o colonialismo, a balcanização continental e o envolvimento na Guerra Fria. Socialmente, buscou a promoção da mulher africana e o desenvolvimento de políticas educacionais e sanitárias. A partir do Congresso de Manchester, o movimento não só mudou seu eixo geográfico e político em direção à África, como também amadureceu um projeto global.

De marcante influência na descolonização, o pan-africanismo sofreu, no entanto, problemas internos relacionados às diferentes correntes de seus componentes. Isso é expresso nas derrotas frente à negritude – que excluiu o norte da África, considerado árabe – e na necessidade de aceitar os conservadores na constituição da OUA. Outro problema foi o confronto que impediu uma política unitária em relação à velocidade e a mecanismos da descolonização e à unificação africana. Os interesses que emergiam com as independências passaram a pesar mais com a criação de um novo *status quo*. Essa situação se manifestou a partir da esterilização da iniciativa pela unidade, lançada na I Conferência de Estados Africanos Independentes, realizada em 1958, por iniciativa de Nkrumah, em Gana.

Mesmo com os problemas e deficiências surgidos com a institucionalização, o pan-africanismo manteve seus objetivos originais – promoção e desenvolvimento dos africanos, luta contra o imperialismo (foi marcante sua atuação político-diplomática contra o colonialismo português e o *Apartheid* sul-africano), pelo desenvolvimento da consciência e da unidade africanas e pelo progresso social. De 1957 até meados da década de 1960 (antes da criação da OUA), patrocinou e organizou congressos com vários objetivos – políticos, diplomáticos, de promoção cultural e social –, além de impulsionar a criação de organizações representativas, como trabalhadores e camponeses, que transcendiam os limites das fronteiras.

O processo de descolonização

A expansão colonial europeia na África havia dividido o continente entre quatro potências – Grã-Bretanha, França, Bélgica e Portugal. Essas potências coloniais diferiam em níveis de desenvolvimento, riqueza e necessidades. Tal situação determinou diferenças secundárias, porque as colônias eram predominantemente de exploração e não de povoamento. Determinou também uma reorganização da geografia política africana, voltada para o mercado metropolitano, unindo e separando áreas e economias, sociedades e povos. Tal reorientação geoeconômica manifestou-se pela criação de novas "regiões" na África, regiões que entravam em contradição com a tradicional ordenação continental, externalizando sua economia e criando novas realidades sociais e políticas.

O domínio colonial clássico na África durou aproximadamente 75 anos, tempo suficiente para o amadurecimento de sua incorporação na economia mundial, das economias capitalistas monopolistas e para a emergência de um movimento emancipacionista bastante problemático. Nesse período, os impérios coloniais submeteram ou cooptaram tanto as resistências tradicionais como as "modernizantes", ordenaram o continente e mudaram seu perfil. O auge da dominação e reordenação deu-se no período entreguerras, com marcada participação da crise econômica de 1929 e a posterior recessão.

Um dos maiores impérios coloniais – o francês – agrupou suas diferentes áreas em blocos com sede regional e unidade administrativa, embora pouco integrados econômica e politicamente devido à economia estar voltada para a metrópole, à artificialidade política dos territórios coloniais e à incapacidade de criar uma nova identidade. Esses blocos regionais, que atendiam às necessidades administrativas e de controle e à exiguidade de recursos para as colônias de exploração, não suportaram as contradições e demandas da descolonização política. Foram desintegrados, provocando a "balcanização" do continente.

O Império Português, dada a dispersão de suas colônias, não criou unidades do tipo anterior. Cada colônia se manteve diretamente subordinada à metrópole. O Império Belga, constituído pelo Congo e pelas ex-colônias alemãs de Ruanda e Burundi, possuindo continuidade geográfica, era unificado. Já o pragmático Império Britânico, com colônias dispersas na África Ocidental e agrupadas na Oriental, apresentava variados mecanismos de dominação. Essas variedades administrativas dos impérios coloniais, a inserção das colônias na economia mundial e a existência ou não de colonos e interesses no local determinaram a variedade de modelos de descolonização, os quais abarcaram da pura e simples retirada até a guerra de libertação.

Em longo prazo, a descolonização não conseguiu alcançar a transformação social e o desenvolvimento autocentrado. Nesse sentido, ela foi apenas política e esteve sempre pressionada pela Guerra Fria e pela nova forma assumida pelo imperialismo, o neocolonialismo. A subordinação à economia mundial e a seus ciclos persistiu, sendo acompanhada pelas pressões dos órgãos internacionais e pelas ajudas – econômica, militar etc.

Ao final da Segunda Guerra Mundial, a situação crítica das metrópoles europeias e sua necessidade de riquezas coloniais entraram em contradições com os ideais dos social-democratas que chegaram ao poder em 1945. Isso levantou o problema da evolução dos impérios. Por outro lado, certos grupos empresariais já haviam alcançado um nível de desenvolvimento que podia prescindir da subordinação direta à metrópole. A solução era apresentada por meio de um longo e quase secular processo evolutivo de emancipação. Frente a tal projeto, clarificaram-se vários elementos de oposição: a ascensão dos Estados Unidos e da URSS como potências mundiais e anticolonialistas, o sistema das Nações Unidas com seu comitê de descolonização, as reivindicações africanas de emancipação e os interesses econômicos das emergentes multinacionais norte-americanas – obstaculizados pelas políticas dos impérios coloniais. Tais fatores são determinantes nos processos de descolonização. Na África, onde os colonizados e suas reivindicações são protagonistas preponderantes, deve-se agregar o papel das decisões da Conferência de Bandung e das guerras anticoloniais da Ásia como elementos-chave da descolonização.

Embora o auge da descolonização da África tenha acontecido na passagem da década de 1950 para a de 1960, a reivindicação pacífica ou violenta pela independência se iniciou no imediato pós-guerra. Ela se aprofundou e radicalizou com as tentativas metropolitanas que buscaram criar mecanismos de autonomização lenta e controlada. Isso favorecia as forças internas arcaicas e a permanência das colônias subordinadas à metrópole. Foi o caso dos pragmáticos *self government* britânicos e da União Francesa, bem como a da criação das áreas da Libra Esterlina e do Franco. No entanto, a dinâmica interna das colônias e a situação internacional atropelaram os projetos gradualistas.

As independências na África francesa

O império francês da África Negra era constituído por duas unidades – a África Ocidental francesa e a África Equatorial francesa. Da sua dissolução surgiu um grupo de países com níveis diferentes de desenvolvimento e de incorporação à economia mundial, com projetos e problemas distintos. No processo emancipatório persistira uma tensão dialética entre as proposições metropolitanas, por um lado, e as aspirações diferenciadas dos africanos, por outro. Ao final da Segunda Guerra, e por mais de uma década, a França tentou, no quadro de sua política de assimilação e baseada na indivisibilidade da república, criar mecanismos que mantivessem o *status quo*. Isso levou a uma diferenciação interna das regiões pertencentes às unidades coloniais. Esse processo acompanhou a especificação das economias e das reivindicações particularistas – étnico-culturais e econômicas –, impossibilitando a construção de grandes Estados nacionais e de economias fortes e integradas.

O papel desempenhado pelas colônias francesas na África na Segunda Guerra Mundial possibilitou uma evolução mínima da situação colonial. No início de 1944, os administradores coloniais que aderiram aos aliados reuniram-se na Conferência de Brazzaville, que planejou linhas gerais de reformas administrativas. A constituição francesa de 1946 instaurou o sistema eleitoral de duplo colégio e manteve a direção administrativa das colônias sob firme controle europeu. Frustraram-se as perspectivas de integração e de autonomia. Na África, uma minoria de políticos, partidários das transformações nas colônias, que havia participado da Constituinte em Paris – que resultou na criação da União Francesa – persistiu em sua luta pela autonomia local.

No mesmo mês da promulgação da constituição, e, de certa forma, nos marcos da União Francesa, reuniu-se o Congresso de Bamako. Dele resultou a criação do RDA (Agrupamento Democrático Africano). Era um partido ligado ao Partido Comunista Francês, mas legalista, que apoiava a autonomia interna nos marcos constitucionais. Tendo como líderes Houphouet-Boigny, da Costa do Marfim, e Sékou Touré, da Guiné, abrangia, com suas seções, o conjunto do território colonial. Paralelamente, em 1948, Leopold Senghor criou, no Senegal, o BDS (Bloco Democrático Senegalês) nacionalista. Dessas agrupações, surgiram as tendências que marcarão o futuro das colônias francesas.

Em 1950, a secção da Costa do Marfim do RDA se aproximou do grupo de Mitterand no parlamento francês e rompeu com o PCF. Distinguindo-se da linha guineana de Sékou Touré, colaborou na criação da Loi-Cadre (Lei Marco) de junho de 1956. Essa instituiu a africanização administrativa, a ampliação dos direitos eleitorais e normatizou a descentralização administrativa. Seu desdobramento lógico seria a "balcanização" das colônias. A autonomização regional – caminho para a balcanização – foi contestada por Senghor (do Senegal), partidário da Federação. Abriu, no entanto, caminho para as tendências centrífugas e para o nacionalismo territorial nos agrupamentos de colônias.

No ano de 1957, o Congresso de Dakar reuniu as lideranças africanas que, vitoriosas nas eleições determinadas pela Lei Marco, mostraram-se independentistas. Essa unidade foi rompida pelos diferentes posicionamentos relativos à Federação e pelo fortalecimento dos partidos territoriais. O RDA, que começara a ser implodido por Boigny em 1950, recebeu o golpe de misericórdia com a real independência do Partido Democrático da Guiné de Sékou Touré. O protagonismo metropolitano, sua política visando manter as colônias subordinadas e as contradições da França levaram progressivamente, e de forma rápida, as colônias para a independência.

A incapacidade do império em manter-se na Indochina (independente em 1954) e as dificuldades de conter o nacionalismo e a guerra de libertação da Argélia levaram ao golpe de 1958. De Gaulle substituiu a Quarta República, desmoralizada e em frangalhos. A constituição, do mesmo ano, que criou a Quinta República, substituiu a União Francesa por uma Comunidade Francesa. Embora apresentada sob a forma federalista, propôs para a África Colonial a manutenção da situação de subordinação à metrópole, onde a autonomia interna seria limitada. Pior ainda, a constituição transformava os territórios em Estados comunitários.

O resultado previsível seria a efetiva consolidação da balcanização iniciada poucos anos antes. A divisão entre as lideranças africanas possibilitou que De Gaulle apostasse no tudo ou nada, propondo um *referendum*. O voto negativo possibilitaria a imediata concessão da independência. A dificuldade em estabelecer uma federação, por causa do desenvolvimento dos nacionalismos territoriais e dos projetos políticos e econômicos dos diferentes partidos africanos, significava que a recusa no referendo abriria caminho para a fragmentação da colônia. A independência imediata era possibilitada pelos artigos 78 e 86 da constituição gaullista de 1958.

No *referendum*, apenas a Guiné (dirigida por Sékou Touré) votou massivamente pelo não. Os outros 12 "Estados" coloniais votaram pela comunidade. O resultado foi a emancipação dessa colônia em outubro de 1958, que aderiu ao "socialismo africano", do qual seria um dos impulsionadores. A adesão das outras colônias à Comunidade Francesa desgastou-se rapidamente por causa do centralismo metropolitano e do exemplo da Guiné. Em 1959, reuniu-se outra conferência em Bamako. Nessa, o Senegal e o Sudão francês (Mali, Níger e Alto Volta) formaram a Federação do Mali, que solicitou a independência para 1960. Tal federação durou poucos meses, resultando na constituição do Senegal e do Mali independentes.

Aberto o caminho para a independência e a balcanização, essas seguiram seus rumos. Em 1960, as quatro colônias restantes da África Ocidental francesa organizam uma aliança que alcançou a soberania no mesmo ano. O Daomé, o Níger, o Alto Volta e a Costa do Marfim tornaram-se repúblicas independentes.

No mesmo ano de 1960, a África Equatorial francesa dividiu-se em países independentes. Surgiram as Repúblicas do Tchad, a Centro-Africana, a do Congo (Brazzaville) e o Gabão. O Império Francês na África não existia mais. Os novos países surgidos da divisão administrativa colonial do pós-guerra eram uma realidade. Também o eram a pobreza, a fragmentação e o bloqueio da possibilidade de uma África francófona integrada sob a forma federada ou unitária. Esse objetivo foi frustrado pela ação metropolitana e pelos diferentes níveis de desenvolvimento de cada região colonial. Esses níveis, a intensidade de integração na economia capitalista mundial e a sobrevivência de cristalizadas formas sociais arcaicas geraram países que só poderiam unificar-se sob fortes governos reformistas.

Madagascar, mais do que uma ilha do litoral africano colonizada pelos franceses, é uma ilha-continente, ponto de cruzamento étnico-cultural e de relações econômicas entre a África e a Ásia Insular e com uma civilização híbrida fruto desse cruzamento. Essa imensa ilha no Oceano Índico possui originalíssimas flora e fauna e é povoada por malaio-polinésios no leste e por bantos africanos no oeste. Os anglo-americanos haviam-na ocupado em 1942 e, no ano seguinte, entregue aos franceses livres de De Gaulle. Ela recebeu o *status* de autogoverno em 1946, mas a França não reconheceu a oposição nacionalista, o Movimento Democrático da Renovação Malgaxe (MDRM), que coordenou um levante geral em 1947. A repressão massiva dos franceses causou 80 mil mortes, mas, em 1958, ela se tornou membro da Comunidade Francesa. Em 1960, tornou-se independente sob a presidência de Philibert Tsiranana, líder do Partido Social-Democrata, que manteve um regime parlamentarista e neocolonial.

As antigas colônias alemãs tuteladas pela França eram territórios sob "mandato" da Sociedade das Nações e, posteriormente, da ONU, constituídos pelo Togo e pelos Camarões. Como os organismos internacionais impunham características específicas – a independência não se deu com a destruição do Império Francês –, o Togo tornou-se independente em 1960, depois da autonomia alcançada em 1955; o Camarões alcançou a independência no mesmo ano. No ano seguinte, fundiu-se com a parte atribuída, como mandato, à Grã-Bretanha, constituindo uma unidade política territorialmente demarcada pelo Império Alemão, destruído em 1918.

A descolonização com a balcanização tornou-se um empecilho para o desenvolvimento integrado. Como resultado disso, tanto a negritude quanto o pan-africanismo, que seriam as bases da moderna África, terminaram por tornarem-se discursos mobilizadores e objetivos em longo prazo. O trabalho imediato era construir o Estado, inseri-lo na política internacional e resolver os pesados déficits gerados pelo colonialismo. A tendência para a unificação africana e para uma política internacional integrada ficou subordinada às singularidades de cada país. Nesse quadro, a França manteve sua preponderância e a direção da região através da Área do Franco, da Francofonia e da ação de suas tropas no sustento de governos que perdem sua base nacional de sustentação.

A descolonização da África britânica

O império colonial britânico na África se apresentava dividido em grupos – as dispersas colônias da África Ocidental, as colônias estratégicas da África Oriental e as colônias da África Central. Embora tenham sido incorporadas em momentos e por razões diferentes, basicamente possuíam as mesmas estruturas do imperialismo britânico, fundadas na administração indireta. Com exceção da África Ocidental, existiam fortes concentrações de ricas minorias brancas, beneficiárias da expropriação das terras nativas, e grupos maiores de imigrantes asiáticos. Essas condições geraram as situações diferenciadas de emancipação política e os problemas enfrentados pela descolonização.

A África Ocidental britânica

As fragmentadas colônias da África Ocidental foram as primeiras a alcançar a independência. Após a Segunda Guerra, frente ao crescimento do nacionalismo e ao fato de que inexistiam colonos brancos, os britânicos implementaram políticas de unificação – unitária ou federal – em cada colônia. Objetivavam uma longa e lenta transição ao sistema de participação na Comunidade Britânica. A crise econômica e as diferenças internas de desenvolvimento aceleraram a concessão de independência antes que a situação avançasse para insurreições. Entre 1951 (início da experiência de autogoverno autônomo) e 1965, todas essas colônias alcançaram a descolonização sob a forma republicana.

A Costa do Ouro alcançou a independência em 1957. A primeira colônia de exploração que obteve a soberania trocou o nome para Gana (antigo e poderoso império centro-africano anterior à conquista da África). Desde 1946, acontecia a luta política pela emancipação. Em 1947, Nkrumah assumiu a liderança pela independência; greves e manifestações de massa resultaram em sua prisão. Nas eleições de 1951, Nkrumah (que se encontrava na prisão) e seu partido *Convention People's Party* – o CPP – alcançam vitória. Sua designação para primeiro-ministro do regime colonial autônomo frutificou com a elaboração de uma nova constituição e o pedido de independência total, que foi alcançada em 1957, e em 1960 tornou-se uma república. Desde 1957 até a queda de Nkrumah (em 1966), o país participou ativamente do movimento terceiro-mundista. Destacou-se, igualmente, pela construção do pan-africanismo e pela luta de emancipação das colônias africanas. O governo, de características socializantes, procurou desenvolver o país para escapar do neocolonialismo – nova forma de dependência e subordinação imperialista – teorizado por Nkrumah em seu famoso livro *Neocolonialismo, último estágio do imperialismo*.

Em 1960, a Nigéria tornou-se independente sem haver solucionado as contradições resultantes da associação, pelo Império Britânico, de três regiões com estruturas, economias, etnias e culturas diferenciadas e antagônicas, politicamente unificadas e cristalizadas pelo Império Britânico. O trágico resultado foi a Guerra Civil de Biafra de 1967 a 1970, quando essa província rica em petróleo proclamou a independência e foi derrotada pelo governo federal. A Nigéria independente foi o resultado mais negativo da política britânica de administração imperial indireta e de agrupamento territorial artificial.

A Constituição de 1954, outorgada para fazer frente ao nacionalismo emergente pós-Segunda Guerra, criou um governo local autônomo sobre bases federais. Cada região manteve suas estruturas próprias e subordinou-se ao controle central da capital, em Lagos. A unidade política era frágil e espelhava as desigualdades de desenvolvimento econômico, político, social e cultural regionais. No entanto, o governo autônomo conquistou a independência em 1960 e proclamou a república em 1963. A persistência das contradições e da artificialidade da Nigéria impediu que a exploração petrolífera possibilitasse o desenvolvimento do país mais populoso do continente. A impossibilidade de unificar o país – herança do colonialismo e da independência – manteve as três regiões (hauçá, feudal e muçulmana ao norte; iorubá, camponesa e animista ao oeste; e ibo, camponesa, mercadora e cristã ao leste) em permanente conflito político pelo controle do poder federal.

Em 1961, a pequena colônia de Serra Leoa – constituída para receber os escravos resgatados do tráfico clandestino – recebeu sua independência. Embora cronologicamente defasada, mas dentro da mesma lógica, em 1965 a Gâmbia – um enclave ao longo do Rio Gâmbia –, insignificante colônia, foi o último país da África Ocidental britânica a alcançar a independência. Como parte do mesmo movimento, outra colônia britânica do outro lado do continente alcançou a independência no mesmo período. A independência da Índia e a nacionalização do Canal de Suez por Nasser tornaram a Somália (britânica e italiana) área de ocupação estratégica no Chifre da África desnecessária. Tal situação permitiu que a colônia fosse a primeira da região a descolonizar-se, em 1960. O novo Estado assumiu a forma de república, extremamente pobre e com parte da população nômade.

A diáspora negra: os africanos no mundo

Existe um grande número de afro-descendentes dispersos pelo mundo, concentrados em algumas regiões. A migração de africanos está ligada a dois grandes movimentos históricos – o tráfico de escravos durante o mercantilismo e a migração Sul-Norte que caracteriza a Era Industrial na Europa e América do Norte no século XX.

Os contatos entre africanos e europeus são antigos. Do século IX até o século XV houve um fluxo de ouro e escravos da África Subsaariana para o Magreb que, ao mesmo tempo, alimentava os impérios do norte da África e chegava aos europeus como servos domésticos (uma demonstração de *status* social). Ao mesmo tempo, através do Mar Vermelho e do Oceano Índico, havia um tráfico em direção aos países islâmicos. Aliás, o sul da Península Arábica e o

Chifre da África sempre conheceram migrações nos dois sentidos, e o advento do islã fez com que houvesse maior interação e migrações entre os mundos africano e árabe. Assim, sempre houve uma quantidade razoável de negros no Oriente Médio e Magreb, embora com acentuada tendência à mestiçagem.

A partir do século XV, o fluxo de escravos mouros e negros para o continente europeu foi intensificado, principalmente a partir das navegações portuguesas no Oceano Atlântico. Na Península Ibérica, os escravos trabalhavam em minas, plantações, construções, como soldados, guardas, serviçais domésticos, nos correios, como lenhadores, operários nas fábricas, e, no caso das mulheres, concubinas. O comércio de escravos, além disso, era um fenômeno essencialmente urbano. O número de escravos residentes na Inglaterra no final do século XVIII, por exemplo, era estimado em 15 mil.

A partir do século XVI, com a conquista da América e o desenvolvimento de plantações monocultoras tropicais de cana-de-açúcar, algodão, anil, tabaco durante o mercantilismo e, depois, cacau e café, formou-se um tráfico de escravos africanos para as Américas. Eles foram alocados na bacia do Caribe, litoral centro-americano, sul das Treze Colônias (futuros Estados Unidos), Brasil, norte da América do Sul (Colômbia, Venezuela e Guianas), bem como no litoral do Peru. Nos países hispânicos continentais os negros se mantiveram como uma minoria menos expressiva frente aos numerosos brancos, mestiços e indígenas. Em Cuba, na República Dominicana, Guiana e Suriname, todavia, eles eram influentes e representavam entre um terço e um quarto da população.

Mas nas Antilhas ex-britânicas, francesas e holandesas eles constituíam a maioria esmagadora da população, embora se trate de nações de pequena dimensão. Já o Haiti, colônia francesa de numerosa população escrava e coberta por plantações de cana-de-açúcar, ocorreu uma revolta paradigmática. Sob a influência da Revolução Francesa, Toussaint Louverture liderou a rebelião de escravos que derrotou as tropas de Napoleão. A revolução dos negros haitianos assustou os brancos em todo o continente. Mas os franceses e as demais potências bloquearam as exportações haitianas de açúcar, obrigando o país a indenizar a França ao longo de todo o século XIX e parte do XX. A miséria a que a nação haitiana foi submetida, com governos títeres apoiados por Paris (e depois por intervenções americanas), fez deste um dos maiores crimes franceses. A França e os Estados Unidos são os grandes responsáveis pela terrível situação desta nação africana do Caribe. Cada ex-escravo haitiano pagou por sua "libertação" pessoal e indenizou toda a riqueza acumulada pelos brancos, pagando pela terra, casas, indústrias, estoques e animais que os europeus deixaram para trás (a maior parte destruída).

Em relação aos Estados Unidos, com a afirmação da supremacia inglesa e o crescimento do movimento antiescravagista inglês, acirrou-se o debate nas colônias na América do Norte e no Caribe sobre a liberdade dos negros. Enquanto alguns africanos buscavam afirmar suas origens, outros buscavam assimilar os valores liberais europeus, sendo, posteriormente, alforriados por terem combatido contra as forças norte-americanas junto aos ingleses. Mais de 400 africanos chegaram a ser enviados pelos ingleses a Serra Leoa com o objetivo de difundir o cristianismo, desenvolver uma economia de tipo ocidental e contribuir para a abolição do tráfico. Assim, por este caminho transverso, concretizava-se a ideia do regresso coletivo dos antigos escravos à África.

Após a Guerra de Secessão, a discriminação dos negros libertos no sul foi severa, com o surgimento de organizações terroristas brancas, como a Ku Klux Klan, com o objetivo de aterrorizar os negros, que careceram de direitos políticos e sociais até a década de 1960. Curiosamente, nesta época o direito de voto no sul foi obtido por pressão do Departamento de Estado (Ministério das Relações Exteriores americano), porque os soviéticos faziam política na África simplesmente mostrando recortes de jornais americanos sobre a situação dos afro-americanos. Ficava difícil posar de "defensor da liberdade". Milhões migraram para as grandes cidades industriais do nordeste dos Estados Unidos, onde viveram em guetos, padecendo a pobreza e a criminalidade. A maioria dos homens afro-americanos teve passagem pela polícia ou esteve preso. Todavia, a comunidade está numericamente estagnada e politicamente dividida, com muitos tendo aderido ao *status quo* branco.

Na América do Sul, o caso brasileiro será analisado adiante. Como foi dito, na Venezuela, Colômbia e Peru os negros constituíram uma minoria pouco numerosa e de influência menor. Um fenômeno interessante foi a fuga de escravos para países que não reconheciam a escravidão, como Uruguai e Argentina, onde se formaram comunidades negras, geralmente urbanas. Algo semelhante ocorreu no Canadá em relação a escravos dos Estados Unidos. Mais recentemente, além de receber imigrantes africanos, o Canadá recebeu grandes contingentes de afro-descendentes antilhanos, especialmente haitianos. Fenômeno semelhante ocorre nos Estados Unidos.

Após a conquista da África pelos europeus, o colonialismo criou a inevitável via de mão dupla, pois se muitos brancos iam para as colônias, inevitavelmente alguns trabalhadores negros, árabes, hindus e asiáticos iam para a

Europa Ocidental. A Primeira Guerra Mundial assistiu a uma mobilização massiva, com soldados e trabalhadores sendo levados para a Inglaterra e a França. Após a Segunda Guerra Mundial, para colaborar na manutenção do Estado de Bem-Estar Social dos brancos e sua posterior Revolução Científico-Tecnológica, novamente foi retomado o fluxo de trabalhadores malremunerados para a Europa. Gradativamente, todos os países passaram a ter expressivas comunidades africanas, o que também ocorreu nos Estados Unidos e no Canadá.

Hoje, ainda que discriminados, grandes nomes das artes e do esporte são africanos negros ou árabes do Magreb, além de constituírem um importante pilar da economia, realizando tarefas que os brancos julgam malremuneradoras. Mas muitos também se destacam na academia e nos negócios, e os milhões de africanos representam maioria em diversos bairros das grandes metrópoles em torno do Atlântico Norte. Formam uma comunidade numerosa e culturalmente integrada, devido à discriminação que sofrem. O presidente francês Sarkozy, quando reprimiu a revolta dos negros e árabes dos subúrbios das cidades francesas, referiu-se a eles de forma depreciativa, como o fez o *premier* conservador britânico Cameron em 2011, quando as periferias urbanas inglesas explodiram. Mas também é curioso que, com a globalização, bairros de comunidades negras de comerciantes podem ser encontrados na China ("*chocolate city*"), na Coreia do Sul e nas mais distantes regiões do mundo. Todavia, a grande diáspora africana está concentrada na margem atlântica das Américas e na Europa Ocidental.

3
As independências, o neocolonialismo e a Guerra Fria

Paulo G. Fagundes Visentini
(com a colaboração de Luiz Dario T. Ribeiro)

3.1 Os novos Estados, suas rivalidades e o neocolonialismo

O processo de emancipação política das colônias europeias na África, que se estendeu de meados dos anos de 1950 a meados da década de 1960, teve seu ponto de inflexão em 1960, o *Ano Africano*, quando dezessete nações ficaram independentes. Embora as independências tenham ocorrido de forma relativamente controlada, as guerras civis do Congo e da Argélia tiveram forte impacto no continente. Da mesma forma, a intransigência de Portugal e dos regimes racistas da África Austral, determinados a evitar a ascensão de governos de maioria negra, produziram um conflito armado que se prolongaria até o início dos anos de 1990, numa segunda onda de descolonização, mais violenta e politicamente mais radical.

Confrontados com esses acontecimentos e com a necessidade de edificar os novos Estados, promover o desenvolvimento e estabelecer novos vínculos diplomáticos e econômicos internacionais, os jovens governantes se viram envolvidos numa clivagem em escala continental. As aspirações pan-africanas foram reduzidas ao mínimo necessário para o estabelecimento de um sistema interafricano. Enquanto alguns Estados procuravam desenvolver uma liderança e um maior protagonismo, às vezes transformador, outros buscavam apenas sobreviver, fazendo as alianças possíveis e/ou necessárias. Isso gerou a divisão do continente em dois campos, um neutralista-esquerdista e outro pró-ocidental conservador. Um compromisso mínimo seria logrado com o estabelecido da Organização da Unidade Africana (OUA).

Logo a fragilidade dos novos Estados ficou patente, e o caminho da afirmação interna e externa se revelou dolorosamente difícil. Arranjos tiveram de ser estabelecidos com as ex-metrópoles e, em seguida, a Guerra Fria viria a se implantar no continente africano. Ao contrário dos processos de descolonização asiáticos, os mais graves desafios e conflitos seriam enfrentados *após as independências*. Na Ásia, boa parte dos novos Estados era continuadora de nações pré-coloniais com civilizações consolidadas, enquanto na África, com raras exceções, tratava-se de agrupamentos de diferentes povos (ou, mesmo, de parte deles) em Estados radicalmente novos. Assim, as desordens internas, a falta de infraestrutura e de quadros, as rivalidades, o estrangulamento do desenvolvimento e a carência da população gerariam situações catastróficas. Contudo, mesmo assim, os Estados africanos lograram estabelecer um sistema de relações regionais e se inseriram na grande política mundial. Muitas de suas carências estruturais se transformaram em trunfos diplomáticos.

3.2 A formação de um sistema africano pós-colonial de Estados

O fim da era colonial

A Segunda Guerra Mundial afetou decisivamente a periferia colonial e aprofundou as tendências descolonizantes, latentes desde o final da Primeira Guerra e da Revolução Soviética. As potências metropolitanas, durante a Segunda Guerra, viram-se obrigadas a lançar mão dos recursos humanos e materiais de suas colônias, bem como a mobilização de contingentes militares afro-asiáticos, o que gerou efeitos tanto político-sociais como ideológicos. Após séculos de inculcação de um sentimento de inferioridade, o mito do super-homem branco desmoronava, enquanto os povos coloniais começavam a despertar de seu torpor.

Nas zonas em que ocorreram operações bélicas durante a guerra, o processo foi mais profundo e imediato. Nas colônias europeias ocupadas pelo Japão formaram-se movimentos de guerrilha, que oscilavam desde o nacionalismo anticolonial até formas socialistas. No Magreb (norte da África, ou África árabe-muçulmana) e no Machrek (Oriente Médio), o nacionalismo árabe atingira níveis elevados de consciência e mobilização popular. Tratava-se de um movimento amplo, profundo e irreversível, que ultrapassara largamente as expectativas dos Estados Unidos no tocante à eliminação das velhas formas de colonialismo.

Os fundamentos históricos do imenso processo de descolonização afro-asiático encontram-se no declínio dos velhos impérios coloniais, na transnacionalização do capital norte-americano e no amadurecimento dos movimentos de libertação nacional. O domínio exclusivo das metrópoles sobre suas colônias enfraquecera, em decorrência das guerras mundiais e da ascensão dos Estados Unidos como novo e exclusivo centro do capitalismo mundial. Este país havia atingido um grande desenvolvimento durante a guerra, e necessitava exportar manufaturados e investir seu excedente de capital, bem como fomentar a expansão de suas empresas com capacidade de implantação e ação transnacional, tornando vital a abolição de qualquer forma de protecionismo que entravasse a livre circulação.

Dessa forma, Washington manteve uma verdadeira disputa paralela contra seus aliados europeus, em plena vigência da Guerra Fria. A ideologia anticolonial, oficializada na Carta da Organização das Nações Unidas (ONU), tornava esta política um elemento ético-moral de base jurídica internacional desde o fim da guerra, constituindo-se num instrumento permanente de apoio ao processo de descolonização. O terceiro componente fomento à emancipação colonial foi a crescente mobilização e consciência anticolonialista dos povos dominados, um resultado do conflito, também reforçado pelo apoio da URSS e da China Popular através de propaganda política, ação diplomática e, em alguns casos, de ajuda material.

O movimento de descolonização ocorreu em três grande ondas, cronologicamente subsequentes, com características políticas e implantação geográfica específicas. A primeira delas ocorreu nos anos imediatamente subsequentes à guerra e início dos anos de 1950, sobretudo na Ásia Oriental e Meridional, onde se deu a luta contra o Japão e o maior enfraquecimento do colonialismo europeu. Nestas regiões o movimento de emancipação nacional foi marcado por grandes enfrentamentos armados e revoluções, adquirindo, sobretudo, um conteúdo socialista (China, Coreia e Vietnã) ou fortemente nacionalista (Índia e Indonésia).

No início da década de 1950, o epicentro do processo descolonizatório deslocou-se largamente para o mundo árabe (Magreb-Machreck), onde o conteúdo dominante foi o nacionalismo árabe de perfil reformista (Egito, Iraque, Argélia), até a passagem dos anos de 1950 aos de 1960. A partir desse momento, a África Subsaariana tornou-se o centro de uma descolonização grandemente controlada pelas ex-metrópoles europeias, adquirindo fortes contornos neocolonialistas. Até a segunda metade dos anos de 1960, a maioria dos países da África Tropical havia obtido a independência. Restaram os regimes de minoria branca e as colônias portuguesas da África Austral, cujo processo de emancipação foi mais violento e radical, estendendo-se da década de 1970 ao início dos anos de 1990. Mas esta seria uma fase particular.

A Grã-Bretanha, baseada na experiência do *self government* e apoiada pela estrutura da *Commonwealth*, ou Comunidade Britânica de Nações, e a França, consciente de suas debilidades no pós-guerra e das dificuldades decorrentes da Guerra do Vietnã, logo após o término do conflito passaram a conceder uma autonomia limitada a algumas colônias. Esta política também dava uma satisfação às elites africanas no tocante às promessas feitas durante a guerra. A França, particularmente, sentia a necessidade deste tipo de política, depois de haver esmagado a revolta da Cabília na Argélia em 1945 (20 mil mortos), e a grande insurreição de Madagascar, iniciada em março de 1947, que foi refreada a um custo de 80 mil mortos. Essas experiências convenceram Paris de que era necessário cooptar as elites africanas para um novo esquema de relacionamento. A autonomia local – muitas vezes como Estados associados à União Francesa – foi complementada com uma representação política parcial na própria Assembleia Nacional francesa. O caso do então deputado senegalês Leopold Senghor foi o mais notável.

Quanto à sua forma, a descolonização seguiu quatro caminhos básicos: a) um acordo da metrópole com a elite local para uma independência gradativa (África Tropical); b) a exploração de divergências internas como forma de controlar o processo (como na Índia e no Paquistão); c) luta fracassada contra a guerrilha revolucionária (guerra franco-vietnamita e argelina); d) apoio à facção conservadora durante a guerra civil (Filipinas, Vietnã do Sul, Coreia do Sul e China).

No Magreb, o nacionalismo árabe era o fator político mais importante. Os levantes antibritânicos no Egito questionaram a presença semicolonial inglesa em um país formalmente independente, até que, em decorrência da *débâcle* egípcia durante a guerra de independência de Israel, em 1952, um golpe militar derrubou o Rei Faruk. O país tornou-se uma república, liderada pelo oficial nacionalista Gamal Adbel Nasser. Manifestações e levantes anticoloniais também ocorreram na Tunísia, Argélia e Marrocos, colônias francesas. Sudão, Tunísia e Marrocos tornaram-se independentes em 1956, mas na Argélia, onde havia expressiva implantação francesa, os colonos e a metrópole resistiram à descolonização. As primeiras manifestações populares, logo no final da Segunda Guerra, haviam sido reprimidas com um banho de sangue pela França, como foi visto. Contudo, em 1954 a Frente de Libertação Nacional (FLN) argelina lançou a luta armada contra uma metrópole que não soubera extrair da derrota no Vietnã os devidos ensinamentos.

Paralelamente, a conjuntura internacional também se tornava favorável ao movimento de descolonização. No mesmo ano de 1954 realizou-se a

Conferência de Colombo, autêntico signo de mudanças no cenário mundial. Nela, Índia, Paquistão, Indonésia, Birmânia (atual Mianmar) e Ceilão (atual Sri Lanka) discutiram a articulação de uma frente neutralista como reação ao problema da Indochina, em que os Estados Unidos substituíam a metrópole francesa na contenção da revolução vietnamita e criavam mais um bloco militar, a Otase (Organização do Tratado da Ásia do Sudeste), que agrupava Austrália, Nova Zelândia, Grã-Bretanha, França, Filipinas, Tailândia, Paquistão e os próprios Estados Unidos.

As consequências da primeira onda descolonizadora não tardaram a fazer-se sentir. Em abril de 1955 reuniu-se em Bandung, Indonésia, uma conferência de 29 países afro-asiáticos, defendendo a emancipação total dos territórios ainda dependentes, repudiando a Guerra Fria e os pactos de defesa coletiva patrocinados pelas grandes potências, e enfatizando ainda a necessidade de apoio ao desenvolvimento econômico. Apesar de suas limitações e ambiguidades, a Conferência de Bandung marcou a irrupção do Terceiro Mundo no cenário internacional.

Ao lado desse evento, a crescente influência dos países neutralistas contribuiu para consolidar essa nova tendência. Em 1961, após a realização de uma reunião preparatória no Cairo, reuniu-se em Belgrado, Iugoslávia, a I Conferência dos Países Não Alinhados, na qual convergiram a política de Tito na busca de uma Terceira Via nas relações internacionais, o neutralismo, o afro-asiatismo de Bandung e o pan-africanismo de Nkrumah. Entre os 25 membros do novo movimento figuravam Cuba, Iugoslávia e Chipre, ao lado dos afro-asiáticos. Os Não Alinhados se manifestaram contra o domínio das grandes potências e mencionaram a necessidade de uma nova ordem política e econômica mundial. Nehru, Tito, Nasser, Sukharno e Nkrumah foram as figuras proeminentes na estruturação do não alinhamento.

Em 1954 teve início a guerra de independência da Argélia. A França não suportou o desgaste da guerra, acabando por conceder a independência àquele país em 1962, de onde os colonos brancos retiraram-se. A Guerra da Argélia teve grande influência na descolonização da África Subsaariana, ou África Negra, seja como estímulo à mobilização africana pela independência, seja condicionando a atitude das metrópoles europeias e da Comunidade Econômica Europeia (CEE), que decidiram adaptar-se aos novos tempos para conservar sua influência econômica no continente. A Europa já estava recuperada da guerra e em pleno "milagre", enquanto os Estados Unidos se encontravam mais ocupados em outros teatros da Guerra Fria. A derrota diplomática e a retirada militar anglo-francesa em Suez, durante a guerra de 1956, fez os países europeus tomarem consciência da necessidade de integrar-se como forma de manter alguma influência no âmbito internacional, bem como manter sua presença na África. Para tanto, desde o imediato pós-guerra, mas, sobretudo, nos anos de 1950, as metrópoles conferiram diversos graus de autonomia às colônias africanas, cooptando simultaneamente as elites locais.

As independências e a estratégia neocolonial francesa

Ao lado do nacionalismo árabe, tanto em sua versão nasserista como argelina, o pan-africanismo e a negritude (movimentos de origem extra-africana) serviram de catalisadores às vanguardas e elites africanas na luta pela independência, como visto anteriormente. Contudo, na África Negra a mobilização popular era geralmente embrionária e esbarrava em problemas sérios. A luta dos poucos sindicatos e partidos era débil ou localizada e as revoltas chefiadas por seitas secretas do tipo tradicional e/ou religioso, como a revolta dos Mau-Mau no Quênia (1952-1959), redundaram em fracasso. Mas o carisma e o prestígio de líderes africanos como Kwame Nkrumah, Sékou Touré, Julius Nyerere, Mobido Keita e mesmo de um moderado como Leopold Senghor preocupavam as metrópoles. Na formação de muitas das lideranças e movimentos africanos, foi extremamente importante o apoio de organizações intelectuais e políticas, especialmente o Partido Comunista Francês e o Partido Comunista Português.

Assim, em linhas gerais as potências coloniais se anteciparam ao amadurecimento do protesto independentista, e puderam controlar, em linhas gerais, a descolonização. Estudantes oriundos das elites locais foram enviados para estudos superiores nas metrópoles, a administração tornou-se paulatinamente africanizada e assessorada por técnicos europeus, enquanto a autonomia política era concedida progressivamente a uma pouco numerosa burguesia e burocracia nativas previamente cooptadas. Os primeiros países africanos a se libertarem, entretanto, foram os que mais lutaram para escapar a este tipo de dependência.

Os casos do Magreb francês e do Sudão britânico já foram analisados. Em 1957, Gana obtivera sua independência face à Inglaterra e o Primeiro-ministro Nkrumah adotou uma política de neutralismo ativo, aproximou-se da URSS e da China Popular e se declarou partidário do pan-africanismo. No ano seguinte, Nkrumah organizou e sediou a I Conferência dos Estados Africanos Independentes, tentando articular uma atuação política comum para os jovens países. No mesmo ano de 1958 a Guiné separou-se da França, e o Primeiro-ministro Sékou Touré recebeu apoio dos países socialistas por sua linha política próxima a de Nkrumah.

É interessante observar que o pan-africanismo e a negritude constituíam correntes político-ideológicas nascidas nas comunidades negras que viviam na Europa, no Caribe e, em menor medida, nos Estados Unidos (as quais sofriam um problema de identidade), sendo transmitidas para algumas elites africanas. O grosso da população era alheio à sua influência, e a questão racial não constituía uma problemática que afetasse a maioria das nações africanas, exceto onde havia colonos brancos em quantidade expressiva.

Da mesma forma, a política integracionista supranacional preconizada pelo pan-africanismo também esbarrava em obstáculos formidáveis, como a falta de complementaridade econômica entre as regiões e, principalmente, as necessidades intrínsecas à construção dos Estados nacionais. Tal situação também decorria, em larga medida, das políticas executadas pelas antigas metrópoles, bem como pelos privilégios concedidos às elites locais por parte destas. Nesse sentido, as diversas tentativas de integração tiveram uma duração efêmera, pois dependiam essencialmente do voluntarismo político das lideranças, muitas delas extremamente instáveis. Em 1959-1960 ocorreu a breve associação entre o Mali e o Senegal, e em 1960-1963 a União de Estados Africanos (que englobava Mali, Gana e Guiné) articulada por Nkrumah. Assim, o processo de balcanização territorial africano representou a tendência predominante.

Em 1960, o *Ano Africano*, a maioria dos países do continente tornou-se independente da França, da Bélgica e da Grã-Bretanha, dentro da linha "pacífica", gradual e controlada: Camarões, Congo-Brazzaville (depois República Popular do Congo), Gabão, Tchad, República Centro-Africana, Togo, Costa do Marfim, Daomé (atual Benin), Alto Volta (atual Burkina-Faso), Níger, Senegal, Mali, Madagascar e Mauritânia, que pertenciam à França; Somália e Nigéria, colônias britânicas; e Congo-Leopoldville (depois Zaire e atualmente República Democrática do Congo), colônia belga. Entre 1961 e 1966 foi a vez de Serra Leoa, Tanzânia, Uganda, Quênia, Gâmbia, Botsuana e Lesoto, pertencentes à Inglaterra, e Ruanda e Burundi, à Bélgica. Todos os novos Estados localizavam-se na zona tropical africana e neles era limitado o número de colonos europeus (exceto no Quênia), o que facilitou a transferência do controle formal dos diversos países a burguesia, burocracia e classe média negra.

Os Estados francófonos eram geralmente pequenos ou escassamente povoados, economicamente vulneráveis, e muitos deles mediterrâneos (sem saída para o mar). Dessa forma, sua dependência em relação à antiga metrópole era muito acentuada. Com exceção da Argélia, praticamente não possuíam colonos brancos, o que facilitou a associação das novas elites dirigentes com Paris, numa perspectiva marcadamente conservadora. Já a Grã-Bretanha tirou proveito de sua experiência de autonomia, de autogoverno e da existência prévia da estrutura da *Commonwealth*, conduzindo a descolonização sem sobressaltos, exceção feita aos países com fortes minorias brancas, como a Rodésia e o Quênia.

Uma diferença fundamental entre estas duas metrópoles foi que a Grã-Bretanha era movida por um cálculo essencialmente comercial, adotando políticas individualizadas conforme seus interesses materiais, além de se haver associado aos Estados Unidos no plano global. Londres propôs uma série de federações como caminho para a independência, mas, à medida que elas malogravam, o interesse britânico no continente declinava. Além dos mecanismos da *Commonwealth*, em termos de diplomacia multilateral, os capitais ingleses mantiveram sua presença em alguns pontos do continente, mas no geral a política da Inglaterra manteve um *low profile*.

Já a França necessitava manter suas ex-colônias sob sua influência econômica e política como condição para conservar sua posição global e europeia como grande potência. Ela, e não os Estados Unidos, foi o *gendarme* em relação à África durante a Guerra Fria, e Paris manteve algumas bases em torno do continente e atrasou a independência de enclaves estratégicos (ver adiante).

Como assinalaram Chazan, Mortimer, Ravenhill e Rotchild (1992), a aura gaullista de autoridade presidencial e dignidade nacional impressionavam muitos líderes dos frágeis Estados africanos independentes. Nesse contexto, De Gaulle procurou cultivar essa afinidade através de um amplo programa de envio de técnicos e professores para auxiliar os novos governos a estruturar os serviços básicos e edificar a máquina estatal. Segundo esses autores (1992: 380-381),

> os franceses, astutamente, denominaram essa relação de dependência "la coopération"; ela assegurava o fluxo de produtos franceses nesses mercados e ambientes protegidos para o investimento do capital francês, [inclusive] por conta do apoio à moeda comum, o Franco CFA. [...] Além disso, a França mantinha bases militares, fornecia armamento e treinava os militares e a polícia; os golpes militares raramente significaram qualquer mudança nas relações com a França. [Ela] não apenas tem sido a maior for-

> necedora militar ao clube da francofonia, mas sua venda de armas para outros Estados (Líbia, Nigéria, Quênia, Somália, África do Sul) a colocou na liderança ocidental dos mercadores de armas (atrás apenas da União Soviética) no continente. Sob De Gaulle, esses arranjos eram supervisionados pelo seu conselheiro especial para assuntos africanos, Jacques Foccart, uma figura sombria dos serviços de inteligência (tradução nossa).

Pode-se acrescentar, igualmente, que a França liderou as intervenções militares na África, geralmente em apoio a governos ameaçados por revoltas populares. Prosseguindo na análise dos vínculos dos líderes africanos com Paris, conforme esses especialistas (1992: 381),

> as elites francófonas, em contrapartida, tornaram-se acostumadas com esse tratamento privilegiado de alto nível pelo governo da França. Esse tratamento permitia a eles ter uma visibilidade e reconhecimento internacional, que seria difícil obter de outra maneira. Em retorno pela lisonjeira atenção da França, eles concederam uma política de porta aberta à influência francesa. O que é visto como cooperação por alguns, é considerado neocolonialismo por outros. O que a França promoveu impunemente tem sido uma série de intervenções nos Estados mais fracos e fomentado um número recorde de regimes conservadores (tradução nossa).

A frágil posição internacional dos Estados africanos

A obra *Politics and Society in Contemporary Africa*, de autoria de Chazan, Mortimer, Ravenhill e Rotchild, é uma das poucas a analisar, e com competência, as relações interafricanas e a (in)capacidade de ação internacional dos Estados africanos. A primeira constatação é a de que a política externa desses países é conduzida com investimentos limitados, pois faltam recursos, especialistas, embaixadas e informações sobre a política mundial. Assim, a ONU representa, no plano global, o quadro mais conveniente para a diplomacia africana. Por outro lado, os desafios de segurança são menos ameaças militares externas do que guerras civis pela disputa do poder interno. Nesse sentido, a solidariedade entre as lideranças "conservadoras" e entre as "progressistas" representa uma forma de segurança coletiva.

Sobre a fragilidade dos Estados africanos, Chazan, Mortimer, Ravenhill e Rotchild (1992: 321) argumentam que, em alguns casos, os Estados perderam a luta pelo controle tanto sobre significativas áreas de seu território formal, ou, ocasionalmente, ocorreu até o colapso do próprio Estado. Alguns países também têm sido muito fragilizados por conta da privatização [dos meios de violência] que diferem pouco dos territórios controlados por senhores da guerra. Os governantes mantêm, então, seu título formal de soberano apenas por convenções internacionais.

O sistema interafricano, segundo eles, é constituído de uma multitude de estados de condições nacionais distintas, mas com um propósito comum na busca do desenvolvimento econômico (o que sobrevaloriza sua inserção internacional). Assim, "estes fatores constituem a tese e a antítese da distintiva dialética africana das relações internacionais" (CHAZAN et al., 1992). Portanto, a ideia de isolamento (salvo no caso da África do Sul do *Apartheid*) é quase impensável para os Estados africanos. Segundo os mesmos autores (1992: 323),

> a grande originalidade da diplomacia interafricana consiste no esforço para administrar a política africana numa escala continental. A concepção de unidade africana, historicamente enraizada num pan-africanismo que se origina fora da África, influenciou significativamente as relações interafricanas.

Mesmo assim, a heterogeneidade dos sistemas africanos contribuiu para a emergência de uma permanente rivalidade interafricana, expressa na formação de dois "campos" opostos, fragilmente acomodados na Organização da Unidade Africana (OUA). Devido ao fato de eles serem suscetíveis às influências externas (por causa da fragilidade econômica e da vulnerabilidade política), os governos africanos concedem alta prioridade à política exterior. Conforme os autores, "a maioria focou em seu ambiente geopolítico próximo, mas alguns poucos Estados, como Argélia, Líbia e Nigéria, têm aspirado a diplomacias mais ambiciosas" (CHAZAN et al., 1992). Apesar disso, graças ao fato de as grandes potências externas competirem entre si, os atores africanos têm demonstrado ser capazes de conservar certa margem de manobra. Por fim, os autores argumentam que (1992: 378)

> a África constitui uma importante arena na política mundial contemporânea. As grandes potências estão interessadas na distribuição de poder e buscam zonas de influência no continente. As elites africanas, sendo pressionadas por problemas domésticos e conflitos, frequentemente se voltam para protetores externos em

busca de apoio, pois as economias africanas estão ligadas a uma divisão mundial do trabalho que é altamente restritiva.

Essa realidade estrutural, todavia, não deve induzir à conclusão de que "não existem relações interafricanas", ou que "os Estados da África constituem apenas um polo passivo das relações internacionais de poder". A parceria afro-árabe é um exemplo, pois a África e o Oriente Médio são o núcleo político e geográfico do Terceiro Mundo. Por outro lado, as diversas inversões de alianças durante a Guerra Fria representam outra evidência de que os líderes africanos jogam, e bem, na política mundial. A "cartada chinesa", atualmente explorada pelos africanos, finalmente, exemplifica mais uma vez a atividade diplomática e a busca do desenvolvimento pelos africanos. O problema é que ainda não deciframos, convenientemente, a linguagem e o simbolismo dessa diplomacia.

O fracasso das federações britânicas e o fim dos impérios secundários[1]

Na África Oriental e Centro-meridional os britânicos tentaram, sem sucesso, orientar a descolonização a partir da organização de duas federações que, em última instância, buscavam viabilizar a manutenção dos interesses dos colonos brancos ali assentados. Uma envolvia o Quênia, a Tanganica e a Uganda, enquanto a outra, a Federação Rodésia-Niassalândia, aglutinava as Rodésias do Sul (atual Zimbábue) e do Norte (atual Zâmbia) e a Nyassa (atual Malauí). Elas esbarram no nacionalismo da maioria negra, excluída ou fortemente diluída nas estruturas propostas. Segundo Twaddle (1999: 245),

> a independência política na África Oriental estava intimamente vinculada ao desenvolvimento do nacionalismo nas colônias estabelecidas como resultado da corrida europeia do século XIX por territórios no interior. Às vezes esse nacionalismo era baseado numa entidade territorial pré-colonial, como Madagascar ou Zanzibar. Mais frequentemente, tratava-se de uma conscienciosa criação de nacionalistas organizados num movimento anticolonial dentro de fronteiras arbitrariamente definidas de alguma colônia europeia, como Tanganica.

---

1. Com a colaboração de Luiz Dario Teixeira Ribeiro.

Nesse sentido, o líder tanzaniano Julius Nyerere (1967: 271) ressaltou que, até nós sermos colonizados, essa "nação" não existia; diferentes leis operavam entre as tribos constituídas e havia conflitos entre elas. Foi o poder colonial que impôs uma lei comum e a manteve pela força, até o crescimento do movimento de independência dar corpo a uma unidade emocional no esqueleto da unidade legal.

A África Oriental britânica

A conquista e a colonização da África Oriental pelos britânicos obedeceram, basicamente, a objetivos estratégicos. A ocupação dos territórios foi realizada num quadro de rivalidade com a Alemanha imperial antes da Primeira Guerra Mundial. Destoou desse quadro a ocupação dos férteis e saudáveis planaltos do Quênia por poderosos colonos brancos. Estes instalaram grandes fazendas agrícolas e de criação de gado. O resultado foi a concentração de uma minoria metropolitana e europeia poderosa e contrária ao desligamento da região em relação à metrópole. Nas outras áreas da África Oriental, colonos brancos eram insignificantes, embora houvesse comunidades de imigrantes asiáticos ligados aos serviços.

Ao final da Segunda Guerra Mundial, e com a vitória do Partido Trabalhista, a Grã-Bretanha reconheceu a necessidade de terminar com as colônias. Foi proposta uma Federação da África Oriental que centralizaria Uganda, Quênia e Tanganica. Ela deveria evoluir, gradualmente, para o autogoverno e para a soberania dentro da Comunidade Britânica com uma estrutura multirracial de representação desproporcional (1 eleitor branco equivalia a 450 nativos). A composição proposta pelos britânicos fracassou, e as colônias alcançaram a independência de forma individual e com estruturas diferenciadas, em momentos diversos.

Da possível federação, a primeira região a tornar-se independente foi Tanganica em dezembro de 1961. A Tanu (Tanganica African Nacional Union), partido nacionalista, criado em 1954 por Julius Nyerere, transformou, em 1962, o país em uma república socializante. Em abril de 1964, surge a República Federal da Tanzânia, resultante da fusão de Tanganica com Zanzibar, que em dezembro de 1963 transformou-se em monarquia independente, a qual foi derrubada um mês depois pelo movimento popular local (constituído basicamente pela maioria africana, excluída da participação política).

Outro Estado que surgiu da desagregação do Império Britânico e da impossibilidade de criar uma Federação da África Oriental subordinada à Comunidade Britânica foi a populosa Uganda. Sua economia estava baseada na propriedade camponesa e na produção para exportação. A manutenção e a cristalização do sistema político interno pelo sistema de administração indireta fortaleceram o Kabaka (rei) de Uganda e seu conselho. O Kabaka Mutesa III, formado em Oxford, usou sua posição para minar a constituição da federação. A vitória eleitoral da UPC (Congresso do Povo de Uganda), dirigida por Nilton Obote, em 1961, abriu caminho para a independência, alcançada em outubro de 1962. O processo independentista e unificador atingiu o ponto culminante em fevereiro de 1966, quando a monarquia foi substituída por uma república presidida por Obote. Surgia aí o Estado unificador de uma rica sociedade agrícola de camponeses e granjeiros africanos.

O terceiro Estado surgido do fracassado projeto da Federação da África Oriental foi o Quênia. Seu processo de independentização foi conturbado, envolvendo "operações policiais" que foram uma verdadeira guerra inglesa contra a maioria kikuio, antigos donos das melhores terras agrícolas do território, expropriadas pela vigorosa e rica minoria de grandes proprietários ingleses. O empobrecimento e a espoliação levaram os kikuio à reação sob a forma de ações terroristas a partir de 1949 contra os colonos, sob a direção do movimento "Mau-Mau". Em consequência, abateu-se sobre os africanos uma violenta e generalizada repressão – as operações policiais –, com a instalação de campos de prisioneiros, controle da população e prisão de moderados como Jomo Kenyatta, dirigente da KAU (União Africana do Quênia).

A impossibilidade da implantação do multirracialismo – forma política em que a minoria branca teria o mesmo número de representantes que a maioria nativa – e da Federação da África Oriental – por resistência do Reino de Buganda – obrigou a revolução para uma solução negociada. Em 1960 constituiu-se o Kadu (União Democrática Africana do Quênia), vitorioso nas eleições de 1961. Instituiu-se um autogoverno sob a direção de Kenyatta, posto em liberdade, e de Tom Mboya, dirigente do Kadu. Em 1963 foi alcançada a independência e, no ano seguinte, o país tornou-se uma república com o governo moderado e ocidentalista de Kenyatta. Dessa forma, as tentativas inglesas de permanecer como árbitro na região e de manter a supremacia branca no quadro da federação multirracial desfizeram-se. A unidade político-econômica projetada foi desmantelada, e cada área seguiu um caminho próprio. Embora os países independentes permanecessem na Comunidade Britânica, alcançaram a soberania política plena e territorializaram-se conforme seus estágios diferenciados de desenvolvimento e suas histórias coloniais e pré-coloniais.

A África Central britânica

Na África Central, o domínio britânico instalou-se a partir de grupos imperialistas liderados por Cecil Rhodes e baseados na África do Sul. As reservas minerais, a fertilidade do solo e as reservas de mão de obra africana possibilitaram o entrelaçamento das duas Rodésias – a do sul (atual Zimbábue), agrícola, e a do norte (atual Zâmbia), mineradora, com Nyassa (atual Malauí), rica em mão de obra. Em 1953, as três áreas foram federadas e organizadas com a autonomia governamental e uma assembleia federal multirracial, com o esmagador predomínio dos brancos racistas. O sistema permitia a permanência britânica na área (como árbitro e protetor) e garantia a supremacia dos colonos brancos. Essa situação provocou a intensificação dos movimentos nacionalistas africanos em Nyassa e na Rodésia do Norte. Acreditavam eles, e com razão, que seria reproduzido o sistema da racista África do Sul.

Em 1959, foi estabelecido o estado de emergência na federação. Se, na Rodésia do Sul, o grande número de colonos brancos que controlavam o governo autônomo efetivou uma verdadeira caça e submissão do africano, na Rodésia do Norte o Partido Nacional Unido da Independência (Pnui) e, em Nyassa, o Partido do Congresso do Malauí (MCP) consolidaram-se e incrementaram a luta pelo fim da federação e pela independência dos africanos. Em 1963 a federação – embora fosse um projeto razoável para o desenvolvimento regional – foi dissolvida. Seus déficits foram o racismo e a supremacia dos colonos e a incapacidade de integrar as três áreas em uma unidade. A evolução autônoma levou a independências diferenciadas e conflituosas.

Com a diferença de meses, o processo evolutivo de Nyassa e da Rodésia do Norte alcançou, inicialmente, governos autônomos africanos e, posteriormente, a independência. Nyassa, governada pelo MCP – dirigido pelo médico africano Hastigs Banda desde as eleições de 1961, tornou-se independente em 1964. Em 1966, o Malauí – nome que adotou com a independência – tornou-se uma república com governo conservador, manteve laços com a racista África do Sul, para cujas minas exportava mão de obra. A Rodésia do Norte tornou-se a República da Zâmbia em outubro de 1964, presidida pelo líder do Pnui, Kenneth Kaunda. O governo de Zâmbia, para fugir da pressão racista do sul e do estrangulamento de sua economia mineradora, estabeleceu intensos vínculos econômicos com a afro-socialista Tanzânia.

Na Rodésia do Sul, o poder político dos brancos, baseado no grande número de colonos e no incipiente processo de industrialização, controlou ferreamente o poder e manteve a maioria africana em um *status* de inferioridade absoluta. A repressão aos movimentos nacionalistas levou-os à guerrilha. Dadas as pressões internacionais, principalmente africanas e inglesas, o governo branco proclamou a independência de forma unilateral em 1965. Contava com a conivência e o apoio de Portugal e da racista República Sul-Africana. O governo da Frente Rodesiana, com Ian Smith na direção, terminou por proclamar a república em 1970, após haver abandonado a Comunidade Britânica quatro anos antes (cf. adiante).

Os protetorados britânicos no sul da África, enclaves territoriais na África do Sul – exceção de Bechuanalândia –, foram independentizados na década de 1960. Bechuanalândia tornou-se, em 1966, a República de Botsuana. No mesmo ano foi instituído o Reino do Lesoto (o protetorado de Basutolândia). A Suazilândia tornou-se uma monarquia independente em 1968. Tanto o Lesoto quanto a Suazilândia tornaram-se reservas de mão de obra para a África do Sul, já que estão encravados em seu território.

A descolonização dos impérios secundários e os enclaves franceses

Os impérios coloniais secundários na África Subsaariana, ou Negra – o belga, o espanhol e o português (o conflito do Congo e das colônias portuguesas será abordado adiante) –, tinham sua posição demarcada pelo lugar que as metrópoles ocuparam no concerto das potências imperialistas coloniais, independentemente da extensão territorial das colônias e da amplitude temporal de dominação e exploração da África. Se excetuarmos a curta permanência alemã, temos, nesse tópico, o império colonial de menor duração – o belga – ao lado dos colonialismos de longa duração – o português e o espanhol. Ao contrário dos britânicos e dos franceses, esses colonialismos secundários não tiveram preocupação em criar elites locais, em desenvolver elementos de autogoverno e nem em assimilar à civilização metropolitana os colonizados ou parte deles.

Marcados por um paternalismo de influência racista, acreditavam ser eternos senhores das porções de população e terras africanas. Significativamente, foram os processos mais traumáticos de descolonização e com os efeitos mais críticos, tanto pela rápida retirada dos belgas como pela encarniçada resistência dos portugueses. Do ponto de vista histórico, esses colonialismos apresentaram significativa importância. A expansão dos interesses do Rei Leopoldo da Bélgica esteve na base da partilha do continente africano e de sua ocupação colonial sob a forma capitalista. Já os portugueses foram os primeiros a implantar o domínio europeu na África Subsaariana quando do ciclo das grandes navegações.

O rico território colonial dos belgas não era constituído apenas pelo Congo. Após a Primeira Guerra Mundial, aquela metrópole recebeu como fideicomisso o Mandato da Liga das Nações para as colônias alemãs de Burundi e de Ruanda, que se localizavam no coração do continente. Tal mandato foi revalidado pela ONU após a Segunda Guerra Mundial. Como Burundi e Ruanda faziam fronteira com o Congo, o império colonial formava um bloco único.

Nos dois mandatos belgas a população se dividia em dois grupos étnico-sociais de características feudais. O poder local – reinos feudais – da época da conquista permaneceu e o domínio e a exploração coloniais sobrepuseram-se às estruturas dominadas pelos tutsis (pastores, aristocratas e guerreiros) que exploravam os hutus (camponeses). O colonialismo cristalizou essas estruturas e, de certa forma, politizou-as. As etnias-classe se organizaram em partidos com propostas e bases diferentes.

Em 1960, a Bélgica e a ONU começaram a preparar a descolonização. Entre 1959 e 1961, em Ruanda, o conflito entre a maioria (hutu) republicana e a minoria (tutsi) monarquista permeou o processo de instalação do autogoverno em 1960. Os hutus não só derrotaram os tutsis, destruindo a monarquia, como seu partido ganhou as eleições. Em julho de 1962, a independência e a república foram proclamadas. No mesmo ano, um Tratado de Amizade e Cooperação transpôs o país para a esfera de influência francesa. A história independente de Ruanda tem sido a de um permanente conflito político e social mascarado pela ideia de luta étnica e intertribal.

No Burundi, a independência estabeleceu a soberania da monarquia tutsi em 1962, após um ano de autonomia interna. A monarquia social e etnicamente ligada à minoria da população não impediu confrontos semelhantes aos de Ruanda. Em 1966 foi proclamada uma república sob domínio tutsi e com partido único. Daí em diante sua evolução não difere da de Ruanda.

A Espanha, por sua vez, possuía na África as colônias do Marrocos (uma faixa no norte), de Ifni (um enclave no mesmo país), do Saara Ocidental e da Guiné Equatorial. A Guiné Equatorial era a menor colônia europeia, um enclave territorial, e tornou-se o menor país continental independente na África. Em 1958, a colônia foi transformada em província, desenvolveram-se vários movimentos nacionalistas e, em 1963, alcançou o estatuto que garantia autonomia interna. O crescimento do nacionalismo levou a um acordo descolonizador na Conferência de Madri entre 1967 e 1968, realizado entre os nacionalistas e os espanhóis.

A Guiné Equatorial se tornou independente em 1968 com o governo do Presidente Macías, que se transformou numa repressiva ditadura pessoal, a qual provocou o empobrecimento e a emigração. Em 1979 Macías foi deposto por um golpe. A Espanha conservaria o arquipélago das Canárias, considerado território metropolitano, bem como os pequenos portos de Ceuta e Melilla (remanescentes do Marrocos espanhol), encravados no litoral mediterrâneo marroquino, que receberia de volta Ifni e uma faixa do Saara Ocidental.

A França, que concedeu em bloco a independência às suas colônias, como foi visto, procurou manter a Argélia (que contava com numerosa colônia europeia e petróleo) e alguns enclaves. Localizado estrategicamente no Oceano Índico, entre Moçambique e Madagascar, encontrava-se o arquipélago de Comores, de população muçulmana, formada pela mestiçagem entre malaios e indonésios, negros e elementos arabizados. Sob forte pressão da Frente Nacional Unida (FNU), os franceses realizaram um plebiscito em dezembro de 1974, no qual a maioria esmagadora votou pela independência. Porém, antes que os franceses homologassem os resultados, Ahmed Abdallah, um conservador e rico proprietário, proclamou a independência em julho de 1975, enquanto os partidários dos franceses se agruparam na Ilha de Mayotte, onde se localizava uma base naval da França, e solicitaram a permanência sob o domínio francês.

Paris apoiou a secessão da ilha e, embora tenha aceitado o ingresso de Comores na ONU, vetou seu próprio compromisso de manter a integridade territorial do país. Além disso, a França manteve as pequenas ilhas de Juan de Nova, Bassas da Índia e Europa no Canal de Moçambique, bem como transformou a Ilha de Reunião, no Oceano Índico, em território francês, integrante da Comunidade Europeia (onde há uma grande base naval).

Em Comores, menos de um mês após a independência, um pequeno grupo de partidários da FNU destituiu Abdallah (que estava visitando suas plantações), e colocou no poder o líder socialista Ali Soilih. Em 1978, este foi derrubado e assassinado por um grupo de mercenários, comandados pelo famoso Bob Denard e pagos por Abdallah, o qual implantou um regime repressivo e conservador. Todos esses movimentos ocorriam num quadro de radicalização em Madagascar, que implantara um governo nacionalista e socializante. Em 1966, a Inglaterra, por sua vez, concedeu a independência às Ilhas Maurício, depois de as haver desvinculado das Ilhas Seychelles, instituindo-se um governo neocolonial nesse país que detém uma posição-chave para o controle do Oceano Índico.

O território de Djibuti, a antiga Somália Francesa, era, por sua vez, um enclave e porto estratégico localizado no estreito de Bab-el Mandeb, na passagem do Mar Vermelho ao Golfo de Aden, que controlava a rota dos petroleiros. Com a independência da Somália, cresceu o movimento pró-independência, mas os franceses realizaram um plebiscito em 1967, o qual manteve o vínculo colonial e rebatizou-a Território Francês dos Afars e Issas. Com o crescimento da agitação, outro plebiscito conduziu à independência em 1977, mas a França manteve sua base naval no país. Os franceses também possuem bases navais no Gabão, na Costa do Marfim e no Senegal e uma base terrestre na República Centro-Africana, mantendo uma presença militar expressiva no continente africano.

Argélia e Congo: os grandes conflitos da primeira descolonização

A Revolução Argelina

Em 1954, por conta de uma série de atentados a bomba, foi desencadeada a guerra de independência da Argélia. A FNL, ao utilizar um discurso reformista, progressista e pan-islâmico, mobilizou a população na luta armada, defendendo a organização de uma sociedade socialista não marxista. A repressão francesa foi implacável, custando ao final do conflito a vida de quase um sexto da população nativa. Para conservar os interesses de 600 mil *pieds-noirs* (como eram conhecidos os colonos) e da metrópole, o exército francês e a legião estrangeira mantiveram 500 mil soldados na Argélia. Todavia, a descoberta de petróleo no Saara argelino, durante o conflito, reforçou a determinação francesa, cuja linha dura, representada pelo General Salan e pelos colonos europeus, criou a OAS (Organização do Exército Secreto), promotora de um golpe de Estado que pôs fim à Terceira República e levou De Gaulle ao poder, fundando a IV República.

Embora De Gaulle tenha buscado negociar, a violência prosseguiu, com os *ultras* visando evitar concessões aos árabes. O movimento de libertação nacional argelino era apoiado pelo Egito nasserista, por Cuba, Gana, Marrocos e outros Estados africanos, e estabeleceu um governo provisório (GPRA) no Cairo. Houve tentativas de conservar apenas a despovoada região do Saara onde se encontravam as jazidas de gás e petróleo e, em 1960, foi realizado um teste nuclear em Reggany. Mas a França não suportou o desgaste da guerra, acabando por conceder a independência à Argélia em 1962, de onde os colonos brancos se retiraram, juntamente com os *harkis*, argelinos que lutaram ao lado da metrópole[2].

A Guerra da Argélia teve grande influência na descolonização da África Subsaariana, ou África Negra, seja como estímulo à mobilização africana pela independência, seja condicionando a atitude das metrópoles europeias e da recém-formada Comunidade Econômica Europeia (CEE). Foi no auge da Guerra da Argélia que a independência foi concedida, pois tais metrópoles optaram por se adaptar às novas tendências como forma de conservar sua influência econômica e estratégica no continente. A Europa já estava recuperada da guerra e em pleno "milagre", enquanto os Estados Unidos se encontravam mais ocupados em outros teatros da Guerra Fria.

O governo de Ben Bella adotou um tipo de socialismo autogestionário, que encontrou enorme dificuldade, devido à fuga de capitais e dos quadros especializados que acompanhou o fim da guerra e à estrutura da economia, que funcionava como apêndice da francesa, além da própria destruição da infraestrutura. Frente às enormes dificuldades, em 1965 Houari Boumedienne assumiu o poder por meio de um golpe de Estado. O novo governo, centralista e estatista, aprofundou as nacionalizações e a industrialização, baseado nos recursos do petróleo. Mas se tratava de um regime misto, pois havia espaço para um setor privado e as cooperativas socialistas cobriam apenas um terço da agricultura.

No plano externo, a militância terceiro-mundista anterior ganhou ainda maior consistência, com forte atuação no Movimento dos Não Alinhados, apoio militante a governos e movimentos nacionalistas e de esquerda e a concessão de refúgio aos revolucionários de todos os continentes. Além disso, esteve na vanguarda da organização da Opep e de fundos de ajuda às nações mais pobres do Terceiro Mundo. A diplomacia argelina compensou, na segunda metade dos anos de 1960, o declínio do nasserismo como aliado dos Estados africanos da ala progressista. Ao mesmo tempo, o Marrocos e a Tunísia conheceram uma evolução em sentido contrário, pois a Argélia emergia como o grande poder do Magreb. Carentes dos recursos do petróleo e em boa posição estratégica em relação ao acesso à Europa, essas nações foram sendo cooptadas pelos europeus e pelos Estados Unidos (como "pontes" para o Oriente Médio).

---

2. Uma história trágica, pois eles foram residir nos subúrbios, sobretudo de Marselha, como párias, rejeitados tanto pelos franceses como pelos outros árabes.

O Congo belga: independência, guerra civil e intervenção internacional

No Congo belga as potencialidades agrícolas, de matérias-primas vegetais e minerais, eram exploradas por monopólios metropolitanos. O paternalismo submetia as populações ao atraso e à inferioridade cuidadosamente mantidos e a metrópole jamais fizera qualquer esforço para promover o desenvolvimento da população congolesa.

Apenas na década de 1950 os belgas começaram a pensar na possibilidade de uma emancipação em longo prazo. Nada fizeram de concreto, no entanto, para resolver os *déficits* existentes. Nesse quadro, surgiram os primeiros movimentos nacionalistas do Congo. Enquanto o primeiro movimento de base étnica – conhecido como Abako, sob a direção de Joseph Kasavubu – conquistou vitória nas eleições municipais de 1957, outro partido surgido em 1958, o MNC (Movimento Nacional Congolês), foi fundado por Patrice Lumumba. O MNC era um movimento unitário e pretendia um Congo centralizado e interétnico. Paralelamente surgiram, com forte implantação na rica província mineradora do sul, tendências federalistas com o apoio da Union Minière du Haut-Katanga – um monopólio minerador ocidental – e sob a liderança de Moisés Tschombé. Rapidamente se instalou a tensão política interna e com a metrópole.

Em 1959 a Bélgica mudou radicalmente de posição. Seria importante explorar os fatores de conjuntura – Guerra Fria, riqueza mineral (principalmente urânio), reflexos da Conferência de Bandung (em 1955) e desenvolvimento do nacionalismo no continente africano. No mesmo ano houve um comício pró-independência, que foi brutalmente reprimido pela polícia, gerando conflitos sangrentos. O Rei Balduíno, para contemporizar, prometeu a independência para breve, mas os colonos europeus responderam com uma política de terror contra a população africana.

No início de 1960, foi convocada uma conferência, em Bruxelas, que determinou a independência para junho do mesmo ano. Após a realização de eleições, o Congo alcançou a independência sob a presidência de Kasavubu, tendo Lumumba como primeiro-ministro. A rápida deserção belga abriu espaço para confrontos e conflitos, pois os quadros belgas abandonaram precipitadamente o país e parte do exército se amotinou. Os efeitos do paternalismo colonial e da diferença de desenvolvimento regional afloraram. Nenhuma negociação interna e nenhuma disputa arbitrada haviam sido preparadas para compensar a acelerada retirada.

O efeito imediato foi o endurecimento do conflito entre unitários (Lumumba) e federalistas (Kasavubu e Tschombé), o que levou à guerra civil e étnica (de bases regionais). Kasavubu desencadeou um golpe de Estado e entregou Lumumba aos mercenários belgas que apoiavam os katangueses. Em meio ao caos reinante, Moisés Tschombé, aliado às transnacionais europeias, como a Union Miniére du Haut-Katanga, proclamou a independência da rica província de Katanga (atual Shaba). Tratava-se de impedir que o MNC impusesse o modelo político e nacional em prejuízo dos interesses locais e particulares. Com o apoio da Union Miniére, utilizando mercenários e tropas belgas (para evacuar os europeus), Tschombé iniciou uma das mais sangrentas guerras civis da descolonização africana. O discutido apoio militar da ONU, que fora solicitado por Lumumba, não impediu sua destituição, prisão e morte nas mãos dos katangueses em 1961.

Para evitar que este tipo de conflito pudesse contaminar os frágeis países recém-independentizados, bem como neutralizar a campanha diplomática dos países afro-asiáticos e socialistas, em 1963 as forças internacionais da ONU, com apoio político das potências ocidentais, recuperaram a região de Katanga para o Congo, enquanto Tschombé fugia para o exterior. Com apoio logístico norte-americano e a ajuda de paraquedistas belgas e de mercenários brancos, o governo pôde esmagar então os rebeldes simba e mulele (aliados de Lumumba) no leste do país, os quais haviam organizado um governo esquerdista e contado com o apoio de Che Guevara e alguns voluntários cubanos. Os lumumbistas e os rebeldes foram apoiados materialmente pelo Congo-Brazzaville, pelo Sudão e pela Tanzânia, e diplomaticamente pelos países socialistas. A URSS estabeleceu, em Moscou, a Universidade dos Povos Patrice Lumumba, voltada a estudantes do Terceiro Mundo, e por ela passaram dezenas de milhares de bolsistas do Sul, logrando um poderoso efeito simbólico.

A ONU impediu a fragmentação do Congo, mantendo o território intacto até 1964. Com a retirada da força de paz da ONU do país, Tschombé pôde retornar ao país e foi nomeado primeiro-ministro. Em 1965, o coronel pró-ocidental Mobutu Sese Seko deu um golpe de Estado, centralizou o poder e organizou uma nova constituição (1966), criando uma ditadura pessoal sustentada por partido único. Mobutu, governando uma população miserável, viria a se tornar um dos homens mais ricos do mundo. Ele mudou o nome do país para Zaire (uma denominação pré-colonial), na linha da doutrina da "autenticidade africana", visando camuflar com uma coloração africana o seu regime neocolonial. No plano da política internacional, o governo de Mobutu dependeria, diversas vezes, dos paraquedistas franceses e belgas para manter-se no poder, e exerceria o papel de força auxiliar do Ocidente em intervenções explícitas ou encobertas contra diversos países africanos.

O Ocidente conseguiu, assim, impor seus interesses econômicos e evitar a possibilidade de implantação, no coração da África, de um regime progressista e neutralista, que manteria boas relações com o campo socialista e com o Movimento dos Países Não Alinhados, e influenciaria seus vizinhos. Além disso, temiam-se os efeitos continentais da crise, que estava dividindo os países recém-independentes em dois campos opostos, a qual propiciava a ação da diplomacia soviética, egípcia (nasserista) e argelina, estes últimos fortemente militantes a favor dos movimentos de libertação nacional africanos. O papel do secretário-geral da ONU, o sueco Dag Hammarskjold, em todo o episódio foi tendencialmente favorável aos interesses ocidentais. Por outro lado, o conflito congolês foi o elemento catalisador que polarizou o continente africano entre os Estados "radicais" do Grupo de Casablanca (neutralistas) e os "moderados" do Grupo de Brazzaville ou Monróvia (neocolonialistas e pró-ocidentais).

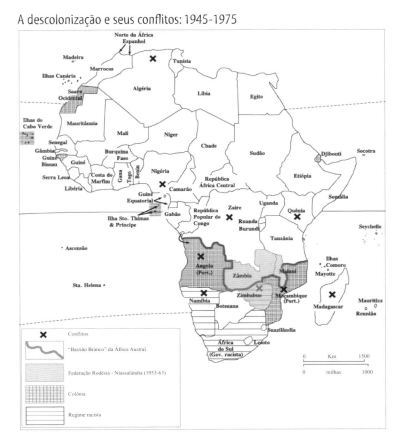

A descolonização e seus conflitos: 1945-1975

O pan-africanismo frustrado: dos grupos rivais à Organização da Unidade Africana

Os Estados africanos, confrontados com os problemas da descolonização, particularmente quanto à orientação político-econômica a seguir, tentaram associar-se em nível continental. Em 1961 se formaram dois blocos englobando os novos países, o Grupo de Brazzaville e o Grupo de Casablanca, como referido anteriormente. O primeiro, fundado em dezembro de 1960, era integrado por vinte e um membros, a maioria francófonos, e seguia uma linha moderada, vinculada ao neocolonialismo (o senegalês Senghor e o tunisiano Burguiba eram seus líderes). O segundo foi criado em janeiro de 1961 como reação ao primeiro, sendo integrado por Egito, Argélia (governo provisório no exílio), Líbia, Mali, Marrocos, Guiné e Gana, e propunha uma diplomacia neutralista e uma ruptura mais profunda com as metrópoles (Nasser, Touré e Nkrumah eram seus principais articuladores). Mas a questão mais imediata era a posição sobre a crise do Congo e a Guerra da Argélia.

Neste contexto de divisão continental, a Etiópia do Imperador Hailé Selassié encontrou espaço para se projetar politicamente no continente, defendendo simultaneamente seus interesses quanto à anexação da Eritreia em 1962 (ex-colônia italiana, muçulmana, federada com a Etiópia cristã desde 1952). Selassié, tirando proveito do prestígio do único Estado (e dinastia) que lograra resistir ao colonialismo, convocou uma nova conferência africana em 1963. Apesar das divergências existentes, esta deliberou a criação da Organização da Unidade Africana (OUA), com sede em Addis Abeba e integrada por comissões para arbitramento de conflitos, e comitês de libertação para os territórios ainda submetidos. A OUA aprovou, ainda, como regra para a África a manutenção das fronteiras herdadas do colonialismo face à absoluta falta de outros parâmetros para a delimitação das fronteiras dos novos Estados. Assim, a própria integridade territorial etíope era preservada.

A maioria dos países francófonos manteve vínculos com a ex-metrópole por meio da Comunidade Francesa de Nações, e os anglófonos com a *Commonwealth* britânica, como foi visto. Além disso, quase todos os demais assinavam acordos bilaterais com a antiga potência colonial, ou ocasionalmente com os Estados Unidos, abarcando várias áreas de cooperação. No campo militar, isto se efetivava por conta da venda de armas, treinamento de oficiais e presença de assessores e missões, e algumas vezes bases militares. No plano cultural, o intercâmbio fazia com que, às vezes, até as cartilhas de alfabetização viessem da Europa, onde também estudavam os jovens da elite, futuros administradores do país.

Quanto à economia, não só a dependência externa na condição de países exportadores de matérias-primas e produtos primários implicava a manutenção de vínculos de subordinação, agora modernizados, como no plano interno permaneciam quase inalterados os sistemas de produção, e preservavam-se os interesses estrangeiros. A carência tecnológica e a falta de técnicos tornavam esta subordinação estrutural. Finalmente, no tocante à diplomacia, a maioria das jovens nações africanas tinha pouca margem de manobra devido à falta de recursos e à dependência externa. Estes fatores serviam para configurar uma relação tipicamente neocolonial.

A busca de uma nova identidade e de um lugar no mundo

Durante a segunda metade dos anos de 1960 e a primeira metade dos anos de 1970, os novos países africanos procuraram consolidar-se e buscar o desenvolvimento econômico. Novamente, entretanto, encontraram-se divididos quanto à estratégia a seguir no tocante a estas questões. A clivagem entre reformistas e conservadores continuava sendo um traço estrutural da política africana. Apesar disso, este período caracterizou-se como uma fase em que estes Estados logravam estabelecer algumas regras básicas de convívio no continente, por meio da OUA, das posições comuns face à descolonização da África Austral, e a conflitos como o de Biafra. Paralelamente, a conjuntura internacional permitiu que as nações africanas, apesar de sua debilidade, desenvolvessem uma crescente atuação internacional, seja por conta do clientelismo estabelecido com as ex-metrópoles, da ONU, do Grupo dos 77, da Opep (Organização dos Países Exportadores de Petróleo) e/ou do Movimento dos Não Alinhados.

Os problemas africanos, contudo, eram imensos. As fronteiras dos novos países eram artificiais, tanto no que se refere ao mínimo critério de racionalidade geoeconômica como histórico-cultural. Grupos étnico-linguísticos rivais eram reunidos dentro de um mesmo Estado, enquanto outros afins, muitas vezes o mesmo, encontravam-se separados por uma linha traçada à régua no mapa. O Estado antecedia à existência de uma nação. Na ausência de um idioma comum, oficializava-se o do ex-colonizador, enquanto a massa camponesa, majoritariamente analfabeta, continuava a utilizar os diversos dialetos tribais.

As rivalidades entre os distintos grupos haviam sido estimuladas pelos colonizadores como forma de dominação, e deixavam uma herança trágica, expressa no problema das minorias e do "tribalismo", além do antagonismo entre assimilados à cultura europeia e não assimilados. Muito das futuras guerras civis resultaria, sobretudo, da distorção de determinadas estruturas africanas tradicionais pelos colonizadores. Ou seja, eram o resultado não de um "tribalismo tradicional", mas de sua apropriação pela modernidade europeia.

Zonas linguísticas não africanas

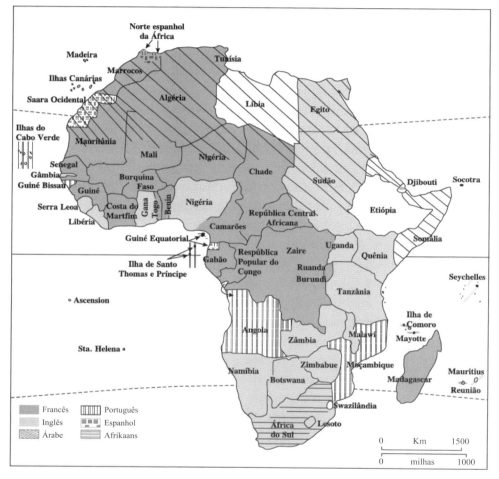

A ausência de médicos, engenheiros, administradores e professores somava-se a uma estrutura de classes fragmentada, nos marcos de uma economia controlada de fora (exceto as extensas áreas ainda na fase da subsistência). A precaríssima rede de transportes ligava apenas os enclaves exportadores aos portos, inexistindo qualquer integração nacional. O domínio econômico-cultural da antiga metrópole aprofundava um processo de corrupção das elites em níveis inimagináveis (Mobutu, ex-presidente do Zaire, era um dos homens mais ricos do planeta). Aliás, a assimilação cultural das elites se revelou a base mais sólida da dependência neocolonial. Assim, a maioria da população, após breve e limitada mobilização, voltou a mergulhar na apatia. As secas e fomes (sobretudo no Sahel e no Chifre da África), causadas por fatores ecológicos, socioeconômicos e/ou conflitos militares, completavam um quadro dramático com que as populações africanas tinham que se defrontar.

Para a maioria das elites, as neocoloniais, as estreitas relações com a ex-metrópole, especialmente a França, auxiliavam-nas na busca de legitimação interna e inserção na ordem internacional. O auxílio técnico, as relações econômicas privilegiadas, o estabelecimento de programas de ajuda, o tratamento pessoalizado dos dirigentes por Paris, a concessão de favores e o apoio em caso de crise interna, e ameaças externas eram vitais para os dirigentes e seus países, ambos caracterizados por uma debilidade estrutural. Em troca, o Ocidente obtinha votos na ONU, estabelecia bases militares e mantinha sua influência. Assim, as intervenções estrangeiras constituíam um fenômeno que se tornou parte da própria política africana, solicitada por alguns de seus protagonistas em defesa de seus interesses, e não unicamente uma forma de ingerência contra os africanos em seu conjunto. Esta dimensão geralmente é ignorada pelos estudiosos e políticos.

A França desenvolveu uma megaestrutura burocrática, com notável continuidade político-institucional, para dar suporte a esta relação, constituindo-se na sua grande articuladora, e o Senegal de Senghor foi seu principal interlocutor no continente ao defender conceitos como *francofonia* e *Euráfrica*. Devido ao refluxo dos interesses belgas, que se associaram subordinadamente aos franceses, à presença apenas seletiva da Grã-Bretanha e ao envolvimento dos Estados Unidos, preferencialmente nas zonas estratégicas da Guerra Fria fora do continente, Paris logrou manter a África como sua área de influência (condição necessária a seu *status* de potência mundial) e, através dela, da Europa. E isto durante a plena vigência do confronto Leste-Oeste.

Os Acordos de Yaoundé (1963 e 1969), e depois as Convenções de Lomé (a partir de 1975), e finalmente o estabelecimento da rede de cooperação da ACP (África, Caribe e Pacífico), permitiram à França institucionalizar os laços neocoloniais ao tornar os países africanos cativos do mercado europeu integrado. Como a *Commonwealth* se preocupava apenas seletivamente em manter canais de comércio e investimento para a Inglaterra, e este país em 1973 veio a integrar-se na CEE, Paris pode, inclusive, ampliar sua área de influência para países como o Zaire, Ruanda, Burundi, Maurício, Serra Leoa e Libéria.

As intervenções militares francesas (e às vezes belgas), por sua vez, davam-se geralmente em situações de crise, como no Saara Ocidental, Tchad e Zaire, ou de forma permanente em países de forte dependência econômica e extrema fragilidade, localizados em posições estratégicas, como Gabão, República Centro-Africana e Djibuti (antiga Somália francesa). Os principais adversários da projeção francesa sobre a África eram a Argélia, a Líbia e a Nigéria, como se verá adiante.

Na busca de desenvolvimento, destacaram-se dois caminhos básicos, o de orientação neocolonial e o de economia mista, de viés socialista e nacionalista. A primeira já foi analisada anteriormente, cabendo acrescentar que as lideranças conservadoras se curvavam a tal subordinação devido às necessidades de manutenção de seu poder (reforçando o imobilismo) e à força das estruturas primário-exportadoras herdadas intocadas do colonialismo.

No segundo caso, os Estados reformistas procuravam desenvolver a economia nacional em novas bases, lançando mão da intervenção estatal (sobretudo no setor industrial e de infraestrutura) e da criação de um setor cooperativo para a economia camponesa, ao lado da iniciativa privada nacional e transnacional. A sociologia soviética definiu este modelo como *orientação socialista*, ou *via não capitalista de desenvolvimento*. Contudo, este caminho dependia do voluntarismo político das elites nacionalistas e esquerdistas, encontrando limitada ressonância na massa da população, exceto em algumas situações específicas como a reforma agrária da revolução etíope. As dificuldades de superação da posição subordinada dentro da divisão internacional da produção, herdada do colonialismo, revelaram-se insuperáveis nos marcos de uma ação limitada ao plano nacional.

Para isto também contribuiu, neste período, o insuficiente apoio por parte do campo socialista. A URSS, apesar de implementar programas de ajuda econômica e de assistência técnica (em volume modesto), estava mais interessada em auxiliar os países africanos como forma de lograr reconhecimento internacional a seu *status* de superpotência. Sua principal atuação material foi como fornecedora de armas. Apesar de procurar compensar a presença norte-americana em algumas áreas e conjunturas, apoiando as forças anti-imperialistas, Moscou jamais teve um plano articulado ou procurou questionar o *status quo* regional, reconhecendo igualmente a primazia francesa sobre o continente (da mesma forma que os Estados Unidos), em troca do apoio de Paris na política europeia.

A República Popular da China, por sua vez, atuou inicialmente com um apoio militante aos movimentos de libertação nacional, passando em seguida à obsessão contra o "social-imperialismo", quando eclodiu a rivalidade sino-soviética. Como parte desta estratégia, apoiou as forças antissoviéticas, mesmo as mais conservadoras, embora mantivesse um apoio mais regular a países como a Tanzânia e a Zâmbia, construindo, por exemplo, a ferrovia Tan-Zan, que ligava estes países, dando ao último um acesso ao mar que evitava a dependência face aos países racistas.

Após a breve existência de estruturas políticas moldadas na democracia liberal parlamentar, as quais não passavam de uma caricatura despida de conteúdo efetivo, os golpes de Estado (sobretudo militares), implantaram grande número de regimes autoritários personalistas ou de partido único, que serviam de correia de transmissão do Estado para a sociedade. Muitos presidentes permaneceram um longo período no poder, tanto no campo neocolonial-conservador como no nacionalista-progressista. Este fenômeno não foi questionado pelas grandes potências, pois tais regimes asseguravam a estabilidade política, social e econômica do continente.

Todavia, muitos dos constantes golpes de Estado, perpetrados pelo exército, possuíam um caráter progressista e modernizador, pois a instituição era uma das poucas de expressão nacional, acima das divisões tribais e em contato com a realidade social do país. Embora a maioria deles não conseguisse implementar seu programa, alguns evoluíram para regimes socialistas de distintos matizes. Dentre os golpes que produziram regimes esquerdistas e anti-imperialistas merecem referência, em 1969, o do Coronel Muammar Kadafi na Líbia (nasserista), e de Siad Barre na Somália, de Marien N'Gouabi no Congo; em 1972, de Mathieu Kérékou no Benin e dos militares em Madagascar (liderado por Ratsiraka desde 1975); e, em 1974, dos militares na Etiópia (liderado por Mengistu Haile Mariam desde 1977), sendo que todos estes viriam a definir-se como marxistas-leninistas (exceto Kadafi).

Da mesma forma, a quase duplicação do número de Estados existentes em apenas uma década, apesar da fragilidade dos mesmos, não deixou de influenciar profundamente as relações internacionais, transformando o caráter da ONU e reforçando os Não Alinhados. Esta última organização, por sua vez, sediou várias reuniões de cúpula na África neste período, colocando o continente num plano destacado da política mundial, como também reforçando a posição dos mesmos frente aos regimes de minoria branca do sul. Nesse sentido, a própria vulnerabilidade dos Estados africanos os obrigava a manter uma atuação coletiva por meio da OUA, dos Não Alinhados ou do Grupo dos 77, como ainda no âmbito da ONU (sobretudo a Assembleia Geral) e, especialmente, de suas organizações especializadas como Unesco (educação, cultura e ciência), Unicef (infância) e OMS (saúde), cujos programas foram importantíssimos para o desenvolvimento social e econômico do continente.

A debilidade econômica da maioria das jovens nações africanas, da mesma forma, não impediu que algumas delas, como Guiné, Gana, Zâmbia, Tanzânia e Argélia, entre outras, mantivessem por longo tempo uma diplomacia firme na luta pela emancipação política completa do continente e contra a dependência neocolonial. Muitos deles procuraram uma cooperação política e econômica com os países socialistas, o que permitiu em parte esta atitude relativamente autônoma. Entretanto, a ajuda econômica socialista, como foi visto, era modesta para as necessidades dessas nações, e a descontinuidade política das mesmas fazia com que o Kremlin mantivesse uma atitude cautelosa. De qualquer forma, como os atores externos eram competitivos, os Estados africanos possuíam boa margem de manobra. Isto se dava tanto por meio de relações bilaterais com as potências extracontinentais como a partir da atuação multilateral em organizações internacionais, como foi visto.

3.3 Os regimes racistas e coloniais e a radicalização africana

A descolonização da África no início dos anos de 1960 deixou de fora os chamados *bastiões brancos* do sul do continente. Portugal, que servia de testa de ferro aos interesses econômicos transnacionais, recusou-se a autonomizar ou independentizar Angola e Moçambique (onde havia colonos europeus), ou mesmo a conceder direitos políticos aos nativos. Para dar uma satisfação às pressões internacionais, o regime salazarista introduziu o conceito de Territórios Ultramarinos de Portugal, como forma de mascarar os vínculos coloniais, o que não foi reconhecido pela comunidade internacional. A poderosa África do Sul, por sua vez, era governada pela minoria branca de origem anglo-holandesa (20% da população), e ocupava o Sudoeste Africano (atual Namíbia), em desrespeito às determinações das Nações Unidas. Esta rica e pouco povoada ex-colônia alemã também era dirigida por um pequeno, mas poderoso, grupo de colonos europeus, vinculados aos interesses mineradores sul-africanos.

Os regimes racistas da África Meridional

A África do Sul, onde a segregação racial do *Apartheid* estava consagrada na Constituição, possuía grande força econômica e estava associada aos capitais estrangeiros e empresas transnacionais. A África Austral, em seu conjunto, detinha a maior parte das reservas de ouro, diamantes e minerais estratégicos fora da URSS e uma agricultura desenvolvida, além de gozar de uma posição geopolítica estratégica na rota entre os oceanos Atlântico e Índico. O caráter fortemente anticomunista e militarizado do regime, por outro lado, reforçava a importância do país no contexto da Guerra Fria, tanto no âmbito terrestre da África Austral como marítimo em ambos os oceanos. A colaboração entre Pretória e Lisboa, neste contexto, não se dava apenas em função dos problemas regionais, mas também estratégico-globais, pois Portugal era membro da Otan, projetando indiretamente o poder norte-americano no Atlântico Sul, geralmente em cooperação com ditaduras sul-americanas, como da Argentina e do Brasil.

Faziam parte desta região várias colônias inglesas sem saída para o mar, como a Rodésia do Norte (atual Zâmbia), do Sul (atual Zimbábue) e a Niassalândia (atual Malauí). Londres e os colonos brancos (5% da população na Rodésia do Sul) promoveram em 1953 a criação da Federação Centro-Africana (ou Federação Rodésia-Niassalândia), com uma perspectiva multirracial e o objetivo de contrabalançar o poder dos *afrikaaners* sul-africanos (os descendentes de holandeses), bem como de articular uma vantajosa divisão de trabalho entre a próspera agricultura do sul, os recursos minerais do norte (sobretudo cobre) e a abundância da mão de obra da Niassalândia. Mas as crescentes divergências entre os brancos, cada vez menos dispostos a compartilhar o poder com os negros, produziram um impasse que levou à desagregação da Federação em 1963, com a independência da Zâmbia e do Malauí. O primeiro país, liderado por Kenneth Kaunda, combateria os regimes racistas com apoio da Tanzânia, enquanto o segundo, chefiado por Hastings Banda, colaboraria com estes.

Os brancos da Rodésia (do sul) apoiaram, então, Ian Smith na proclamação unilateral da independência em 1965, com um regime de segregação racial e o estabelecimento de uma linha militar defensiva no Rio Zambeze, destinado a impedir a infiltração de guerrilheiros negros no bastião branco. A independência não foi reconhecida por Londres e pela comunidade internacional, que adotou sanções contra o novo país, o qual, contudo, foi protegido pela África do Sul. Da mesma forma, os enclaves negros da Bechuanalândia (atual Botsuana), Basutolândia (atual Reino do Lesoto) e o Reino da Suazilândia, regimes neocoloniais encravados entre os Estados e colônias de liderança branca, ficaram independentes nesta fase e totalmente reféns de Pretória.

A impossibilidade dos movimentos anticoloniais meridionais em lograr a independência, um governo de maioria negra, multirracial, ou mesmo o direito de participação política, em decorrência da intransigência de Lisboa ou das minorias brancas, levou-os a desencadear a luta armada. O Congresso Nacional Africano (CNA) abandonou as posições moderadas após o massacre de manifestantes negros em Sharpeville (1960), aliou-se ao Partido Comunista Sul-Africano e iniciou uma guerrilha em condições dificílimas, através de seu braço armado *Umkhonto we Sizwe* (Lança da Nação).

O Congresso Pan-Africano (CPA), que lutava por uma nação exclusivamente negra, também criou guerrilhas, enquanto o Inkhata (zulu), liderado pelo populista Buthelezi, colaborava com o governo. Este, por sua vez, criou o sistema de bantostões, reservas indígenas com *status* de país, uma para cada um dos dez grupos negros, a maioria dos quais se tornava, assim, estrangeiros em seu próprio país. Os bantostões, dos quais apenas três chegariam a ser "independentizados", e que ocupavam as piores terras da África do Sul, não foram reconhecidos pela comunidade internacional, funcionando mais como reserva de mão de obra e instrumento de fomento do tribalismo.

A África do Sul e os bantostões

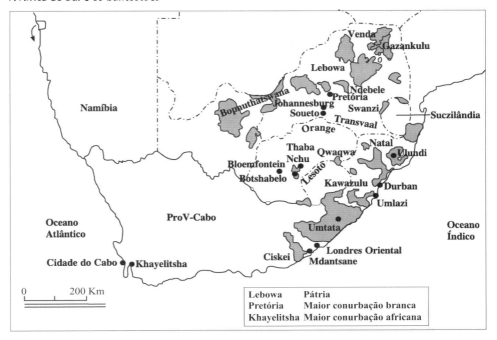

Na Namíbia, a Organização do Povo do Sudoeste Africano (Swapo, de tendência marxista) iniciou um movimento guerrilheiro no norte em 1966, após a África do Sul se recusar a devolver à ONU esse território que administrava em *fideicomisso*. Suas bases mais importantes se encontravam na Zâmbia e no sul de Angola, mas suas operações ocorriam somente na estação das chuvas, quando a cobertura vegetal desta região semidesértica protegia os guerrilheiros dos helicópteros sul-africanos. Na Rodésia, com a declaração da independência pelos brancos, os movimentos negros da Zapu e Zanu, respectivamente União Popular e União Nacional Africana do Zimbábue, iniciaram a luta de guerrilhas. A Zapu estava implantada principalmente na minoria Ndebele do Sul e, apesar do apoio soviético, possuía um perfil mais moderado, enquanto a marxista Zanu representava a maioria Shona do norte, sendo apoiada pela China e Tanzânia.

As lutas de libertação no Império Português

Amilcar Cabral, ideólogo da luta armada de tendência marxista nas colônias portuguesas, lançou a guerrilha na Guiné-Bissau, enquanto nas colônias portuguesas insulares de Cabo Verde e São Tomé e Príncipe, face às dificuldades geográficas, a luta era política. Em Moçambique, os diversos movimentos fundiram-se na Frente de Libertação de Moçambique (Frelimo, liderada por Eduardo Mondlane e, após seu assassinato, por Samora Machel), também iniciando a luta no norte, com a retaguarda apoiada pela Tanzânia. Em Angola, com o massacre de dezenas de milhares de negros na esteira das primeiras ações armadas, várias organizações também desencadearam a guerra contra os portugueses. Estes grupos se aglutinaram progressivamente em três movimentos, a Frente Nacional de Libertação de Angola (FNLA, chefiada por Holden Roberto), o Movimento Popular para Libertação de Angola (MPLA, liderada por Agostinho Neto) e, mais tarde, a União Nacional para Independência Total de Angola (Unita, comandada por Jonas Savimbi).

A FNLA e a Unita eram correntes moderadas e pró-ocidentais de base étnica do norte (bakongos) e do sul (lunda, ambó e nganguela), respectivamente, e o MPLA de tendência marxista, de base urbana e interétnica, mas com predominância dos quimbundos e ovimbundos, da região central e litorânea. A primeira era apoiada pelo Zaire (Mobutu era cunhado de Holden Roberto), Estados Unidos e China, a segunda pela África do Sul, China e pelas próprias autoridades portuguesas, enquanto o terceiro movimento tinha um suporte cubano e soviético.

Durante o desenvolvimento da luta armada, houve várias crises no relacionamento dos três grupos, e o reconhecimento da OUA passou da FNLA para o MPLA, quando mais tarde foi descoberta a conexão da primeira com a CIA, embora os países moderados mantivessem seu apoio a esta e à Unita. É preciso considerar ainda que o potencial militar de Portugal não era apenas o de um pequeno país, na medida em que se tratava de um membro da Otan, a qual lhe forneceu apoio estratégico na repressão aos movimentos de libertação africanos.

A crise do petróleo e a influência árabe

Neste período projetaram-se também novos atores e conflitos regionais. Israel, para contornar seu isolamento pelos países árabes, bem como a influência de Nasser no Oriente Médio e junto aos movimentos de libertação nacional na África, estabeleceu vínculos diplomáticos estreitos a partir da cooperação técnica, econômica e militar com os Estados conservadores africanos. Contudo, após a Guerra dos Seis Dias (1967), sua presença declinou rapidamente, pois os países da Opep (Organização dos Países Exportadores de Petróleo) passaram a apoiar economicamente os países africanos, grande parte dos quais rompeu com Israel após a Guerra do Yom Kippur (1973). Desde então, a cooperação de Israel concentrou-se, de forma discreta, em regimes direitistas como o do Marrocos, e os racistas, como a África do Sul, em relação ao qual se desenvolveu uma verdadeira parceria estratégica nas esferas econômica, de segurança (incluindo indústria bélica) e tecnológica (energia nuclear).

A diplomacia árabe, por sua vez, explorou múltiplos canais de cooperação. Oito Estados africanos são membros da Liga Árabe e muitos deles possuem populações muçulmanas, as quais passaram a participar em peso crescente nas peregrinações à Meca. A Arábia Saudita, a Argélia, a Líbia e, em menor medida, o Iraque, passaram a conceder financiamentos aos africanos, diretamente ou através de organizações como o Banco Árabe para o Desenvolvimento Econômico, além da participação política de Estados africanos na Conferência Islâmica.

Os sheiks sauditas procuravam combater a influência soviética e dos árabes progressistas, apoiando os regimes monárquicos africanos e dando suporte às organizações fundamentalistas, paralelamente às relações diplomáticas oficiais. A Argélia conservou também seu protagonismo anti-imperialista no continente, da mesma forma que a Líbia (que manteria um prolongado conflito no Tchad) após a ascensão de Sadat no Egito. Kadafi também era guiado por um antissionismo militante. Cuba, por sua vez, desenvolveu um ativo apoio aos movimentos de libertação nacional na África Austral e a vários governos africanos.

Na Eritreia, anexada pela pró-norte-americana Etiópia, desenvolveu-se neste período uma crescente atividade guerrilheira desde 1961, e que veio a se dividir numa ala islâmica e moderada, apoiada pelo Sudão e pela Arábia Saudita (Frente de Libertação da Eritreia – FLE), e numa marxista, apoiada pelos países anti-imperialistas (Frente Popular de Libertação da Eritreia – FPLE). Além deste conflito, em 1967 iniciou-se a trágica guerra civil de Biafra. Esta região nigeriana, povoada pela elite comerciante cristianizada dos ibos, onde foram descobertas importantes jazidas petrolíferas, proclamou a independência, recebendo apoio da França, Bélgica e de empresas transnacionais de petróleo. O governo federal da Nigéria, cuja soberania sobre Biafra era reconhecida pela OUA e pela quase totalidade da comunidade internacional, bloqueou a região, provocando uma fome generalizada que levou milhões de biafrenses à morte, conseguindo derrotar os rebeldes em 1970.

A anglófona Nigéria, país mais povoado da África e exportador de petróleo, passou a desenvolver, então, uma diplomacia mais ativa, buscando tornar-se uma potência regional. Além da ameaça de desagregação interna (devido à sua diversidade étnico-histórico-religiosa – hauçás islâmicos no norte, ibos cristianizados no leste e yorubas animistas no oeste), ela sentia-se cercada pela França, que controlava seu *hinterland* geográfico, composto por governos conservadores e francófonos. Para tal fim, empregou seus recursos financeiros e articulou a Ecowas, a Comunidade Econômica dos Estados da África Ocidental, como forma de enfrentar a projeção de Paris sobre a região.

Outro país que tentou desenvolver, infrutiferamente, um maior protagonismo interafricano neste período foi o Zaire, com Mobutu se aproximando dos países socialistas como forma de escapar da forte dependência frente aos países ocidentais.

3.4 Os impérios contra-atacam I: guerras, ajuste econômico e a década perdida

As revoluções dos anos de 1970

Nos anos de 1970, em função dos crescentes problemas econômicos e estratégicos consubstanciados no desgaste da hegemonia americana, o Presidente Nixon e o secretário de Estado Kissinger, preocupados em desengajar seu país do atoleiro vietnamita, bem como reduzir os custos político-econômicos da liderança internacional dos Estados Unidos, articularam a Doutrina Nixon. Além dos aspectos ligados ao Vietnã, ela atribuía aos aliados regionais um maior papel nas tarefas de segurança e, mais importante, o estabelecimento de uma aliança estratégica com a República Popular da China. A nova correlação de forças então criada gerou um desequilíbrio estratégico, claramente desfavorável a Moscou. Frente a este quadro, os soviéticos buscaram intensificar sua colaboração com os movimentos revolucionários e nacionalistas do Terceiro Mundo, sobretudo a partir de uma aproximação com Cuba. Potenciando estes movimentos, o grupo brejneviano esperava obter um reequilíbrio estratégico.

Este jogo, entretanto, extrapolou os limites habituais da confrontação Estados Unidos/URSS. O novo contexto mundial estava marcado pela multilateralização e pela propagação da crise econômica pela periferia, desencadeada pela desvinculação do dólar em relação ao ouro em 1971, pela reorganização da produção (nova divisão internacional do trabalho, globalização financeira e Revolução Científico-Tecnológica – RCT) e elevação dos preços do petróleo, desde 1971, mas especialmente após a guerra do Yom Kippur. Isto propiciou um elevado potencial de mobilização social pelas forças esquerdistas e nacionalistas. Essa conjuntura foi aproveitada pelos movimentos revolucionários e de libertação nacional do Terceiro Mundo, que desencadearam uma verdadeira onda revolucionária na década de 1970, com apoio às vezes ostensivo do campo socialista. Da Etiópia e Angola ao Vietnã em 1974-1975, da Nicarágua ao Irã e Afeganistão em 1978-1979, mais de uma dúzia de revoluções anti-imperialistas, e mesmo socialistas, abalaram um cenário internacional já marcado pelo desgaste do império americano e da economia mundial. A estes eventos somou-se a queda dos regimes ditatoriais europeus pró-americanos em 1974-1975 – Portugal, Espanha e Grécia.

A queda das ditaduras mediterrânicas perturbou o flanco sul da Otan e afetou diretamente o cenário africano. Além disso, ela estava associada à onda revolucionária que afetou também o Sudeste Asiático, o chamado Arco das Crises (do Chifre da África ao Afeganistão) e, em seguida, a América Central. Em 1974, a Revolução dos Cravos (de contornos populares e esquerdistas) punha fim ao fascismo mais antigo no poder. A queda do salazarismo era fruto da estagnação portuguesa e do desgaste causado pelas guerras coloniais na África. No ano seguinte, após a morte de Franco, a Espanha era conduzida à redemocratização, sob impacto da penetração de um capitalismo moderno no país. Este último processo repercutiu diretamente sobre o remanescente do império espanhol da África, o Saara Ocidental (a Guiné Equatorial havia obtido a independência em 1968).

Na iminência da descolonização, o Marrocos, que reivindicava na Corte Internacional de Justiça este território desértico pouco povoado e rico em fosfatos, desencadeou a Marcha Verde, um movimento de milhares de civis que penetrou na colônia. Enquanto isso, o Rei Hassan secretamente enviava unidades militares e negociava um acordo com a Espanha e a Mauritânia, prevendo a repartição do país entre os dois vizinhos. Ele foi assinado poucos dias antes da morte de Franco, em novembro de 1975, frustrando as expectativas dos nacionalistas saarauis.

Organizados na Frente Polisário (Frente Popular de Libertação de Saguia al-Hamra e Rio de Ouro), eles proclamaram a independência em fevereiro de

1976 (República Árabe Saaraui Democrática – Rasd), com reconhecimento e apoio argelino, desencadeando a luta armada. Em 1978 a Mauritânia, desgastada pelo conflito, assinou a paz com a Polisário e se retirou do sul do território que, contudo, foi então ocupado pelo Marrocos. A luta prosseguiu e o impasse ainda permanece, com a maioria da população refugiada em Tindouf, dentro da fronteira da Argélia, enquanto os marroquinos intensificam a colonização do território e a construção de muros e fortificações defensivas no deserto (com apoio de Israel), para barrar a ação dos guerrilheiros. O reconhecimento da Rasd produziu uma crise na OUA, enquanto a ONU não consegue mediar o conflito.

A independência de maior impacto internacional da África Portuguesa, entretanto, foi a de Angola, país com maiores potencialidades econômicas (petróleo, ferro, diamantes, minerais estratégicos e produtos agrícolas) e com expressiva minoria branca. A divisão e o confronto entre os três grupos que lutavam pela independência acirraram-se após a queda do fascismo português. Enquanto era negociada formação de um governo transitório de coalizão, e se aproximava a hora da independência, a FNLA, apoiada por mercenários brancos e tropas de Zaire, avançara do norte para atacar a capital, Luanda, onde o MPLA era dominante. Kissinger, impossibilitado pelo Congresso de intervir, entregou fundos secretos da CIA ao movimento de Holden Roberto, que também recebia apoio chinês.

A invasão foi derrotada pelo MPLA, com apoio de instrutores cubanos que começavam a chegar ao país. A FNLA foi destruída, bem como as pretensões do Zaire de ter seus aliados no poder em Angola, ou ao menos anexar o norte do país e o enclave de Cabinda, rico em petróleo. O Zaire, aliás, em função da radicalização da situação, voltou rapidamente a aliar-se ao Ocidente, sob influência francesa, abandonando sua efêmera inflexão em direção aos Não Alinhados.

A atitude de Kissinger, por sua vez, revelava seu desconhecimento da realidade regional, e um enfoque caracterizado pela visão globalista de confrontação Leste-Oeste. Sua precipitação e erro de cálculo tiveram como consequência o desencadeamento de uma longa e violenta guerra na África Austral, ampliando involuntariamente a presença soviético-cubana na região. O quadro de desequilíbrio estratégico criado com a formação do Eixo Washington-Beijing (Pequim) acabou provocando uma firme reação soviética, em resposta à intervenção sino-americana no que não passava de um problema regional, que poderia ter sido solucionado pelos africanos.

Enquanto a FNLA era derrotada no norte, no sul a Unita e o exército sul-africano desencadearam uma ofensiva relâmpago contra o MPLA, que solicitou ajuda cubana. Iniciou-se então uma ponte aérea entre Havana e Luanda, com o envio de armas e vinte mil soldados. No centro do país as tropas cubanas (a maioria descendente de ex-escravos) e do MPLA derrotaram o exército sul-africano, um dos melhores do mundo. Assim, o movimento liderado por Agostinho Neto governaria sozinho o país, declarado uma República Popular de inspiração marxista-leninista. Contudo, enfrentava a guerrilha étnica da Unita no sul, liderada por Jonas Savimbi, com apoio de Pretória e Washington. A África do Sul ocupou uma faixa do sul de Angola para defender seus aliados, desestabilizar o governo do MPLA e impedir a infiltração dos guerrilheiros da Organização Popular do Sudoeste Africano (Swapo) – apoiados por Luanda – na Namíbia. Os cubanos permaneciam um pouco ao norte dos sul-africanos, para defender o centro do país das constantes ofensivas da Unita e da África do Sul.

A situação dos novos estados era difícil, pois a maioria dos colonos retirara-se, privando-os de capitais, técnicos e administradores, enquanto tinham de enfrentar o caos interno e as invasões externas. Contudo, o regime militar brasileiro, liderado pelo General Geisel, reconheceu imediatamente o MPLA e procurou cooperar com os novos países (particularmente com Angola), como forma de ampliar sua influência diplomático-econômica na África e equilibrar politicamente a presença cubana no Atlântico Sul. O Zaire, por sua vez, continuava abrigando os guerrilheiros da Unita em suas investidas contra Angola. Os angolanos e cubanos, em resposta a isso, apoiaram então os antigos rebeldes catanguenses, exilados em Angola, a invadir novamente a região de Shaba (a nova denominação de Katanga) em duas oportunidades, 1977 e 1978. Estas invasões só foram derrotadas com a intervenção de tropas marroquinas, egípcias e de paraquedistas franceses e belgas. Mobutu então negociou a normalização com Agostinho Neto, abstendo-se ambos a apoiar forças de oposição à outra parte.

Em Moçambique, após quinze anos de luta, a guerrilha também seria vitoriosa. A Frelimo, que aglutinava movimentos de distintas orientações numa única organização (menos homogênea ideologicamente, portanto, que o MPLA), já controlava parte do país quando a Revolução dos Cravos em Portugal precipitou os acontecimentos. Com a fuga da maior parte da elite branca, Moçambique passou a ser governado por um movimento predominantemente negro, que se proclamava marxista-leninista, nas fronteiras da Rodésia e da África do Sul, países cujos movimentos de libertação passaram a receber apoio moçambicano. Contudo, os regimes racistas reagiram com incursões armadas e fomentaram a organização do movimento contrarrevolucionário Renamo (Resistência Nacional Moçambicana) que, infiltrado a partir do Malauí, África do Sul e Rodésia, iniciou uma guerrilha (apoiada por comandos sul-africanos) contra os antigos guerrilheiros.

Assim como em Angola, o governo de Moçambique era apoiado por assessores militares e civis cubanos, soviéticos e leste-europeus (sobretudo alemães orientais), mas não por tropas de combate, como no primeiro caso. Ambos os países, apesar da cooperação existente com o campo soviético, mantiveram relações econômicas essencialmente voltadas para o Ocidente, inclusive a África do Sul, devido à impossibilidade de emancipar a produção e o comércio exterior das estruturas herdadas do colonialismo, bem como à necessidade de evitar o completo isolamento diplomático desses países. Esta postura era tanto desejada pelo Kremlin como pelos novos países que, apesar de aliados de Moscou, jamais possibilitaram a instalação de bases navais soviéticas, permitindo apenas a escala da esquadra deste país. Assim, os próprios Estados-clientes mantinham sua autonomia política, apesar de necessitarem da ajuda militar, especialmente no caso de Angola.

A Guerra Fria se instala na África

Na África do Sul, em 1976, ocorreu o levante de Soweto, duramente reprimido pelo regime do *Apartheid*; a mobilização negra e os atentados do CNA se intensificavam, apesar da crescente repressão e militarização do Estado sul-africano. A guerra não declarada que este moveu contra seus vizinhos os obrigou a organizarem a chamada Linha de Frente, integrada por Tanzânia, Zâmbia, Angola, Moçambique, Botsuana e, depois de 1980, Zimbábue. A prioridade destes Estados era a segurança coletiva e o apoio aos movimentos de libertação nacional, frente a seus poderosos vizinhos do sul. Após alguns anos de luta, o desgastado regime rodesiano tentou criar um governo multirracial fantoche, com um negro moderado na presidência, mas não teve sucesso.

Sem condições de derrotar a guerrilha negra, a minoria branca apelou para a mediação da ex-metrópole britânica. Por meio de eleições patrocinadas e controladas pela Grã-Bretanha, foi eleito presidente o marxista Robert Mugabe, da Zanu, que formou um governo de coalizão com a Zapu. Mugabe teve a habilidade de oferecer garantias aos brancos e a suas empresas, os quais permaneceram no país mantendo a prosperidade do mesmo, o que permitiu ainda o encaminhamento de reformas favoráveis à maioria negra. O país adotou a denominação africana de Zimbábue. A ascensão de um governo negro deixou a África do Sul isolada na região, embora este país castigasse os vizinhos com frequentes *raids* de comandos, sabotagens e atentados.

O passo seguinte foi a criação da SADCC (Conferência de Coordenação do Desenvolvimento da África Austral) em setembro de 1980, que congregava os seis países da Linha de Frente, mais Lesoto, Suazilândia e Malauí, tendo ainda como observadores o Zaire e os movimentos de libertação Swapo e CNA. Esta organização procurou coordenar uma nova divisão do trabalho, atrair investimentos e ajuda externa, criar uma infraestrutura de transporte e energia, além de incrementar o comércio e a cooperação entre os vizinhos da África do Sul, como forma de superar a dependência frente a este país. Se for verdade que as possibilidades econômicas dos membros da SADCC eram limitadas frente ao poderio sul-africano, também é verdade que ela privava Pretória de seu *hinterland* econômico. Ao cabo de alguns anos, a situação dos regimes negros era quase insustentável, mas a da África do Sul também era precária.

Na Etiópia, castigada pela miséria, seca e pelas guerrilhas muçulmanas e esquerdistas na Eritreia, na esteira de uma série de greves e de intensa mobilização popular na capital, o velho imperador pró-americano Hailé Selassié foi derrubado em 1974 por um golpe militar, que proclamou a República. A junta militar (Derg) exprimia um populismo pouco definido, enquanto as oposições, o caos e as tendências centrífugas ameaçavam a existência do novo regime e a própria unidade do país.

Enquanto crescia a luta de facções dentro do grupo dirigente, o Derg se ligava cada vez mais às correntes de esquerda e implementava uma ampla reforma agrária, mobilizava a população, rompia com os Estados Unidos e fechava as bases americanas, passando a enfrentar os movimentos de oposição conservadores. Em 1977 ascendeu à direção do Derg o Coronel Mengistu Haile Marian, que apoiou o Movimento Socialista Pan-etíope (Meison), até que este entrou em choque com o governo e foi eliminado. Enquanto o regime se definia pelo socialismo, as rebeliões separatistas ou autonomistas agitavam quase todas as províncias, especialmente a Eritreia e o Ogaden, povoado por somalis, que haviam criado uma guerrilha apoiada pela Somália.

No mesmo momento a Somália atacou a região de Ogaden, em apoio aos guerrilheiros. A iniciativa somali foi claramente encorajada pela Arábia Saudita, Egito e Estados Unidos. Fidel Castro visitara os dois países em litígio e Eritreia, tentando mediar o conflito a partir de uma proposta de formação de uma confederação entre as três entidades, que formalmente se definiam como socialistas. Mas esbarrou com a negativa da Somália, que expulsou todos os assessores soviéticos do país. Moscou e Havana acolheram então o pedido de ajuda da Etiópia, montando uma ponte aérea que enviou armas, assessores soviéticos e alemães-orientais, além de dez mil soldados cubanos. A guerra se encerrou com a vitória etíope-cubana contra as tropas somalis, treinadas pelo próprio Pacto de Varsóvia. A Etiópia consolidava então seus laços com o campo socialista, enquanto a Somália aliava-se aos Estados Unidos, que passou a ocupar a base naval de Berbera, construída pelos soviéticos. Os cubanos intervieram apenas contra a invasão somali, permanecendo no Ogaden, uma vez que sempre haviam apoiado o movimento de libertação eritreu, e consideravam este um problema interno do novo regime. Tanto na Eritreia como na província setentrional do Tigre as guerrilhas continuaram ativas.

O conflito do Chifre da África prossegue por longos anos (até o presente), desgastando os países da região e afetando o conjunto da África, o Oriente Médio e a própria política internacional. Enquanto a Arábia Saudita, o Egito, o Sudão e os Estados Unidos (que possuíam uma base também no Quênia) apoiavam os inimigos da Etiópia, esta era defendida pela URSS, por seus aliados regionais e, ironicamente, por Israel, que desejava evitar que o Mar Vermelho e o estratégico Estreito de Bab el-Mandeb fossem controlados exclusivamente pelos árabes. A Líbia, a Etiópia e o Iêmen do Sul (socialista) criaram a Frente de Rejeição como forma de lutar contra os Acordos de Camp David (entre Egito e Israel) e a influência dos árabes moderados na região. Os regimes etíope e líbio, por sua vez, passaram a apoiar as guerrilhas negras do sul do Sudão, que lutavam contra o governo central dominado pelos árabe-islâmicos do norte.

Esta mesma clivagem, aliás, estava presente no Tchad (com sinal invertido), onde a Líbia ocupava a faixa de Azou em litígio e apoiava os guerrilheiros árabe-islâmicos do norte (a Frolinat – Frente de Libertação do Tchad) contra o governo negro pró-francês do sul. A França e a Líbia interviriam diretamente neste conflito, só solucionado após uma década. Da mesma forma, os franceses socorreram os marroquinos em dificuldade no Saara Ocidental, ampliando sua influência na África. O Marrocos era estratégico para o Ocidente, pois, além de permitir o controle da entrada do Mar Mediterrâneo, possuía bases que eram usadas pela Força de Deslocamento Rápido dos Estados Unidos rumo ao Oriente Médio, e pela equivalente francesa rumo à África Subsaariana. Assim, junto com a África Austral, a região do Chifre e, em menor medida, o Saara Ocidental, constituiriam os principais focos de conflito africano, intensificados nos anos de 1980.

Na passagem da década de 1980 para a de 1990, a distensão internacional cedeu lugar à Nova Guerra Fria, especialmente com a ascensão de Reagan ao poder nos Estados Unidos. A Casa Branca desencadeou uma corrida armamentista convencional e estratégica, cujo ponto alto era a militarização do espaço através da Iniciativa de Defesa Estratégica (IDE, ou projeto *Guerra nas Estrelas*), que a colocaria numa posição de superioridade estratégica sobre a URSS. Ao mesmo tempo, a corrida armamentista abalaria a economia soviética, obrigando a URSS, já debilitada pelo aumento dos gastos militares e pelo embargo comercial dos Estados Unidos e aliados, a limitar seu apoio às revoluções do Terceiro Mundo como contrapartida para uma redução da pressão militar americana contra si. Assim, Washington e seus aliados mais militarizados (como Israel, Paquistão e África do Sul) poderiam sufocar os movimentos e regimes revolucionários surgidos na década anterior, com um apoio americano que não envolvesse o envio de tropas de combate. Paralelamente, buscariam controlar seus aliados-rivais economicamente bem-sucedidos (Europa e Japão), dividindo com eles o fardo dos gastos armamentistas.

Este novo ciclo de confrontação Leste-Oeste tinha como um de seus componentes básicos o desencadeamento de uma vigorosa contrarrevolução no Terceiro Mundo. Washington desenvolveu a estratégia dos Conflitos de Baixa Intensidade, que seriam travados em teatros limitados, visando desgastar economicamente e enfraquecer politicamente os regimes revolucionários terceiro-mundistas, a fim de derrubá-los. Sua eliminação poderia ocorrer por uma ação dos contrarrevolucionários domésticos, por uma invasão americana, ou de seus aliados regionais. Com os países socialistas na defensiva (devido à nova corrida armamentista e ao Projeto Guerra nas Estrelas), essa tarefa não deveria ser muito árdua. Assim, dinheiro, armas e assessores, além de apoio de unidades especiais da CIA e de aliados como Israel, Paquistão e África do Sul, começaram a afluir legal ou ilegalmente aos movimentos contrarrevolucionários (que Reagan denominou de "paladinos da liberdade"), numa tentativa de reverter nos anos de 1980 as revoluções ocorridas nos de 1970.

A Guerra Fria e seus conflitos: 1975-1990

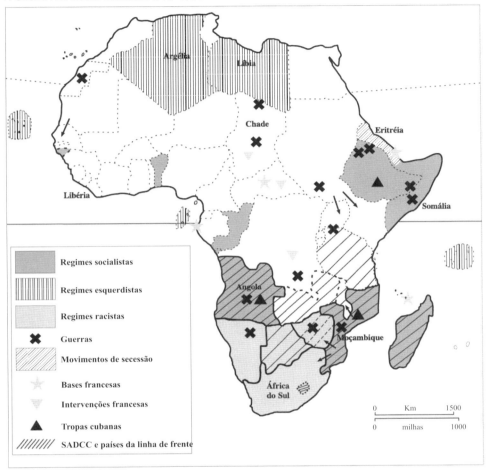

Em Moçambique a direitista Renamo atuava em conjunto com comandos sul-africanos, destruindo estradas, ferrovias e oleodutos e dispersando os camponeses, o que arrasou a agricultura e formou bandos de refugiados. Em Angola, o exército da África do Sul mantinha a ocupação do sul do país, apoiava a guerrilha da Unita e também sabotava a infraestrutura do país. O Zimbábue e os vizinhos que davam acolhida ao CNA e a Swapo eram igualmente vítimas de constantes *raids* sul-africanos. Em 1984, Angola e Moçambique foram obrigados a assinar acordos de não agressão com Pretória, em que os primeiros comprometiam-se a expulsar os militantes destas organizações de seu território, e os últimos a não apoiar a Unita e a Renamo, respectivamente.

Obviamente os primeiros, extremamente debilitados, cumpriram sua parte, mas Pretória não. Samora Machel, inclusive, veio a morrer em condições misteriosas, quando seu avião acidentou-se em território sul-africano. Os Estados Unidos, preocupados também em expulsar os cubanos da região, ampliaram seu apoio ao regime racista (inclusive levantando sanções econômicas) e aos movimentos de oposição aos regimes progressistas. Paralelamente a URSS, enfraquecida pela pressão e confrontação americana, tinha cada vez mais dificuldade em apoiar seus aliados.

No Chifre da África este fenômeno era igualmente visível, com o reforço do poder de fogo das organizações opostas ao regime etíope. A Líbia, por sua vez, além de enfrentar os franceses no sul, na guerra do Tchad, passou a sofrer pressões e provocações pela esquadra norte-americana no Mediterrâneo. Em 1986 o país sofreu o primeiro ataque aéreo norte-americano, seguido por outras demonstrações de força. A ideologia do antiterrorismo fornecia legitimidade para as ações militares dos Estados Unidos contra estes Estados. Paralelamente, a OUA conhecia uma crise aguda, pois as guerras no Saara, Chifre da África e África Austral dividiram os estados africanos mais profundamente que em outras épocas. A concessão de um assento para a Rasd na OUA, particularmente, produziu um impasse, que levou o Marrocos e o Zaire a abandonarem a organização por um largo tempo. Além disso, o próprio Movimento Não Alinhado e as Nações Unidas encontravam-se sob forte pressão por parte da administração Reagan, perdendo grande parte de seu protagonismo internacional.

Anos de 1980: a década perdida dos ajustes econômicos

Paralelamente, os estados africanos sofriam os devastadores efeitos da crise e da reestruturação da economia capitalista mundial iniciada na década de 1970, fenômenos que se aprofundaram nos anos de 1980 com a globalização financeira e a Revolução Científico-Tecnológica. O preço dos produtos primários sofreu forte deterioração, enquanto sua demanda também se reduzia face ao crescente emprego de materiais sintéticos. As exportações foram igualmente prejudicadas pela crescente recessão e pelo protecionismo dos países desenvolvidos. Nos anos de 1980 a crise da dívida externa, motivada pelo brutal aumento das taxas de juro pela administração Reagan, bem como a financeirização da economia mundial, acabaram por derrubar as economias africanas, já desgastadas pelo acelerado crescimento demográfico, pelos desequilíbrios produtivos, sociais e ecológicos, bem como pelos conflitos armados e pela incompetência e corrupção da maior parte das elites. Para completar o quadro, o diálogo Norte-Sul e as posturas reformistas e assistencialistas nas relações internacionais foram abandonados, num clima de afirmação dos postulados neoliberais.

Face à incapacidade dos países africanos em reagir de forma articulada, foi inevitável recorrer aos organismos financeiros mundiais, como o Fundo Monetário Internacional (FMI) e o Banco Mundial. Estes impuseram a todo um continente o mesmo receituário – desvalorização da moeda, redução das tarifas alfandegárias, corte no orçamento e subsídios estatais (que afetaram principalmente os setores da educação, saúde e alimentação), reforma da agricultura (desmantelando as cooperativas, as fazendas estatais e a produção aldeã), e a privatização das empresas públicas. O problema desta fórmula é que ela fora concebida para socorrer um pequeno número de países em dificuldade, no quadro de uma economia internacional equilibrada.

Ora, nos anos de 1980 as condições mundiais eram difíceis, e quarenta países negociaram os programas de ajuste apenas na África! O resultado foi a chamada *década perdida*, na qual a economia africana regrediu aos padrões de trinta anos antes. Em 1990 a dívida externa dos países africanos atingia 272 bilhões de dólares (90% do PIB), que era o dobro da de 1980. Mesmo os países exportadores de petróleo sofreram dramaticamente devido à redução dos preços. Mesmo projetos de desenvolvimento industrial bem-sucedidos, como o da Argélia, entraram em colapso.

As consequências sociais foram desastrosas, com o aumento da fome endêmica em algumas regiões, o retrocesso sanitário e alimentar generalizado, e o colapso das estruturas sociais em vários países. Estados como a Líbia, a Nigéria e a África do Sul, que empregavam milhões de trabalhadores dos países vizinhos, subitamente expulsaram a maioria deles, privando estas populações de seu sustento, e seus países de origem de uma renda importante. A situação nas cidades foi ainda mais dramática, pois a África vivia um significativo êxodo rural e acelerada e caótica urbanização – em 1984 a renda das famílias urbanas de Uganda era de apenas 9% da de 1972, enquanto no Zaire, no mesmo período, era de 3%. Num continente em que a sociedade era ainda insuficientemente articulada, a ausência do Estado teve um efeito muito mais devastador que em outros lugares do mundo. E as grandes potências apenas sugeriam a austeridade, o esforço exportador e o controle de natalidade como soluções, em troca de empréstimos apenas destinados a equilibrar as contas externas e internas desses países.

A maioria das privatizações gerou falências ou a formação de verdadeiros monopólios privados, ainda associados ao poder político, aumentando a corrupção e o descontentamento popular com esta prática. De qualquer forma, os governos perderam muito de sua capacidade de articulação sociopolítica, sofrendo um desgaste que abria espaço para o caos. Enquanto os meios formais de subsistência econômica diminuíam perigosamente, frequentemente os salários dos funcionários públicos e dos militares deixavam de ser pagos. Isto, associado aos aumentos de preço nos gêneros alimentícios e serviços, produziu levantes violentos e golpes de Estado. Por outro lado, não restava às lideranças alternativa, senão lançar mão de um discurso político calcado na identidade étnica ou religiosa, buscando algum bode expiatório como forma de encontrar uma nova fonte de legitimidade. Assim, tiveram início as matanças dirigidas contra minorias étnicas, que atingiriam as dimensões de genocídio nos anos de 1990.

4
Da marginalização ao "renascimento africano"

Paulo G. Fagundes Visentini

4.1 Marginalização, conflitos, epidemias e o fim do *Apartheid*

O fim da Guerra Fria, ainda que tenha trazido benefícios à África, como o encerramento de guerras convencionais, representou certa marginalização do continente, enquanto a globalização se tornava o vetor das relações internacionais. A implantação do liberalismo político e econômico, por sua vez, apresentou elementos de desfuncionalidade para os Estados africanos, que conheceram um momento de regressão, dando força ao chamado discurso afro-pessimista. Epidemias, miséria e brutais conflitos identitários se desenvolveram, enquanto a atenção do mundo se concentrava na abertura do Leste Europeu, na democratização da América Latina, na expansão da União Europeia e no desenvolvimento asiático.

Todavia, o fim do *Apartheid*, a independência da Namíbia e a pacificação de Moçambique lançavam as bases de futuras transformações. A ascensão do CNA ao poder na África do Sul, ainda que por meio de um processo pactuado, representava um salto qualitativo, que foi complementado por sua reinserção na África Meridional, a qual iniciava um processo de integração econômica. Em igual sentido, mesmo a violenta guerra civil genocida que atingiu Ruanda, Burundi e o Zaire prenunciava alterações geopolíticas fundamentais para o futuro ressurgimento da África no cenário mundial.

Crise econômica, "pacificações" e democratização

Na segunda metade dos anos de 1980 as consequências dos conflitos africanos, da nova Guerra Fria e da reestruturação da economia mundial continuavam a agravar a situação do continente. A União Soviética e os regimes revolucionários africanos, seus aliados, encontravam-se numa posição cada vez mais difícil. Assim, quando o reformista Gorbachov chegou ao poder em 1985, procurou buscar um entendimento com os Estados Unidos como forma de aliviar as tensões diplomáticas e deter a corrida armamentista e a corrosão econômica da própria URSS.

Contudo, é necessário destacar que o problema maior, apesar do impasse militar vigente nos conflitos regionais, encontrava-se, sobretudo, na posição estratégica da URSS. Se a Etiópia era incapaz de derrotar as guerrilhas eritrinas e outras, estas também não tinham condições de derrubar o regime, tal como ocorria em Angola, em Moçambique, na Nicarágua, no Kampuchea (Camboja) e no Afeganistão. Num primeiro momento, os Estados Unidos rejeitaram as propostas de negociação soviéticas. Contudo, com a explosão da nave Challenger, em fins de 1986 (que inviabilizou o Projeto Guerra nas Estrelas em médio prazo), e as crescentes dificuldades financeiras e econômicas dos próprios Estados Unidos (consubstanciadas na crise das bolsas de valores em outubro de 1987), Reagan foi obrigado a negociar.

Em troca da redução da corrida armamentista e da retomada do processo de desarmamento nuclear, a URSS passou, em fins de 1987, a pressionar seus aliados regionais a buscar uma acomodação política, enquanto iniciava a redução da ajuda militar e econômica a estes. Esta inflexão, entretanto, encontrou resistência por parte dos aliados africanos e de Cuba. No Chifre da África, o regime etíope ficou na defensiva, mas permaneceu intransigente. Porém Moscou, à medida que cedia a Washington, mais perdia em capacidade de negociação, a tal ponto que, no final da década, participou apenas no âmbito multilateral na resolução de conflitos envolvendo seus próprios aliados.

Já na África do Sul a situação foi mais complexa. Em 1988 as tropas cubano-angolanas derrotaram de forma esmagadora forças regulares sul-africanas e da Unita em Cuito-Cuinavale, no sul de Angola, e a aviação cubana atacou a represa que fornecia energia para o norte da Namíbia. Ficava patente para a própria África do Sul, extremamente desgastada pela guerra, que chegara a hora de negociar. Os americanos propunham o princípio do *Linkage* – a retirada cubana em troca da independência da Namíbia, que Pretória acabou aceitando, ainda que procurando ganhar tempo.

Em 1989 os cubanos se retiraram de Angola (e do resto da África), no mesmo ano em que o Muro de Berlim era aberto, iniciando-se o difícil processo eleitoral na Namíbia, sob os auspícios da ONU. Depois de se estabelecerem prerrogativas especiais para a minoria branca e para o capital internacional, ocorreram eleições, que foram vencidas pela Swapo. Em março de 1990 a Namíbia tornou-se independente. Ao mesmo tempo os ventos democratizantes, associados ao reordenamento mundial, varriam a África. Regimes de partido único eram substituídos, frente a pressões internas e externas, por sistemas liberal-democráticos multipartidários; Estados em guerra civil como Angola (maio de 1991) e Moçambique (outubro de 1992) assinavam acordos de paz e os demais regimes marxistas eram derrubados, como na Etiópia, em maio de 1991. A própria África do Sul anunciou, em fevereiro do mesmo ano, o fim do *Apartheid*, após a libertação do líder negro Nelson Mandela no ano anterior.

O liberalismo econômico era acompanhado pelo liberalismo político. A renegociação dos acordos econômicos, como a renovação da Convenção de Lomé, os empréstimos do FMI e os programas de ajuda estavam condicionados às reformas democratizantes, respeito à oposição e à realização de eleições livres multipartidárias. Governos socialistas derrotados militarmente, ou impossibilitados de receber ajuda externa, foram substituídos (Etiópia) ou se adaptaram às novas regras (Angola e Moçambique), geralmente se aliando à Washington. Regimes autoritários pró-ocidentais também foram pressionados a promover mudanças democráticas, muito mais por pressão norte-americana e, de fato, vários foram derrotados nas urnas (Quênia), enquanto outros mantiveram o poder por manipulação eleitoral ou intimidação da oposição (Gâmbia, Zaire e Malauí).

Mas o mérito, se assim se pode dizer, de muitos ditadores era impedir a articulação de oposições fragmentadoras (Somália) e, com seu desaparecimento e a crise econômica, surgiram protestos ou distúrbios. Em alguns casos a oposição se revelou tão corrupta quanto os velhos ditadores, alguns dos quais retornaram ao poder pelo voto (Zâmbia e República Popular do Congo).

A adequação da África aos parâmetros da chamada Nova Ordem Mundial, contudo, não significava a solução dos problemas existentes. O fim da bipolaridade e do próprio conflito Leste-Oeste, agravado pelo desmembramento e desaparecimento da União Soviética, em fins de 1991, fez com que o continente africano perdesse grande parte de sua importância estratégia e capacidade de barganha, ao que se acrescentava a própria perda de importância econômica. A Guerra do Golfo, por sua vez, reforçara esta tendência.

O resultado foi uma maior *marginalização* da África no sistema internacional, bem como a *desestrategização e tribalização* dos conflitos e da política regional. Com armas menos modernas, financiamento das máfias e senhores da droga (cujo cultivo se expandia rapidamente em muitas regiões do continente), e intromissão de potências médias locais e externas, estes conflitos persistiram até como forma de sobrevivência de elites e populações nas áreas mais afetadas. Alguns acordos de paz, como os de Angola, não foram respeitados, com a persistência da guerra e a devastação de amplas regiões.

No Chifre da África tal evolução e suas contradições ficaram bastante evidentes. Pressionado por guerrilhas de base clânica, Siad Barre foi derrubado na Somália em fevereiro de 1991, sendo o território dividido entre quatorze senhores da guerra, que lutavam entre si, enquanto a fome se alastrava pelo país. Em maio do mesmo ano, Mengistu Haile Marian fugia da Etiópia, depois que as guerrilhas regionais do Tigre e da Eritreia unificaram suas forças e avançaram sobre a capital. Curiosamente, ambos os movimentos eram marxistas-leninistas de linha albanesa, e chegaram ao poder com o apoio dos Estados Unidos após se converterem ao liberalismo político e econômico. Em maio de 1993, por meio de um plebiscito, a Eritreia tornou-se independente, com dois regimes "irmãos" nos respectivos governos. Isto não impediu que em maio de 1998 ambos entrassem em guerra, apesar de serem igualmente aliados dos Estados Unidos.

Já a Somália, cujo governo central deixara de existir em 1991, foi palco de uma intervenção militar da ONU em setembro de 1992, majoritariamente integrada por norte-americanos, com fins proclamados de distribuir ajuda humanitária. As facções somalis, especialmente a liderada por Mohamed Aidid, ofereceram uma resistência inesperada, causando muitas baixas aos ocupantes que, em março de 1994, começaram a se retirar do país devido aos elevados custos da operação. Este país que, quinze anos antes havia tentado criar uma Grande Somália, agora estava fragmentado em quatorze regiões dominadas por clãs armados, que desencadearam um conflito "tribalizado". Por outro lado, o chefe de um desses bandos lograra forçar a retirada de uma grande potência, mostrando a perda de importância estratégica da região.

O Sudão, por sua vez, desde o golpe militar de 1989 tornou-se um Estado apoiado em leis islâmicas, praticamente proscrito da comunidade internacional pelos Estados Unidos e seus aliados regionais, prosseguindo até a passagem da década a luta contra os rebeldes negros cristianizados e animistas do sul, estes apoiados pelo Ocidente e seus aliados regionais.

A descoberta de petróleo no centro do país produziu as condições para uma bem-sucedida negociação entre o governo e os rebeldes. Porém, o comandante e o vice-comandante sulistas, logo após firmarem um acordo com o governo, foram assassinados, mas seus sucessores honraram o compromisso. Todavia, à medida que empresas chinesas, malaias e a estatal sudanesa iniciavam a exploração do petróleo, eclodiu um conflito na Província de Darfur, onde se descobrira urânio recentemente. A repressão gerou uma onda de refugiados que fez as potências pressionarem a ONU a promover mais uma "intervenção humanitária", o que foi vetado pela China.

O fim da Guerra Fria, que trouxe a pacificação de alguns conflitos da África Meridional, no Golfo da Guiné produziu algumas das guerras civis mais sangrentas da história do continente (Libéria e Serra Leoa). O conflito da região, que apanhou a opinião internacional desprevenida, tinha fundamentos sociais, culturais, políticos e econômicos semelhantes, e o fato de terem ocorrido simultaneamente não foi acidental. Como, geralmente, elas são conhecidas de forma caricatural, é necessário proceder a uma breve descrição dos eventos e identificar os atores (domésticos e estrangeiros) e os padrões intervenientes. Elas viriam a ter profundas consequências internacionais, embora as nações em questão fossem pequenas e de pouco valor estratégico. O padrão de solução dos conflitos e o discurso estruturado em torno de um novo enfoque do direito internacional tiveram um impacto importante.

A marginalização: conflitos, epidemias e pobreza

A globalização e o fim da Guerra Fria desarticularam interna e externamente a política africana, gerando conflitos "desestrategizados" em meio ao alastramento da pobreza, da megaurbanização caótica e do ressurgimento de doenças epidêmicas como o cólera. O HIV/Aids fez avanços notáveis, especialmente na África Austral e Centro-oriental, o cólera ressurgiu com força e novas epidemias letais, como a do vírus Ébola, surgiram na África Central em meio à deterioração das condições sociais e sanitárias.

Tudo isso era acompanhado pelo colapso econômico, pois a África deixou de ser interessante para a Nova Economia e sua Revolução Tecno-científica. O colapso dos pequenos Estados da África Ocidental e do Golfo da Guiné gerou o fenômeno das guerras de milícias, com seus "diamantes de sangue". As guerras predatórias, conflitos pela sobrevivência, somaram-se à expansão do cultivo de drogas e à formação de redes locais e mundiais de traficantes. O afro-pessimismo deixou de ser a perspectiva de uma parte da opinião para se converter em conceito quase universal.

No norte da África o fundamentalismo islâmico fez avanços significativos, com atentados no Egito, Líbia, Marrocos e, principalmente, na Argélia. Nesse país, desde 1991, a Frente Islâmica de Salvação (FIS) tornou-se um partido influente e, face à sua vitória no primeiro turno das eleições em 1992, o processo foi suspenso e implantada a lei marcial, regida pelos militares. Iniciou-se então uma guerra civil esporádica, com grande número de atentados e massacres de civis.

Contudo, é preciso ter em conta que muitos desses atos eram cometidos pelas forças governamentais com o objetivo de atemorizar a população, atribuindo a culpa à FIS e a outras organizações fundamentalistas, como constatou uma missão parlamentar da União Europeia em 1998. Por outro lado, há indícios de que os Estados Unidos mantinham certos contatos com as oposições islâmicas, enquanto a França apoiava o regime, o que, muito provavelmente, encontra sentido na disputa pelo petróleo e pela influência estratégica na região entre Washington e Paris. É necessário lembrar que em 1989 foi lançada a iniciativa da União do Magreb árabe, um processo integrativo entre os países da região, o qual previa vínculos associativos com a União Europeia.

A instabilidade no continente também afetou os Estados do Golfo da Guiné. O mais importante país da região, a Nigéria, viveu, ao longo dos anos de 1990, uma turbulência política interna permanente com a oscilação entre avanços eleitorais da oposição e novos golpes militares. Além disso, as guerras civis alastraram-se pela região – Senegal (região de Casamance), Libéria, Serra Leoa e a longa guerra dos Estados do Sahel (Mali, Níger, Mauritânia e a própria Argélia) contra os nômades tuaregues do deserto.

Embora a OUA tenha criado forças de paz para barrar os conflitos da Libéria e Serra Leoa, tardou a debelar estes conflitos. Nestes, a fratura principal ocorre entre os nativos do interior e os descendentes ocidentalizados de ex-escravos das Américas, que retornaram à África no século XIX, e habitam o litoral. Acrescente-se a isso que, após uma breve redemocratização, muitos regimes autoritários estão voltando ao poder na África, ou pelo menos antigos ditadores vencem eleições ou reassumem na esteira de conflitos internos, geralmente com apoio popular.

Além disso, há guerras civis, bolsões e ciclos de fome, destruição ambiental e narcotráfico, e o continente foi cenário de acontecimentos ligados à grande política mundial. Em julho de 1998 ocorreram atentados terroristas simultâneos nas embaixadas norte-americanas do Quênia e da Tanzânia, com um saldo de 250 mortos e cinco mil feridos. O atentado teria sido articulado pela rede Al Qaeda, o que levou o Presidente Clinton a atacar com mísseis os campos de treinamento da mesma no Afeganistão.

População africana e conflitos pós-1990

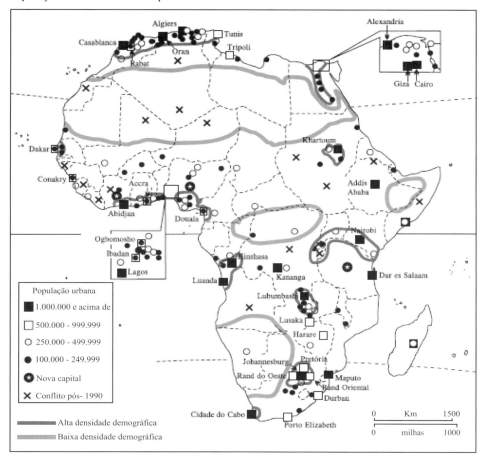

O fim do *Apartheid*: de Mandela a Mbeki, de Mbeki a Zuma

Apesar dos problemas que marcaram a África com o fim da Guerra Fria e a globalização, existem alguns processos positivos que sinalizam sua reafirmação na cena internacional. É o caso da África Austral, outra região considerada importante no contexto da globalização devido a suas reservas minerais e sua relevante posição geopolítica. Tanto aqui como no Oriente Médio, os conflitos regionais conduziam à radicalização social, à instabilidade diplomática e aos excessivos gastos em defesa e segurança, os quais foram consumindo as riquezas locais, obrigando o Ocidente a auxiliá-las economicamente.

O *Apartheid* começou a ser desativado pelo Presidente Frederik De Klerk, num tortuoso processo que iniciou com a libertação de Nelson Mandela e culminou com sua eleição à presidência do país em 1994. Este caminho foi difícil, com inúmeros conflitos internos, como a mobilização do grupo zulu Inkhata (aliado do regime racista) contra os militantes do Congresso Nacional africano, com a finalidade de desestabilizar o processo e intimidar seus militantes. Complicadas negociações antecederam a realização de eleições, envolvendo a garantia da prosperidade da elite branca, a reintegração dos territórios dos bantostões e a redivisão das províncias sul-africanas.

Da mesma forma, foi pactuado que o parlamento elegeria o presidente e que para mudar a constituição seriam necessários três quartos do votos parlamentares. Assim, a grande disputa é sempre impedir que o CNA (que governa em coalizão com o Partido Comunista da África do Sul) atinja o patamar de 67%, como forma de manter os privilégios negociados de "direito das minorias" (leia-se, o privilégio socioeconômico da elite branca). A política econômica liberal se encontra, igualmente, blindada e arduamente defendida pela federação empresarial e pelos organismos financeiros internacionais.

De qualquer forma os negros puderam votar e, principalmente, loco-mover-se livremente pelo país, geralmente em busca de empregos e melhores condições de vida. Por esta razão surgiram enormes favelas junto às grandes cidades, mostrando uma pobreza que estava oculta em regiões afastadas onde as "comunidades tribais" eram obrigadas a permanecer. Mas houve melhorias, apesar do alto índice de desemprego, pois o acesso à saúde, à educação, à eletricidade e, gradativamente, à moradia está sendo conquistado. Contudo, inegavelmente, há frustração pela falta de emprego, desigualdade social (agora há termo de comparação) e o resultado é o aumento da criminalidade, especialmente juvenil.

O país também recebe muitos imigrantes das regiões mais pobres da África, o que complica a situação e cria "bodes expiatórios" para os descontentes e forças políticas que buscam a instabilidade. Há um processo de *Black empowerment*, um programa governamental destinado a aumentar a presença dos negros nos negócios e na administração. Mas o que isto gerou até agora foi a formação de uma pequena elite negra, claramente cooptada pelo modo de vida dos antigos senhores, como o rico cinema sul-africano tem mostrado.

Embora a situação interna sul-africana seja complicada, especialmente quanto aos problemas sociais que afetam a maioria negra, começa a esboçar-se uma área de integração na África Austral em torno da "nova" África do Sul. O processo de paz traz implícita a integração econômica da região, permitindo virtualmente uma maior estabilidade social e diplomática, bem como uma inserção internacional menos onerosa desta área no movimento de globalização econômica em curso.

Paralelamente, a nova diplomacia sul-africana abriu possibilidades de mudança na política regional, pois a África do Sul ingressou na OUA e no Movimento dos Não Alinhados, cortou relações com Taiwan e as estabeleceu com a República Popular da China, e tem buscado romper o isolamento estabelecido pelos Estados Unidos em relação à Líbia, Nigéria, Sudão e Cuba. Além disso, o estabelecimento em 1993, por iniciativa brasileira, da Zona de Paz e Cooperação do Atlântico Sul cria possibilidades de cooperação sistemática entre a África Austral e os países do Mercosul, recriando certa margem de manobra internacional.

A África do Sul pós-*Apartheid* também tem promovido ativamente a integração econômica no continente africano. A SADCC, Coordenação da Cooperação para o Desenvolvimento da África Austral, foi transformada em 1992 em Comunidade para o Desenvolvimento da África Austral (Sadc), com atribuições mais concretas e adesão de novos países, dinamizados pela entrada da África do Sul[1]. Em setembro de 2001 a organização, que promove uma ativa integração na região, aprovou a criação de uma área de livre-comércio entre os países-membros para a década seguinte.

A Organização da Unidade Africana, por sua vez, foi transformada em União Africana em julho de 2002 durante a reunião de Durban. O apoio sul-africano e os recursos prometidos pelo líder líbio Kadafi (que já não está mais sob embargo internacional) foram decisivos para a ampliação dos objetivos da organização e a criação de condições para uma cooperação mais íntima entre os países do continente e para uma verdadeira integração. O Presidente Mbeki, sucessor de Mandela, e a Nepad – Nova Parceria Econômica para o Desenvolvimento Africano – também contribuíram para que algumas eleições transcorressem com tranquilidade, como a do Quênia e a de Madagascar, vencidas pela oposição, esta última apoiada pelos Estados Unidos.

Mas a África também passou a integrar os grandes temas e problemas mundiais. Epidemias devastadoras, como o vírus Ébola e o HIV/Aids, não apenas causam danos presentes como comprometem o futuro, pois os infectados pelo último chegam a atingir 50% em Botsuana e 25% na África do Sul. Ao

---

1. São membros África do Sul, Lesoto, Suazilândia, Botsuana, Namíbia (estes países integram também a Sacu, União Aduaneira da África Austral, fundada em 1910), Moçambique, Zimbábue, Malauí, Tanzânia, Maurício, Seichelles, Zâmbia, Angola e República Democrática do Congo.

lado de problemas no campo da saúde, existe uma dimensão social e econômica que se tornará mais aguda com o passar do tempo.

Ao mesmo tempo, graças ao grande protagonismo diplomático da África do Sul, o continente passou a sediar importantes Conferências Internacionais da ONU. Nesse país teve lugar, em setembro de 2001, a III Conferência da ONU contra o Racismo, a Discriminação Racial, a Xenofobia e a Intolerância Correlata, da qual os delegados dos Estados Unidos e Israel se retiraram, como forma de boicotar o debate sobre a questão palestina. Em setembro de 2002 foi realizada em Joanesburgo a chamada Cúpula da Terra (Rio + 10) sobre o meio ambiente e o desenvolvimento sustentável. Dessa vez os Estados Unidos e os países da Opep bloquearam o estabelecimento de metas para a energia renovável, enquanto o Brasil e a União Europeia buscavam um percentual comum.

Na África do Sul o CNA se manteve no poder com Thabo Mbeki, que governou por dois mandatos (1999-2008). Embora a economia sul-africana seja moderna e possua uma boa base industrial, está, evidentemente, muito atrás de países como China, Índia, Rússia e Brasil. Contudo, o país é o mais desenvolvido da África e está no centro de redes de transporte e de toda a infraestrutura herdada do colonialismo. Em sua área de inserção imediata, o poder econômico e militar de que dispõe é bastante significativo (como o Brasil em relação à América do Sul).

Daí sua posição privilegiada para ser o polo integrador da região, tendo se associado ao bloco da Sadc e dado novo vigor ao mesmo. Por outro lado, as relações com a Ásia e o Mercosul, bem como sua projeção em direção ao centro do continente africano, qualificaram a África do Sul a também reivindicar um assento permanente no Conselho de Segurança da ONU, sendo apoiada pelos quatro países anteriormente referidos. O significado político de seu governo, a contribuição para a pacificação da África Austral, e a participação ativa na diplomacia e no desenvolvimento do continente nos marcos da OUA/UA qualificaram o país como líder da África Negra.

No plano global, Pretória tem atuado de forma destacada em favor do sistema das Nações Unidas, do multilateralismo, da paz, do desenvolvimento e da multipolaridade. Mandela defendeu o direito de Cuba e da Líbia à autodeterminação, e Mbeki, sempre com o apoio moral de Mandela, foi um crítico da invasão do Iraque pelos Estados Unidos sem autorização da ONU. Como integrante do G-3, ou Ibas (Fórum de Diálogo Índia, Brasil e África do Sul), juntamente com Índia e Brasil, o país tem sido um grande protagonista da política internacional, gozando de enorme influência. Militarmente, o país herdou da

África do Sul "branca" um sistema moderno e poderoso, mas teve de renunciar ao projeto nuclear. Além disso, o país detém uma posição geopolítica estratégica, uma economia com grandes potenciais e um capital político-diplomático precioso, representando a liderança necessária ao desenvolvimento africano.

Em 2008 o descontentamento social produziu uma disputa dentro do bloco governante, com o Partido Comunista, a Cosatu (Central Sindical Sul-africana) e a ala esquerda do CNA defendendo a candidatura de Jacob Zuma à liderança do partido. Zuma venceu, gerando uma crise que o colocou em choque com o Presidente Mbeki (defendido pela comunidade empresarial), que foi destituído da presidência do país. Enquanto isso o ministro da Economia criava um partido moderado dissidente, como forma de impedir que o CNA obtivesse maioria nas eleições legislativas. Mas Zuma venceu e assumiu a presidência em 2009, com um programa social e investimentos em infraestrutura para a preparação da copa mundial de futebol de 2010. No plano internacional, passou a haver maior entrosamento com os vizinhos e uma diplomacia mais autônoma.

O processo de Paz em Moçambique e Angola

Avanços semelhantes aos da África do Sul e da Namíbia também ocorreram em Moçambique e Angola por conta de processos de paz. Em 1990 os cooperantes soviéticos, alemães orientais e cubanos se retiraram do país, e milhares de estudantes e trabalhadores que se encontravam no Leste Europeu retornaram, causando um grave problema social. Assim, em 1992 foi assinado um acordo de paz entre a Frelimo e a Renamo e estabelecido o multipartidarismo. Em 1994 ocorreram eleições, que reelegeram Joaquim Chissano pela Frelimo, um resultado reconhecido pela oposição. Teve início a reconstrução do país a partir de um modelo econômico de mercado.

Em 1999 Chissano foi reeleito e, posteriormente, ele conseguiu fazer seu sucessor. Moçambique tem contado com apoio europeu e, mais recentemente, chinês. A China retornou ao país em meados dos anos de 1990, oferecendo a construção de prédios para que pudesse ocorrer a Cúpula da OUA, que Chissano desejava presidir. Jazidas de gás foram encontradas em Nhambane, sendo construído um gasoduto em direção à capital. O turismo também tem sido incrementado.

Em Angola, todavia, as dificuldades foram maiores. Embora a retirada dos cubanos em 1989 tenha sido seguida pela independência da Namíbia, o que garantiu o desengajamento (ao menos formal) da África do Sul, o *lobby* pró-Savimbi era forte nos Estados Unidos, na Europa e em várias capitais africanas. Embora ele tenha firmado uma trégua em Gbadolite (Zaire) perante vinte líderes estrangeiros, logo os combates foram reiniciados, mas um ano depois ele reconheceu o governo de José Eduardo dos Santos. Em 1991 o governo introduziu um sistema multipartidário e liberalizou a economia, fazendo uma inflexão em direção aos Estados Unidos. Em maio foi firmado o Acordo de Paz em Estoril, Portugal, sendo incorporada a guerrilha nas forças armadas nacionais, as quais foram reduzidas.

Em sequência foram realizadas eleições em 1992, com a vitória de dos Santos, a qual não foi reconhecida por Savimbi. No mesmo dia as forças guerrilheiras da Unita, que se mantiveram, clandestinas e, dissimuladamente, conservaram suas armas, reiniciaram a guerra civil em Luanda e no interior. O governo havia desmobilizado seus melhores soldados e quase foi vencido, não fosse a resistência de milícias populares. Savimbi controlou grande parte do interior, onde se encontravam as jazidas de diamantes, enquanto o governo se financiava com os poços de petróleo no litoral. Vários acordos foram tentados, mas a luta continuava, com Savimbi ocupando mais da metade do país. Todavia, alguns setores da Unita viriam a aceitar uma anistia do governo e se transformaram em partido, sendo cooptados para alguns cargos governamentais.

Com a ascensão de Nelson Mandela em 1994 e a queda de Mobutu em 1997, o grupo de Jonas Savimbi começou a perder força, mas a rendição somente ocorreu com sua morte em combate em fevereiro de 2002. Encerrava-se, dessa forma, uma das mais longas guerras civis da história contemporânea (1961-2002), mas havia, assim como em Moçambique, milhões de refugiados e de minas terrestres dispersas e não detonadas, e milhares de mutilados, além da infraestrutura estar completamente destruída. Somente a chegada dos investimentos chineses teria um impacto decisivo para a economia angolana.

O conflito e o genocídio da Região dos Lagos

Outro processo dramático, mas que representa uma renovação e desentrave da política africana, foi a guerra civil de mútuo extermínio em Ruanda e Burundi. Este conflito foi mostrado pela mídia como uma decorrência do "tribalismo tradicional", mas, na realidade, resultou da deformação e reapropriação moderna de determinadas fraturas sociais da região. Os agricultores hutus formam quase 84% da população, enquanto os pastores tutsi, que chegaram mais tarde à região e constituíram uma aristocracia feudal, representam 14%.

Durante a ocupação alemã e belga nessas duas colônias, os tutsis foram cooptados como elite no poder. Após a independência o regime neocolonial de Ruanda passou a ser dominado pelos hutus e aliou-se incondicionalmente à França e ao Zaire. A hegemonia hutu, marcada por forte corrupção e exclusão estrutural dos adversários, começou a ser questionada no início da década. Refugiados tutsi, exilados há anos em Uganda, organizaram um pequeno exército (a Frente Patriótica Ruandesa – FPR), que penetrou no norte de Ruanda em outubro de 1990, sendo expulsos um mês depois pelo exército. Sentindo-se desgastado e ameaçado internamente, o governo massacrou tutsis em 1991 e 1992 como meio de fomentar uma divisão étnica, com vistas a permanecer no poder.

Apesar da assinatura dos Acordos de Arusha entre o governo e a oposição, a guerra civil foi reiniciada, com os rebeldes consolidando seu controle no norte e massacrando populações hutus. Frente ao impasse reinante no campo de batalha, no verão de 1993 foi estabelecido um governo de coalizão. Mas a paz estabelecida era frágil, e bastou que um hutu vencesse as eleições na vizinha Burundi para levar os tutsis deste país a reagir. Em Ruanda, então, os extremistas hutus, ligados ao ex-presidente, aproveitaram-se da situação para atacar os tutsis e os hutus moderados.

A crise se agravou com a morte dos presidentes dos dois países, quando foi derrubado sobre Ruanda o avião que os transportava para uma reunião, destinada a resolver a crise. A partir daí a guerra civil acirrou-se, e a FPR conquistou Kigali, a capital de Ruanda. Em 1994 teve início então um gigantesco massacre de tutsis, que fez entre 500 e 800 mil mortos, e produziu um êxodo de 4 milhões de refugiados (numa população de 7,8 milhões), a maioria em direção aos países vizinhos, principalmente o fragilizado Zaire, que junto com a França era aliado do antigo governo. Os Estados Unidos imediatamente reconheceram o novo governo da FPR, que era também aliado de Uganda e Tanzânia.

A queda de Mobutu e a guerra civil do Zaire/República Democrática do Congo

O problema dos refugiados gerou tensões no Zaire, país que já enfrentava graves problemas internos, depois de malogradas tentativas de democratização. Em 1996 formou-se na Região dos Lagos, no leste, a Aliança das Forças Democráticas para a Libertação do Congo-Zaire, uma milícia composta principalmente por tutsis do Zaire. A Aliança era liderada por Laurent Kabila, um negociante de ouro e marfim, associado a meios empresariais norte-americanos, e que fora partidário de Lumumba no início dos anos de 1960. Em menos de quatro meses, os rebeldes avançaram pelas províncias ricas do país até a capital, Kinshasa, sendo absorvidos por um vácuo praticamente sem encontrar resistência.

Obviamente o Zaire de Mobutu era um gigante de pés de barro em desagregação, mas isto não era um fenômeno recente. Ele teria sobrevivido mais tempo, não fossem certos fatores externos. Os conflitos da Região dos Lagos instauraram uma nova política de alianças e correlação de forças na região, e as forças de Kabila puderam receber apoio material e político dos governos de Ruanda e Uganda, e quando atingiram o sul do Zaire, também de Angola (que aproveitou a oportunidade para vingar-se de Mobutu e enfraquecer a Unita). Forças regulares, unidades blindadas e aéreas destes países apoiaram diretamente os rebeldes nas operações militares.

Durante o avanço rebelde, enquanto parte da mídia destacava o passado "marxista-leninista" de Kabila, Mobutu esperava receber apoio externo francês e belga, como em outras ocasiões. Mas como este apoio só chegou em escala simbólica e, sem a esperada intervenção dos antigos protetores, seu exército e regime entraram em colapso, com os rebeldes assumindo o poder em maio de 1997. Além disso, a atitude norte-americana foi radicalmente diferente de ocasiões anteriores, quando a ordem neocolonial estivera ameaçada, e a intervenção franco-belga fora sempre bem-vinda. Mais do que considerar a atitude de Washington parte de uma questão localizada, é preciso refletir sobre a grande estratégia da Casa Branca para a África, no quadro da competição com a União Europeia e do reordenamento mundial.

Durante a Guerra Fria a África fora uma área de influência predominantemente europeia, com a França exercendo o papel de gendarme. Com a solução negociada dos conflitos regionais na passagem dos anos de 1980 aos de 1990, ironicamente os antigos Estados marxistas africanos, anteriormente aliados da URSS e inimigos da França, voltaram-se para os Estados Unidos, que abriram um espaço de influência direta no continente. Esta atitude revelava a profundidade das rivalidades regionais entre os regimes marxistas e os pró-franceses. Apesar do fracasso na Somália, Washington passou a exercer influência direta sobre a Etiópia, Eritreia, Uganda, Angola e Moçambique, além da presença prévia no Quênia. Como resultado do conflito tutsis *versus* hutus, essa projeção estendeu-se a Ruanda, Burundi e ao leste do Zaire, em detrimento da influência francesa.

A reação da diplomacia neogaullista de Chirac às pressões americanas sobre a Europa e sua área de influência são, neste sentido, sintomáticas. Embora no início da década os Estados Unidos não estivessem predispostos a criar uma zona de influência na África (exceto na África do Sul), parecem ter decidido cortar, posteriormente, a área de projeção europeia como forma de exercer pressão adicional sobre o velho continente e abrir espaço para as companhias americanas.

Nesse sentido, as medidas do novo governo da República Democrática do Congo (a nova denominação do Zaire) foram reveladoras – o inglês tornou-se também língua oficial e os contratos com as companhias mineradoras foram revistos, cancelando-se várias concessões a empresas europeias e transferindo-as a norte-americanas. Na mesma direção, o regime islâmico-militar sudanês, aliado de Paris, encontrava-se sob brutal pressão por parte de Washington. Para completar o quadro, em janeiro de 1994 o franco CFA, a moeda contábil utilizada nas transações com a África, teve de ser fortemente desvalorizado. Isto significou o fim da proteção francesa e o abandono das ajudas emergenciais aos países africanos rompidos com o FMI e com o Banco Mundial, que propiciavam a estes certa margem de manobra.

Seu governo, no entanto, não obteve o êxito esperado, e logo passou a ser criticado por organizações de direitos humanos e antigos aliados, como os banyamulenge, que se julgavam negligenciados no processo de reconstrução do país. Kabila, por outro lado, considerava exagerada a influência externa no governo congolês, e argumentava que muitos estavam lá somente para espoliá-los. Assim, depois de agradecer pelo apoio oferecido anteriormente, destituiu todos os tutsis do governo e expulsou as tropas ruandesas e ugandenses que ainda restavam neste território.

Os ruandeses não aceitaram a atitude de Kabila e instigaram a população de banyamulenge a atacar o governo central, iniciando a Segunda Guerra do Congo. Nesse momento, Ruanda invadiu novamente o Congo, supostamente para proteger a etnia tutsi ali refugiada. Obviamente, o ataque também foi motivado por questões econômicas, uma vez que o solo da RDC (especialmente o leste) é rico em recursos minerais, especialmente o coltan, que é empregado em aparelhos celulares. Mais uma vez, Uganda esteve ao lado de Ruanda e também investiu contra o território congolês. Em um primeiro momento, as forças invasoras obtiveram um sucesso considerável, chegando a dominar um terço do território congolês.

Quando parecia que o governo de Laurent Kabila não resistiria, entretanto, os grupos rebeldes hutus, sobretudo a FDLR (Forces Démocratiques de Libération du Ruanda) em Kivu, passaram a ser apoiados pelo ex-guerrilheiro, que estava ciente das dificuldades de montar um exército convencional para lutar contra os inimigos. Ficou evidente, portanto, a grave deficiência institucional desses Estados, que se viam na contingência de ter de se apoiar em guerrilheiros por não disporem de recursos suficientes para mobilizar um exército regular.

Kabila conseguiu apoio internacional para a luta contra os invasores após o pedido formal de ajuda à Sadc, pois foram enviados contingentes de Angola, Zimbábue – que acabaram participando mais ativamente –, mas também da Namíbia, do Tchad, da Líbia e do Sudão. Mesmo assim, a RCD (Rassemblement Congolais Pour La Démocratie), que era o mais importante grupo banyamulenge, manteve o controle de uma região e os combates, levando o sangrento conflito a um impasse. Em 1999, a despeito da intensidade do confronto, foi assinada por Congo, Namíbia, Zâmbia, Zimbábue, Uganda e Ruanda uma trégua em Lusaka, resultado de um esforço diplomático, mas que não contou com a presença da RCD. Um ano depois a ONU autorizou uma missão de paz para supervisionar o cessar-fogo, nomeada Monuc (Mission de l'Organization des Nations Unies en République Démocratique du Congo).

O evento mais marcante, contudo, foi o assassinato de Laurent Kabila em 2001, que foi sucedido por seu filho, Joseph Kabila. O novo presidente possuía maior habilidade política que o pai, sabendo conseguir aliados, e o ímpeto dos grupos rebeldes arrefeceu, pois se acreditava que a paz seria possível. Além disso, fraturas internas no RCD e críticas dos banyamulenge fizeram com que as forças contrárias ao governo de Kinshasa fossem fragilizadas. No ano de 2002 foi firmado o Acordo de Sun City, quando ficaram estabelecidas as bases de um Estado congolês democrático e multipartidário.

Um dos pontos mais importantes foi a desmilitarização das Interahamwe, o que foi do agrado da etnia tutsi. Poucos meses depois, em Luanda, outra resolução foi definida, e Uganda retirou-se do Congo. Isolada no conflito e já enfrentando desconfiança por parte dos banyamulenge, Ruanda também desistiu da guerra, deixando de reivindicar a ajuda daqueles que estavam lutando ao seu lado. Nesse momento teve um fim a Segunda Guerra do Congo, que é igualmente conhecida como a Guerra Mundial Africana, evento mais dramático desde o final da Segunda Guerra Mundial, com mais de cinco milhões de mortos.

Chifre da África no pós-Guerra Fria

Em 1989, no Sudão, ocorreu um golpe de Estado perpetrado pelo General Omar al-Bashir, que adota um discurso islamita, e se intensifica a campanha contra os rebeldes da região sul do país, que duraria até 1994. O Exército Popular de Libertação do Sudão (EPLS) contava com apoio ocidental e buscava apresentar a guerra civil como uma reação à islamização. Trata-se de um argumento tendencioso e simplificador, pois, por exemplo, ocorreu uma aliança entre o EPLS e a própria oposição muçulmana a Al-Bashir no norte, formando a Aliança Nacional Democrática, em 1995.

Na Somália, em 1991, grupos rebeldes apoiados pela Etiópia derrubam o governo de Siad Barre, e, sem ter sucesso em manter a unidade nacional, precipitam a guerra civil somali, com o país se dividindo em quatorze regiões de domínio de clãs, com alianças diversas. Ainda em 1991 a região equivalente à antiga Somalilândia britânica se declarou independente do resto da Somália, não obtento reconhecimento internacional, enquanto no resto do país o cenário se deteriorou, com ausência de um governo central, violência generalizada e seca intensa, levando a uma possível catástrofe humanitária. Neste contexto, o Conselho de Segurança da ONU rapidamente estabelece a Unosom (Operação das Nações Unidas na Somália), com o objetivo de auxiliar a distribuição de apoio humanitário e, fundamentalmente, restabelecer a ordem no país, estabilizando a sociedade civil.

Entretanto, conciliar as diferentes facções somalis provou-se difícil com confrontos ocorrendo entre as forças da ONU e as facções regionais. Consequentemente, no final de 1992, o Conselho de Segurança aceitou a oferta dos Estados Unidos de liderar uma força-tarefa, a Força-tarefa Unificada (Unitaf), para criar um ambiente seguro para o fornecimento de ajuda humanitária através de todos os meios possíveis, com forte presença de tropas internacionais e um esforço de reconciliação nacional, com um resultado considerado positivo, mas ainda insuficiente. As tropas americanas sofreram baixas e foram humilhadas pelos guerrilheiros, retirando-se do país.

Em março de 1993 foi estabelecida pelo Conselho de Segurança a Unosom II, que deveria dar continuidade à tarefa iniciada pela Unitaf, com a transição da Unitaf para a Unosom II sendo completada em maio. Apesar de atingir considerável sucesso na distribuição de ajuda humanitária, evitando milhares de mortes por fome, não houve sucesso similar no âmbito político e de segurança, com resistência das diversas facções contra as forças da ONU, difusão da violência e impasse na formação de um governo nacional. Diante de tais dificuldades a Unosom II abandona o território da Somália em 1995.

Na Etiópia, em 1989, a aliança de diversos grupos rebeldes (da Província do Tigre e da Eritreia, grupos de extrema-esquerda) dá origem à Frente Democrática Revolucionária do Povo Etíope (FDRPE), que avança para a capital e, em 1991, derruba o regime do Derg e forma o Governo Transitório da Etiópia. Antes de tomar a capital os rebeldes necessitaram da aprovação norte-americana, e, para tanto, foram convertidos ao liberalismo político e econômico.

Devido à aliança entre algumas das facções que constituem a FDRPE e grupos independentistas da Eritreia, garante-se a independência desta, e em 1993 realiza-se um referendo que reconhece a legitimidade desta independência. Segue-se um processo de fortalecimento interno em ambos os países, com a Eritreia tentando ampliar sua infraestrutura, mantendo seu exército mobilizado e tornando-se crescentemente autoritária, enquanto na Etiópia o FDRPE consolida sua posição de liderança, com a realização de eleições legislativas em 1995, que deu ampla vitória à FDRPE.

No Sudão, em 2003, tem início o conflito em Darfur, com enfrentamentos entre o Movimento de Liberação do Sudão e o Movimento Justiça e Igualdade, este último um grupo de alinhamento islamita oposto ao governo de Khartum. O conflito em Darfur acabou por envolver também soldados do Tchad. Ao lado da velha negligência do poder central em relação a uma região periférica, estão presentes fatores como os projetos de desenvolvimento agrícola (muitos de agências internacionais), que perturbaram a relação harmônica e simbiótica entre povos sedentários e de pastores (questão do direito de passagem dos rebanhos).

Também foram descobertas jazidas de urânio na região, mobilizando os interesses das grandes potências ocidentais, as quais detestam a política autonomista de Bashir. Ao mesmo tempo em que a situação em Darfur se agravava, encaminhava-se uma solução para o conflito Norte-Sul com a assinatura do Tratado de Naivasha, em 2005, pelo governo do Sudão e o Movimento Popular de Libertação do Sudão (ou Exército Popular de Libertação do Sudão), estabelecendo, entre outras coisas, a data de um referendo em relação à possibilidade de independência do Sul (em 2011). Ainda em 2005 foi estabelecida a Missão das Nações Unidas no Sudão (Unmis), cujo propósito principal era apoiar a implementação do Tratado de Naivasha.

Em 2006, como resultado dos esforços da União Africana para uma solução do conflito de Darfur, o governo assinou o Acordo de Paz de Darfur (APD), mas somente uma facção de Darfur participou do processo de paz, gerando dúvidas sobre sua viabilidade. No mesmo ano o Conselho de Segurança votou a expansão da Unmis para a implementação e viabilização do processo de paz do APD. Contudo, Khartum se opôs a uma força de paz em Darfur composta exclusivamente por pessoal das Nações Unidas, resultando, após negociações e pressão internacional considerável, na formação da Operação Híbrida das Nações Unidas – União Africana em Darfur (Unamid). Assim, a Unmis continua apoiando a implementação do Tratado de Naivasha, enquanto a Unamid busca criar um ambiente onde o processo de paz seja sustentável em Darfur, visando proteger a população civil.

O indiciamento do Presidente Bashir pelo Tribunal Penal Internacional, responsabilizando-o pela ação das milícias *janjaweed*, parece ter como objetivo promover mais uma "Revolução Colorida" que o afastaria, deixando no poder o vice-presidente, que é um rebelde do sul. Caso o regime resista, a estratégia será, muito provavelmente, nova tentativa de dividir o irredutível Sudão quando se realizar o plebiscito no sul. Outro problema é que o Sudão já iniciou a exploração de suas grandes jazidas de petróleo, e como há um embargo internacional, praticamente apenas empresas asiáticas (sobretudo da China) participam da prospecção. A aliança China-Sudão, sem dúvida, representa um obstáculo para a diplomacia ocidental na região. E, pior ainda, esse modelo começa a fazer escola por todo o continente africano.

Na Somália, após a retirada da Unosom II, seguiu-se um longo período de conflitos entre as diferentes facções, resultando na consolidação de algumas regiões no norte. Todavia, no sul e na capital, Mogadíscio, houve um longo período de disputas entre senhores da guerra, e entre eles e grupos islâmicos pró-Al Qaeda. No litoral os antigos milicianos e a população descobriram um novo modo de ganhar a vida: a proliferação de grupos piratas. Isso não apenas criou um problema de segurança para o transporte marítimo (inclusive petrolífero) na região, como acabou com a prática de algumas empresas de países industrializados de jogar lixo tóxico nas desguarnecidas praias da Somália, pois o custo de armazenamento de tais produtos é bastante elevado.

4.2 A reafirmação: a União Africana, a Nepad e a integração econômica

A África do Sul pós-*Apartheid* também tem promovido ativamente a formação de organismos políticos multilaterais, programas de desenvolvimento e a integração econômica no continente africano. O apoio sul-africano, nigeriano e os recursos prometidos pelo líder líbio Kadafi (que já não está mais sob embargo internacional) foram decisivos para a ampliação dos objetivos da organização e a criação de condições para uma cooperação mais íntima entre os países do continente e para uma verdadeira integração. O Presidente Mbeki, sucessor de Mandela, também lançou a Nepad (Nova Parceria Econômica para o Desenvolvimento Africano). Todavia, uma das razões profundas para o sucesso dessas iniciativas, que poderia se conservar como mero voluntarismo inconsequente, como em outras ocasiões, é a poderosa e crescente presença econômica chinesa na região.

A Organização da Unidade Africana (OUA), a União Africana e a Nepad[2]

Estabelecida em 25 de maio de 1963, a Organização da Unidade Africana (OUA) foi criada em Addis Abeba (Etiópia), por iniciativa do imperador etíope Haile Selassie e representantes de 32 governos de Estados africanos independentes. Resultado do momento de consolidação das independências afro-asiáticas, a OUA surgiu baseada no otismismo da criação de instituições regionais capazes de promover o desenvolvimento econômico e a estabilização política de seus Estados-membros. A divisão dos países africanos entre um grupo progressista-autonomista e outro moderado-neocolonialista, bem como a eclosão de conflitos violentos (Argélia e Congo) e reivindicações territoriais (como a marroquina), ameaçavam as frágeis independências.

Entre seus principais objetivos estavam a promoção da unidade e solidariedade entre os Estados africanos, a coordenação e intensificação da cooperação entre eles, a defesa da soberania, integridade territorial e independência, com o consequente fim do colonialismo na África e a promoção da cooperação internacional, com base na Declaração Universal dos Direitos Humanos das Nações Unidas. Para alcançar esses objetivos os Estados-membros se comprometeram à cooperação política, econômica (principalmente no que se refere aos transportes e às comunicações), cultural e educacional, nas áreas sanitárias, técnicas e de saúde, ciência e tecnologia e de defesa e segurança[3].

Com metas tão amplas, num continente tão complexo e com tão grande número de Estados, durante as quase quatro décadas de sua existência a OUA teve uma ação restrita e deficiente. Desafios de ordem étnico-cultural, política e econômica travaram a ação da organização, e explicitaram, ainda, divisões

---

2. Com a colaboração de Kamilla Rizzi, professora de Relações Internacionais na Unipampa.

3. Carta de criação da Organização da Unidade Africana [Disponível em http://www.africa-union.org/root/au/Documents/Treaties/text/OAU_Charter_1963.pdf].

internas, como a oposição entre o "Grupo de Monróvia (ou de Brazzaville)" e o "Grupo de Casablanca". O primeiro era liderado pelos presidentes da Costa do Marfim, Félix Houphouet Boigny, e do Senegal, Léopold Sédar Senghor, e baseado no direito inalienável de cada país ter uma existência independente, com o discurso da intangibilidade das fronteiras herdadas da colonização, além do respeito à soberania e à não ingerência nos assuntos internos dos Estados)

O segundo grupo tinha como principal representante Kwane Nkrumah, presidente do Gana, e Sekou Touré, líder da Guiné, sendo integrado ainda pelo Egito, pelo Marrocos, pela Tunísia, pela Etiópia, pela Líbia, pelo Sudão, pelo Mali e pela Argélia, cujo argumento principal era a unidade africana, sob todos os aspectos.

Logo, boa parte dos conflitos africanos – remanescentes das lutas de independência – continuou pelas décadas de 1970, 1980 e 1990 sem uma ação eficaz por parte da OUA para contê-los. Adicionalmente, o não pagamento das cotas por boa parte dos Estados-membros tirou da OUA sua principal fonte de financiamento, restando à entidade a função de tribuna como único trunfo político, além da representação externa do continente.

Para responder a esses desafios, potencializados pela situação criada pelo encerramento do conflito bipolar, em 9 de julho de 2002, por conta do Ato Constitutivo assinado em Lomé (Togo), a Organização da Unidade Africana foi substituída pela União Africana, com 53 membros, cobrindo quase todo o continente africano: África do Sul, Argélia, Angola, Beni, Botsuana, Burkina Faso, Burundi, Cabo Verde, Camarões, República Centro-Africana, Chade, República Democrática do Congo, República do Congo, Costa do Marfim, Djibouti, Egito, Eritreia, Etiópia, Gabão, Gâmbia, Gana, Guiné, Guiné-Bissau, Guiné Equatorial, Lesoto, Libéria, Líbia, Madagascar, Malauí, Mali, Ilhas Maurício, Moçambique, Namíbia, Níger, Nigéria, Quênia, Ruanda, Saara Ocidental, Santo Tomé e Príncipe, Senegal, Serra Leoa, Seychelles, Somália, Suazilândia, Sudão, Tanzânia, Togo, Tunísia, Uganda, Zâmbia e Zimbábue. O Marrocos não participa porque o Saara Ocidental foi aceito como membro, e a Mauritânia e a Guiné estão suspensas como membros, após golpes de Estado, no ano de 2008.

Baseada no modelo da União Europeia (mas atualmente com uma atuação mais próxima à da *Commonwealth*), contribui para a promoção da democracia, dos direitos humanos e do desenvolvimento no continente afticano. A ação da UA nos setores sociais tem se ampliado, principalmente nas áreas de saúde e sanitária (em parceria com as agências especializadas das Nações

Unidas) como, por exemplo, com a defesa da produção, por parte dos Estados africanos, da produção de medicamentos genéricos anti-HIV/Aids, em 2009.

A União Africana também supervisiona a Nova Parceria para o Desenvolvimento de África (Nepad), um plano de ação multissetorial que oferece uma barganha com o Ocidente: a promoção da prática política e econômica em troca de ajuda internacional e investimentos. Pode-se interpretar a Nepad como resultado do amadurecimento de várias tentativas anteriores de reconstrução do continente: seu primeiro componente surgiu por volta de 1996, sob o nome de African Renaissance, como parte da nova política africana da África do Sul. No final dos anos de 1990, Thabo Mbeki concretizou a proposta do African Renaissance em um plano de desenvolvimento continental, intitulado Millennium Partnership for the African Recovery Programme (MAP).

A Comissão Econômica para África (ECA) operacionalizou as ideias do African Renaissance (Renascimento Africano), elencando as prioridades regionais de desenvolvimento. Ao mesmo tempo, o Presidente Wade, do Senegal, havia proposto seu próprio plano, intitulado Omega Plan. Ele diferia, pois propunha uma visão de desenvolvimento baseada na combinação de política, democracia, boa governança e direitos humanos, possuindo um enfoque técnico-econômico voltado para a infraestrutura continental. Durante certo tempo estas duas iniciativas concorreram, embora o MAP gozasse de amplas vantagens em termos de aceitação mundial. Para superar esta competição contraproducente, os dois planos foram fundidos em um, denominado New African Initiative (NAI), no âmbito da ECA.

Estruturada na 37ª Cúpula da OUA, em 2001 (Lusaka), a New African Initiative foi adotada e rebatizada ainda em 2001 como New Partnership for African Development (Nepad), com a finalidade maior de promover uma nova dinâmica no desenvolvimento da África, reduzindo o fosso existente entre o continente africano e os países desenvolvidos. Assim, os objetivos fundamentais da Nepad são promover o desenvolvimento acelerado e sustentável, erradicar a pobreza generalizada, interromper a marginalização da África no sistema mundial e acelerar a capacitação das mulheres.

Como prioridade inicial da Nepad se objetiva condicionar o desenvolvimento sustentável, garantindo paz, segurança, democracia, boa governança, capacitação, cooperação e integração regionais. A Nepad propõe reformas políticas e aumento do investimento em setores-chave, como agricultura, desenvolvimento humano, infraestrutura e diversificação de produtos de exportação (mercados internos e regionais) e meio ambiente. A prioridade final se refere à mobilização de recursos, o que inclui a melhoria da poupança interna e da gestão dos recursos públicos, participação maior do continente no comércio mundial, atração de investimento direto estrangeiro e aumento dos fluxos de capital, a partir da redução das dívidas externas nacionais[4].

A visão de uma África oscilante "entre a pobreza e a prosperidade" resultou numa série de críticas e ceticismo em relação à efetividade da Nepad. No entanto, seu caráter inovador, baseado na autoestima e autoconfiança dos africanos perante os países desenvolvidos e o reconhecimento – por parte dos próprios africanos – de divisões regionais/setoriais/políticas e da própria corrupção na África, bem como o princípio de parceria adotado, tem possibilitado a mobilização de líderes, levantamento de recursos e envolvimento mais efetivo das Comunidades Econômicas Regionais. Ao considerar os paradigmas de desenvolvimento a partir de uma forma integrada, harmonizando políticas macro e microeconômicas, a Nepad tem reestruturado o continente africano e possibilitado uma nova inserção deste no sistema mundial do século XXI.

Os processos de integração regional na África[5]

A União Africana reconhece as Comunidades Econômicas Regionais (Cers) descritas a seguir como parceiras no desenvolvimento e na integração econômica do continente africano. A maioria delas nunca ultrapassou a dimensão de arranjos políticos conjunturais, conservando-se mais como um fórum político do que como um processo de integração. Outras, todavia, apresentam avanços consideráveis no campo financeiro, comercial e da infraestrutura. De qualquer maneira, todas elas podem vir a adquirir relevância e avançar materialmente, dado o atual ciclo de crescimento africano resultante da presença de novos parceiros no continente, especialmente a China.

---

4. The New Partnership for Africa's Development (Nepad), 2001 [Disponível em http://www.nepad.org/images/framework.pdf].

5. Com a colaboração de Kamilla Rizzi, professora de Relações Internacionais na Unipampa.

Blocos econômicos, ferrovias e minerais

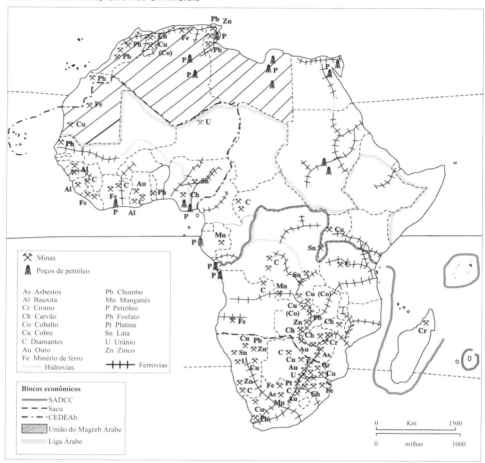

Sadc e Sacu – Os processos de integração mais avançados da África são a Sadc e a Sacu, localizados na África Meridional e tendo como Estado-pivô a África do Sul. A origem da Comunidade para o Desenvolvimento da África Austral (Sadc) remonta ao bloco político de luta contra os países de regimes racistas da região (África do Sul e Rodésia), denominado Países da Linha de Frente e o bloco econômico equivalente, Conferência de Coordenação do Desenvolvimento da África Austral (SADCC), fundados em 1980. Os blocos não lograram avançar muito devido à guerra persistente e à ausência da maior economia da região, a da África do Sul. Com o fim do regime do *Apartheid* no início dos anos de 1990, a situação mudou completamente. A independência da Namíbia, a ascensão de um governo de maioria negra em Pretória e a negociação da paz em Angola e Moçambique permitiram o avanço da integração regional.

Os países da África Austral, Angola, Botsuana, Lesoto, Malauí, Moçambique, Namíbia, Suazilândia, Tanzânia, Zâmbia e Zimbábue reuniram seus ministros de relações exteriores a fim de discutir um programa regional de desenvolvimento africano. Mas foi em 17 de julho de 1992, na capital da Namíbia, que o Tratado de Windhoek concretizou a fundação da Sadc (Southern Africa Development Community, ou Comunidade de Desenvolvimento da África Austral), ao qual a nova África do Sul aderiu quando da ascensão do Congresso Nacional Africano (CNA) ao poder em 1994.

O fim da confrontação com os vizinhos, que marcou o período de 1975 a 1990, propiciou uma arrancada em termos de cooperação, devido à complementaridade econômica, à existência de conexões de infraestrutura de energia e transportes, à retomada de vínculos que existiam na época colonial e às novas afinidades ideológicas entre o CNA e os governos dos demais países. Mas é forçoso reconhecer que a nova cooperação herdou as deformações assimétricas do passado, ainda que com expressivas correções de rumo e uma nova vontade política.

Em termos concretos, os principais objetivos da Sadc se baseiam em protocolos de desenvolvimento e crescimento econômico para aliviar o sofrimento de uma população conhecida por sua pobreza e baixa qualidade de vida. Também tem como meta defender a paz e a segurança da região, e criar empregos incentivando a utilização de produtos nacionais. A proteção da cultura e dos recursos ambientais da região também consta do protocolo da Sadc. Certos princípios são fundamentais a esta entidade, como benefício mútuo, direitos humanos, democracia, paz e segurança, solidariedade e igualdade para todos os Estados-membros. Em setembro de 2001 a organização, que promove uma ativa integração na região, aprovou a criação de uma área de livre-comércio entre os países-membros até 2008, o que ainda não se concretizou.

São membros da Sadc atualmente os seguintes países, cada qual com uma função: África do Sul, finanças e investimentos; Angola, energia; Botsuana, produção animal e agrária; Lesoto, conservação da água, do solo e turismo; Malauí, florestas e fauna; Maurício (sem função específica); Moçambique, transportes, cultura e comunicações; Namíbia, pesca; Suazilândia, recursos humanos; Zâmbia, minas; Zimbábue, segurança alimentar. A Tanzânia, a República Democrática do Congo, Seychelles e Madagascar aderiram posteriormente ao bloco.

Os países-membros somam uma população de aproximadamente 230 milhões de pessoas e um PIB de aproximadamente US$ 700 bilhões de dólares. Em suas exportações a Sadc obtém um total de 55 bilhões de dólares e gasta em média 53 bilhões de dólares em importações. Assim sendo, a Sadc é considerada o maior bloco de toda a região africana, englobando quase toda a parte do continente ao sul do Equador. África do Sul, Namíbia, Botsuana, Lesoto e Suazilândia formam o núcleo central da Sadc, pois constituem a União Aduaneira da África Austral (Sacu), uma zona de livre-comércio já consolidada, que existe desde o início do século XX e representava uma forma da África do Sul regida pela minoria branca de satelizar os países vizinhos. Atualmente são definidos mecanismos para compensar os países menores pelas perdas frente ao gigantismo da economia sul-africana.

Apesar de Estados-membros da Sadc possuírem muitos problemas e vulnerabilidades, como o conflito do Congo (cuja solução está sendo negociada), a região possui um enorme potencial de crescimento e a melhor infraestrutura do continente. Iniciativas como a Nepad (Nova Parceria para o Desenvolvimento da África), o dinamismo da África do Sul e sua cooperação com o Mercosul e a criação do fórum Ibas (Índia, Brasil e África do Sul), ou G-3, dão ao processo de integração africano-meridional boas perspectivas.

Comesa – As origens da Comesa (Common Market of Eastern and Southern Africa) remetem à década de 1960, inserida no contexto das duas Conferências dos Estados Independentes Africanos (em Acra, 1958, e em Adis Abeba, 1960). No entanto, apenas com a assinatura do tratado que estabeleceu a "Área de Comércio Preferencial" (Preferential Trade Area for Eastern and Southern African States), em 21 de dezembro de 1981, em Lusaka, ocorreu o passo decisivo para a redução gradual das taxas alfandegárias e de outras barreiras não tarifárias ao comércio regional.

O tratado entrou em vigor em 30 de setembro de 1982 e tinha como objetivo maior a transformação da PTA num mercado comum, o que aconteceu a 5 de novembro de 1993, com a assinatura em Kampala (Uganda) do tratado que estabelecia o Mercado Comum da África Oriental e Austral (Common Market for Eastern and Southern Africa – Comesa), ratificado um ano depois em Lilongwe (Malauí). Seus Estados-membros são Burundi, Comores, República Democrática do Congo, Djibouti, Egito, Eritreia, Etiópia, Quênia, Líbia, Madagascar, Malauí, Maurício, Ruanda, Seychelles, Sudão, Suazilândia, Uganda, Zâmbia e Zimbábue. Sua população é estimada em 416 milhões (2007), sendo que o Sudão e a República Democrática do Congo representam aproximadamente 43% dessa população.

O objetivo da Comesa, quando de sua criação, era estabelecer uma Área de Livre-Comércio até o ano de 2000, sendo que todos os países deveriam ter reduzido suas tarifas em 80% até outubro de 1996. Na verdade, apenas cinco países (Comores, Eritreia, Sudão, Uganda e Zimbábue) atingiram este nível. Um dos principais mecanismos da Comesa é o Sistema Automatizado de Dados Aduaneiros e de Gestão (Asycuda – Eurotrace), criado para padronizar os procedimentos aduaneiros e seus documentos, base de dados e estatísticas de comércio exterior regional. Em 2004 um acordo entre seus membros criou a Tarifa Externa Comum, com o objetivo de implantar 0%, 5%, 15% e 30% em bens de capital, matérias-primas, bens intermediários e bens finais, respectivamente.

Há um aspecto importante a ressaltar, que é a existência de uma competição entre os processos de integração regional africanos, cada um deles capitaneado por um país ou mais, com ambições de hegemonia ou ascendência sobre regiões ou sobre o conjunto do continente. Nesse sentido, percebe-se que a Comesa vem perdendo membros para a Sadc, quase não fazendo mais jus à denominação "meridional", pois sua composição representa mais o nordeste do continente.

Cedeao/Ecowas – A ideia de estabelecer uma comunidade da África Ocidental remonta às iniciativas das décadas de 1960 e 1970, especialmente nos encontros preparatórios de Acra (1974) e Monróvia (1975), que resultaram no acordo final, assinado em 28 de maio de 1975 (Tratado de Lagos), criando a Comunidade Econômica dos Estados da África Ocidental (Cedeao ou Ecowas), sediada em Abuja (Nigéria). O objetivo essencial consiste em promover a integração e a cooperação econômica, social e cultural entre seus Estados-membros: Benin, Burkina Faso, Cabo Verde, Costa do Marfim, Gâmbia, Gana, Guiné, Guiné-Bissau, Libéria, Mali, Níger, Nigéria, Senegal, Serra Leoa e Togo (a Mauritânia se retirou em 1999 por se opor à possibilidade de uma moeda única no bloco).

Os protocolos que serviram de base à Ecowas foram firmados em Lomé (1976) e, em julho de 1993, um tratado revisional (designado de Revisão do Tratado da Comunidade Econômica dos Estados da África Ocidental) acelerou o processo de integração econômica, aumentando a cooperação política entre seus membros e adaptando a comunidade aos novos tempos. A presença da Nigéria na Ecowas é essencial para sua efetividade, pois representa aproximadamente 50% da população e 66% em termos de PIB.

Em relação à área econômico-financeira, a Ecowas atualmente se divide em União Econômica e Monetária da África Ocidental (Uemoa) e Zona Monetária da África Ocidental (Zmao), ambas ainda em formação e discussão. O lançamento da Zmao, em 2000, foi baseado na adoção de uma abordagem *fast-track* para a integração monetária e econômica, permitindo que os países sigam uma plataforma comum para a execução dos processos de integração rápida da Ecowas. A iniciativa da Zmao foi concebida por Gâmbia, Gana, Guiné, Nigéria e Serra Leoa para criar uma segunda moeda, que mais tarde poderia ser equiparada com o franco (CFA) e atingir o objetivo de uma moeda única na Ecowas.

Já a União Econômica e Monetária Oeste-Africana (Uemoa), que agrupa oito Estados da África Ocidental: Benin, Burkina Faso, Costa do Marfim, Mali, Níger, Senegal, Togo e Guiné-Bissau, tem em comum o franco CFA e foi criada em 1994. Libéria e Cabo Verde não são atualmente membros de nenhuma das duas uniões monetárias, o que também contribui para emperrar o processo. Fica patente a existência de uma disputa entre a União Europeia (através da França), que tem maior ascendência sobre os que adotam o franco CFA, e a Nigéria, que procurou reagir por meio da implantação de outra moeda comum, que viria, ulteriormente, a neutralizar a outra.

Em maio de 2005 um encontro dos chefes de Estado e presidentes da Ecowas, na Gâmbia, resultou na Declaração de Banjul, que adiou o lançamento da União Aduaneira e lançou um Plano de Ação, o qual estabelece a previsão de que a União Monetária da Ecowas entre em vigor em 2020 com a criação do Banco Central da Ecowas e a colocação em circulação da moeda única. A união monetária da Zmao, por sua vez, deverá ser criada em 2015, com a instalação também do seu Banco Central e a introdução de uma moeda comum aos dois grupos sub-regionais, o ECO.

União do Magreb Árabe (UMA) – A Declaração de Zeralda (Argélia), assinada em 10 de junho de 1988, foi o primeiro passo para a criação da União do Magreb Árabe, que ocorreu em 17 de fevereiro de 1989, através do Tratado de Marrakeck (Marrocos), reunindo Argélia, Tunísia, Líbia, Marrocos e Mauritânia. A união tem como meta principal a cooperação entre os cinco Estados-membros, em matéria social, cultural e econômica. Assim, a livre circulação de pessoas, serviços, mercadorias e capitais entre os Estados-membros e a adoção de políticas comuns estão na base do Tratado de Marrakech, bem como o consequente desenvolvimento industrial, agrícola, comercial e social. Todavia, esta entidade, desde sua criação, tem se mostrado inoperante em função das relações tensas entre o Marrocos e a Argélia, pois esta reconhece a independência do Saara Ocidental (bem como a Mauritânia). O passo seguinte para o aprofundamento da união é a criação do Banco de Investimento e Comércio Exterior do Magreb, anunciado para o ano de 2010.

A emergência de uma diplomacia pan-africana de resolução de conflitos

As tendências de reafirmação da África no sistema mundial, que se esboçaram na segunda metade dos anos de 1990, aprofundaram-se na passagem do século. Apesar disso, os conflitos políticos de aparência étnico-tribal e guerras civis se mantiveram, muitas vezes atingindo níveis extremos de violência. Esta situação foi mais comum especialmente nos Estados do Golfo da Guiné e da África Ocidental, como foi visto anteriormente. Este foi o caso da Guiné-Bissau, cuja tentativa de golpe militar em 1998 transformou-se em guerra civil.

Na Libéria os conflitos entre as populações do interior e as mais ocidentalizadas do litoral prosseguiram de forma intermitente e, na Serra Leoa, em 1999, o mesmo problema começou a se manifestar com intensidade. As populações do litoral, em grande parte descendentes de ex-escravos retornados das Américas, constituem a elite dirigente, discriminando os nativos. Alguns grupos políticos ou tribos, por outro lado, são financiados pelas grandes companhias de diamantes (particularmente as localizadas em Antuérpia) e outras pedras preciosas com o objetivo de manter o controle das zonas de mineração, devido ao literal colapso do Estado e a desordem reinante.

Tudo isso agrava as tensões locais e propicia uma espécie de "privatização" da política e da violência armada, em meio a todo tipo de tráfico, particularmente o de drogas, que tem crescido na África, bem como o de armas, diamantes, pessoas e de espécies animais ameaçadas de extinção. A Nigéria, por sua vez, é conhecida por possuir uma poderosa máfia de narcotráfico, que já atua em todo o mundo. O fim do regime autoritário neste populoso país africano, por seu turno, tem propiciado ao país um maior protagonismo regional, como a participação em missões de paz da UA, embora persistam dificuldades sociais, apesar da imensa renda petrolífera.

Outro país atingido por uma guerra civil foi a Costa do Marfim, onde os rebeldes se apoderaram da metade norte do país em 2003, em sua luta contra o governo, tendo sido necessário uma intervenção francesa em apoio do mesmo. Já as Ilhas Comores, independentes desde 1975, viveram seu 18º golpe de Estado em 28 anos de independência, o que vem reforçar a noção de instabilidade do continente.

Por outro lado, o processo de implantação de numerosas democracias após a queda do Muro de Berlim, impulsionadas de fora para dentro a partir do que Samuel Huntington denominou de "Terceira Onda" (a das democracias), parece estar retrocedendo. Antigos líderes de regimes autoritários de esquerda começaram a voltar ao poder. Com a guerra civil de 1997-1998, Denis Sassou Nguesso voltou ao poder na República do Congo (Brazzaville) com o apoio da empresa petrolífera francesa Elf-Aquitanie, numa clara tentativa de rechaçar os interesses norte-americanos defendidos pelos regimes "democratizados".

Mas o caso mais impactante foi o do Zimbábue, onde, em outubro de 2001, o Presidente Robert Mugabe anunciou que o país abandonava a economia liberal de mercado, para adotar um padrão "socialista". Em 2002 ele apoiou as invasões de fazendas (pertencentes aos brancos) pelos antigos guerrilheiros, nos meses que antecederam as eleições, marcadas por violência, cerceamento da mídia ligada à oposição e pela presença de observadores estrangeiros. Enquanto os Estados Unidos e a Inglaterra ameaçavam o presidente, que se encontra no poder desde 1980, e a *Commonwealth* suspendia o país da organização, ele venceu as eleições. Sem se intimidar, e com o respaldo de outros países africanos, especialmente da África do Sul, ele prosseguiu sua política e realizou uma ampla reforma agrária, enquanto era boicotado pelos países ocidentais e a economia entrava em colapso, com uma hiperinflação.

Em fevereiro de 2000, por sua vez, um novo conflito armado ocorreu entre a Etiópia e a Eritreia. Embora o pretexto para o conflito tenha sido os litígios fronteiriços, a verdadeira razão foi o abandono unilateral pela Eritreia da União Monetária existente entre os dois países e o crescente alinhamento desta com os Estados Unidos. Posteriormente foi estabelecida uma trégua, o que também aconteceu em relação a outros conflitos. Na Somália, em outubro de 2002, as quatorze facções assinaram um acordo de cessar-fogo, o que igualmente ocorreu entre o governo de Burundi e os rebeldes hutus. Já no Saara Ocidental, o Marrocos, que ocupa o país desde 1975, tem efetuado manobras para impedir a realização do plebiscito sobre a independência, em atendimento à resolução da ONU. Mas o caso mais espetacular foi o fim da longa guerra civil em Angola, após a morte em combate do líder da Unita, Jonas Savimbi, ocorrido em fevereiro de 2002. Savimbi controlava as minas de diamante do interior e devastava o país, enquanto o governo retirava seu rendimento do petróleo do litoral.

Um cessar-fogo também foi acertado na República Democrática do Congo, com a retirada das tropas de Ruanda e Uganda (que chegaram a controlar metade deste gigantesco país), e do desarmamento da maior parte dos rebeldes, embora alguns focos de conflito ainda persistam. Laurent Kabila chegou a ser assassinado no desencadeamento da guerra, sendo substituído por seu filho, Joseph Kabila, na presidência, e o regime resistiu devido ao apoio político-militar de Angola, Namíbia, Zimbábue e África do Sul.

Este último país, por sua vez, tem emergido como a nova liderança africana, apoiando países aliados, promovendo mediações de conflitos e participando em forças de paz no continente, além de haver intervido no Lesoto em setembro de 1998 para salvar o governo que se encontrava ameaçado. Além disso, a nova África do Sul tem atuado na diplomacia mundial de forma crítica à neo-hegemonia americana, defendendo a construção de um mundo multipolar. Gradativamente, vai emergindo uma diplomacia pan-africana, em que os temas políticos, de segurança e de cooperação econômica vão sendo, cada vez mais, agendados e implementados pelos próprios Estados da África. O aumento da autoestima e o maior protagonismo têm, por exemplo, feito com que resistam à agenda global de *Regime Change* (Mudança de Regime) e das Revoluções Coloridas, impulsionadas pelas grandes potências ocidentais. Daí a tentativa do TPI de buscar atuar, prioritariamente, na África.

Em 2004 foi criado um Conselho de Paz e Segurança (CPS) no âmbito da UA, composto por quinze Estados-membros. O Ato Constitutivo da UA e o Protocolo que estabelece o CPS proporcionam um envolvimento reforçado para a Comissão da UA em circunstâncias de conflitos entre Estados, conflitos internos ou de sinais desses conflitos. Com efeito, nos últimos anos a ascensão de conflitos na África tem obrigado os líderes africanos a reconhecerem a importância da boa governança, da democracia e do respeito pelos direitos humanos, em suma, das situações internas dos Estados-membros.

4.3 Os impérios contra-atacam II: presença chinesa e indiana e reação ocidental

A penetração chinesa e indiana: investimentos, comércio e disputas estratégicas

A China também tem se feito presente no continente negro, tanto por razões econômicas (mercados e matérias-primas) quanto diplomáticas (combater a presença remanescente de Taiwan). Em novembro de 2006 foi realizada, em Beijing, a primeira Cúpula China-África, com a presença de mais de quarenta líderes africanos, ocorrendo o lançamento de uma espécie de "Plano Marshall" chinês para o continente a partir de investimentos em infraestrutura e ajuda ao desenvolvimento.

As reformas e o acelerado desenvolvimento econômico chinês, bem como o fim da Guerra Fria, foram determinantes para as relações entre a China e a África. Até então, a política externa chinesa para o continente negro se baseava na antiga disputa ideológica, primeiramente com os Estados Unidos e as potências coloniais europeias, e, depois, com a União Soviética. Assim, a China buscava parcerias convergentes com sua posição conjuntural, bem como uma diplomacia de prestígio. Quando o país se distanciava da URSS, aliava-se com aqueles que fossem contra a infiltração do bloco soviética no continente, como em uma tentativa de polarizar o sistema internacional de uma forma mais intensa. Assim, durante a década de 1980, houve um decréscimo nas relações sino-africanas, pois muitos acreditavam que a China não precisa da África nem das potências ocidentais para edificar seu próprio fortalecimento econômico.

Já em um período em que o bloco soviético começava a se esfacelar, ocorreu um episódio bastante importante para os acontecimentos posteriores envolvendo estes atores. Os eventos ocorridos em junho de 1989 na Praça da Paz Celestial, quando milhares de manifestantes foram reprimidos pelo governo central, geraram um grande desconforto por parte da comunidade internacional, que vinha se mostrando satisfeita com as reformas postas em prática por Deng Xiaoping. Nesse momento, contudo, a China foi alvo de fortes críticas, sobretudo de ativistas dos direitos humanos, que argumentavam que a repressão fora injustificável.

A recepção por parte de governantes africanos, todavia, foi diferente. Não faltaram líderes africanos que elogiassem a atitude do governo chinês, com manifestações de apoio por parte de angolanos e namibianos, por exemplo. Dessa forma, a China passou a encarar a África de outra forma, visualizando uma possível aliança política que lhe serviria de sustentação, principalmente nas Nações Unidas. A maior preocupação chinesa se devia ao fato de alguns governos africanos ainda legitimarem a existência de Taipei como unidade autônoma à China, em detrimento do ideal chinês de um país único, ainda que com dois governos. Assim, percebeu-se que haveria como tirar proveito desse entendimento com os africanos, e a política externa voltou-se mais em direção ao continente, desde que houvesse a garantia do não reconhecimento de Taiwan.

Outro ponto comum entre chineses e africanos é o fato de que compartilhavam a visão de que as críticas ocidentais que ocorriam apenas procuravam retardar o desenvolvimento dos países mais pobres. Ambos têm um passado comum de exploração europeia, o que os torna desconfiados de eventuais manifestações contrárias às suas políticas soberanas. Além disso, a possibilidade de crescimento econômico, desvinculado de liberalização política, anima inúmeros governantes reconhecidos por medidas autoritárias.

O continente passou, então, a ser considerado pela política externa chinesa como o maior campo de aliados no mundo. Por outro lado, os africanos veem com bons olhos a parceria com a China, sobretudo devido à posição desta no Conselho de Segurança da ONU. Depois de 1989 a ajuda humanitária e os negócios entre as partes cresceram significantemente. O número de visitas diplomáticas entre chefes de Estado voltou a ter um ritmo ascendente, e foram criadas novas iniciativas para que empresas pudessem se deslocar para estes lugares. Naturalmente, as empresas estatais chinesas foram pioneiras, mas tem-se valorizado bastante a iniciativa privada e atores subnacionais chineses.

Vale notar que a China tem, historicamente, relações amigáveis com seus vizinhos. Sempre foi de seu interesse buscar parcerias para evitar confrontos futuros, de forma a forjar um jogo de soma positiva. Por isso, os chineses sempre evitaram a intervenção em assuntos internos de cada nação. Aos africanos, evidentemente, isso era muito favorável, pois os organismos internacionais, tais como o FMI, sempre condicionam empréstimos a medidas de ajuste econômico restritivo e choques de gestão, além de um elevado grau de liberalização político-econômica.

Os chineses, por outro lado, concedem ajuda sem questionamentos e com poucas exigências. Essas medidas são muito criticadas pelo Ocidente, que detrata a ajuda chinesa a países com histórico de desrespeito aos direitos humanos, os chamados "Estados delinquentes". Essas reclamações são encaradas com ceticismo por parte de africanos e chineses, que entendem que se trata de mais uma tentativa de impedir o desenvolvimento socioeconômico de ambos, pois isso dificultaria sua subserviência às potências centrais.

No decorrer da década de 1990 o acelerado crescimento econômico pelo qual passava a China suplantou a limitada oferta de petróleo que as estatais do país produziam, em comparação com as crescentes necessidades. Além disso, uma grande parcela da população deixou a linha da pobreza, sobretudo aqueles que saíram do campo. Há alguns anos Angola se tornou o maior fornecedor do combustível para o país asiático, superando a Arábia Saudita. Além disso, os chineses importam outros minérios e vários produtos alimentícios.

Com base nesses princípios ocorreu, em 2000, a criação do Fórum de Cooperação China-África, que visa regulamentar as relações entre as partes, de forma a promover o desenvolvimento mútuo. As reuniões acontecem trianualmente e seus principais pontos não se limitam ao aumento do comércio, mas também à cooperação científico-tecnológica e à ajuda econômica chinesa, que ocorrem, sobretudo, a partir de investimentos em infraestrutura. Na última reunião do Fórum, em 2009, os chineses prometeram conceder dez bilhões de dólares em empréstimo aos países africanos, além de favorecer a iniciativa privada chinesa a investir mais no continente negro.

Quando os Estados Unidos iniciaram uma grande intervenção na Ásia Central e no Oriente Médio, em função da "guerra ao terrorismo", os interesses chineses foram gravemente afetados. Havia projetos de oleodutos e gasodutos em marcha nessas regiões, e a segurança energética foi ameaçada. Para evitar confrontos com Washington, Beijing procurou um espaço onde sua inserção fosse menos onerosa diplomaticamente. Esse espaço era a África e, em menor medida, a América do Sul. Na mesma linha, a crescente necessidade de minerais, alimentos e outras matérias-primas, além de áreas para investimento de capitais chineses e mercados para seus produtos, fez com que a cooperação sino-africana atingisse um patamar estratégico.

A oferta de prédios públicos (palácios presidenciais, ministérios, hospitais, escolas, centros de convenções e estádios esportivos) entusiasmou os africanos. Os produtos chineses, extremamente baratos, encontraram na África um espaço inesperado, permitindo aos africanos o acesso a um consumo antes inimaginável. Mesmo nas mais remotas aldeias africanas há um pequeno comercio chinês tipo "$ 1,99". Grandes obras de infraestrutura, novas ou reconstruídas após décadas de guerra, geram milhões de empregos, embora a China empregue, em muitos casos, sua própria mão de obra e haja algumas tensões localizadas. Projetos de mineração, prospecção de petróleo, exploração de madeira, projetos agrícolas, assistência técnica e vultosos investimentos mudaram o panorama econômico africano.

Mais ainda, os africanos deixaram de solicitar empréstimos ao FMI, passaram a ser mais seletivos com a "ajuda" ocidental e, sobretudo, a desenvolver uma diplomacia mais altiva. Se há casos de corrupção, isso também havia com os negócios europeus. O fornecimento de armamento e o apoio diplomático chinês, sobretudo vetando iniciativas ocidentais no Conselho de Segurança da

ONU contra Estados africanos, elevaram a autoconfiança do continente, que não se sente mais abandonado. É isso que Bruxelas, Washington e as Ongs não conseguem compreender. Para os africanos, trata-se de uma descolonização econômica e de uma nova projeção internacional.

A atuação chinesa suscita reações bastante diversas na comunidade internacional. Os pontos positivos são o crescimento econômico por que os países africanos vêm passando e o investimento pesado em infraestrutura, sempre negligenciado pelos europeus. Por outro lado, a maior parte dos Estados tem um pesado déficit comercial com a China – o saldo total é positivo à África, mas isso porque países como Angola exportam muito mais do que a média –, e há críticas à qualidade dos produtos chineses. Há quem argumente, ainda, que essa tentativa não passaria de uma espécie de neoimperialismo à chinesa, e que a concessão de empréstimos sem a exigência de garantias político-institucionais favoreceria ditaduras.

Os detratores ignoram, contudo, que a maioria dos africanos exalta a participação chinesa, sempre fazendo questão de diferenciá-la da europeia. O embaixador africano Afare Donkor chegou a afirmar que a China não dava o peixe, mas ensinava a pescar. Essa atuação é bastante coerente com o histórico da política externa chinesa, que prioriza a não intervenção nos assuntos domésticos. Vê-se, portanto, uma nítida intenção de fortalecimento político-econômico por parte dos chineses, que veem na África uma oportunidade ímpar para expandir negócios, encontrar parceiros diplomáticos e alterar o perfil da ordem mundial rumo à multipolaridade. Resta, por enquanto, esperar para que os africanos se organizem melhor a fim de que estabeleçam uma política em relação à China. Até o momento os chineses sempre tomam a dianteira e regem as negociações, mesmo que elas sejam organizadas bilateralmente.

Chama a atenção a agressividade com que a presença chinesa na África é comentada pelos europeus e norte-americanos. Simplesmente eles os acusam de fazer tudo o que o Ocidente fez e faz em termos de exploração. A incoerência e a violência de tal discurso, inutilmente dirigidos aos africanos, que cada vez fazem mais negócios com a China, têm algo mais do que rejeitar a concorrência comercial e de investimentos. O grande problema é que a presença chinesa, investindo em infraestrutura, energia, doando hospitais e escolas, implantando indústrias e reabrindo atividades que estavam paradas, além de pagar centenas de bilhões de dólares por minerais, petróleo e outras matérias-primas, está mudando a situação da sociedade e a atuação do Estado africano.

Com mais recursos, oportunidades de trabalho e apoio político, a África deixa de ser um elemento dócil para o esquema francês (e ocidental em geral) de dominação. Para derrubar governos, manter ditadores que assinam contratos desvantajosos e participam num esquema de corrupção internacional com a França (*Máfiafrique*[6]), é necessário que o povo permaneça pobre e desarticulado e, para tanto, que não haja desenvolvimento. É este último que muda a sociedade e o governo, fazendo com que esquemas de dominação e corrupção montados há meio século comecem a declinar. É isto que apavora os ocidentais, como se verá adiante. Mas eles já começaram a reagir.

A África e a Índia têm mantido um relacionamento cordial e estável desde a independência desta em 1947. Em comum, o país e o continente africano têm a luta contra o colonialismo europeu e o racismo. Durante as décadas de 1950 e 1960, sob a administração de Nehru e Indira Gandhi, a Índia encarou a África como um espaço para o exercício da solidariedade. Nas duas décadas seguintes, porém, houve uma sensível mudança nessa visão, quando a Índia passou a adotar certa seletividade ao lidar com as nações africanas. Isso ocorreu devido tanto a questões de política externa indiana, que desagradavam os governos africanos, quanto a uma nova política adotada por algumas nações africanas de "africanização", expulsando os estrangeiros de seus territórios, entre eles os indianos.

Durante a Guerra Fria a Índia e a África figuraram entre as nações não alinhadas. No mesmo período a China passou a figurar no cenário mundial e a disputar o mercado africano com os indianos, uma disputa acirrada pela guerra sino-indiana nos anos de 1960. Com o fim da Guerra Fria a Índia teve a oportunidade de ver uma África que, aos poucos, encaminhava-se para a democratização e a luta contra o racismo, com o fim dos regimes de *Apartheid* na África do Sul e na Namíbia. Ao mesmo tempo, as nações africanas passaram a visualizar a Índia como uma potência regional emergente, capaz de apoiar o desenvolvimento do continente africano. Assim, foi do interesse de ambos o estreitamento de laços que ocorreu nos últimos vinte anos.

A política indiana em relação à África se baseia em cinco pontos – cooperação econômica, lida com indianos residentes na África, combate ao terrorismo, preservação da paz e auxílio às forças de defesa africanas. No plano da

---

[6]. Conforme Verschave (2004), grande parte da "ajuda" enviada pela França aos africanos vai parar em paraísos fiscais, para financiar tráfico de armas, campanhas político-eleitorais em Paris e recursos para os ditadores amigos, em troca de contratos altamente vantajosos às companhias francesas. O que sobra da "ajuda" é usado para a política clientelista do ditador, e muitos que se opuseram ao esquema pagaram com a vida.

cooperação econômica, a estratégia indiana, traçada desde o início da década de 1990, é o treinamento, a assistência técnica e as trocas entre Índia e África. Com o programa de Cooperação Técnica e Econômica Indiana (Itec) e o Plano Especial de Assistência Africana (Scaap), a Índia oferece assistência técnica ao continente nos campos de treinamento civil e militar, fornecimento de equipamentos, serviços de consultoria e estudos de oportunidades, apoio de especialistas e visitas de dirigentes africanos à Índia.

Durante a década de 1990 muitos projetos foram iniciados e realizados com ajuda indiana em diversos países africanos. No Senegal, a Hindustan Machine Tools investiu 4,41 milhões de dólares em um Centro de Treinamento e Demonstração Empresarial (ETDC). Na Namíbia foi montado um Centro de Demonstração de Tecnologia em Plástico. Em um seleto grupo de países (Zimbábue, Nigéria, Senegal, Tanzânia, Uganda, Quênia, Gana e Etiópia) foi introduzido um projeto de indústria de pequena escala, desenvolvido pelo governo indiano sob a Itec. Em Burkina Faso a agricultura foi beneficiada pelo Projeto de Fazendeiros Indianos. Também no Senegal especialistas indianos auxiliam na pesquisa para o desenvolvimento da indústria de laticínios e da fabricação de incenso. No Mali ocorre um estudo sobre a implantação de um laboratório de vacinas, enquanto na África do Sul a pesquisa é sobre melhorias no sistema de educação.

O comércio se desenvolveu a partir do fim da Guerra Fria quando não só o governo, mas também a iniciativa privada percebeu o potencial do mercado africano. No setor privado, a Assocham, a CII, a Ficci e a Fieo – câmaras de comércio indianas – lançaram programas de interação Índia-África e conseguiram firmar acordos com Quênia, Ilhas Maurício, Zâmbia, Uganda, Zimbábue, Nigéria, Etiópia e África do Sul. Isso se deve ao fato de a Índia estar conhecendo um forte crescimento econômico e necessitar de recursos energéticos, matérias-primas, produtos agrícolas, mercados e espaço para investimentos. Nesse campo, há uma clara competição com a China, o que permite aos africanos uma melhor posição de barganha. Mas os indianos também se interessam pela segurança do Oceano Índico, realizando manobras com as marinhas africanas, especialmente através do Ibas.

O governo, por sua vez, tem uma série de programas, tanto bilateralmente com países africanos quanto com blocos econômicos da África. O Banco Exim – de importações e exportações – da Índia, criou uma linha de crédito de seis milhões de dólares em 1992 para os países da Preferential Trade Área (PTA), que mais tarde veio a ser o Mercado Comum do Leste e Sul da África (Comesa). Além disso, em 1996, foi criado pelo primeiro-ministro indiano um fundo rotativo para desenvolver cooperação regional com o continente africano. A Comunidade de Desenvolvimento do Sul da África (Sadc) também foi contemplada com um acordo de cooperação com a Índia em 1997, com participação dos setores público e privado da Índia. Em junho e outubro de 2000 ocorreram reuniões de representantes comerciais e chefes de missões indianos no leste, sul e oeste do continente. O Banco Exim também lançou o Programa Focus África no ano de 2002 e 2003 para promover o encontro de empresários indianos e para a criação de centros empresariais.

Simultaneamente, a crescente presença de capitais e empresas árabes, em área como a telefonia celular, tem marcado um incremento de relações econômicas. À medida que a economia africana volta a crescer, surgem oportunidades para atores desse tipo, que focam particularmente em nações de maior performance do continente. Capitais russos, muitas vezes ligados à lavagem de dinheiro, têm igualmente se feito presentes na África, em projetos como o turismo. Aliás, é claramente visível a redução de turistas americanos e europeus no continente africano, com aumento correspondente de russos e asiáticos. Mas o Estado russo também tem buscado recuperar os espaços perdidos com o fim da União Soviética, com a venda de armamentos, assistência na prospecção de petróleo e projetos de mineração. Finalmente, o Brasil também se constituiu, atualmente, num importante parceiro africano, o que é pouco conhecido dos europeus e norte-americanos, e será analisado no capítulo seguinte.

A crescente presença americana e a reação francesa e europeia

Os Estados Unidos, seja como forma de estender sua rede de "combate ao terrorismo" ou se contrapor à projeção francesa/europeia e à expansão da presença chinesa, têm procurado estar mais presente no continente africano. Esse processo teve início durante o segundo mandato do Presidente George W. Bush, com enfoque predominantemente securitário. Em 2008 foi recriada a IV Frota, encarregada de patrulhar o Atlântico Sul e, simultaneamente, foi criado o Africom, Comando África, encarregado de coordenar a cooperação militar com o continente africano. As imensas reservas de petróleo no Golfo da Guiné e na margem brasileira (Pré-sal) são de enorme interesse para os Estados Unidos, que buscam maior autonomia de abastecimento em relação ao problemático Oriente Médio.

Com a ascensão do Governo Barack Obama, a África passou a ganhar um maior espaço na agenda externa americana, mas o predomínio do setor militar e as dificuldades econômicas decorrentes da crise financeira deixam à nova administração da Casa Branca pouca margem de manobra. Assim, a agenda securitária (treinamento e estabelecimento de bases militares) não apenas continua, como tem se expandido. A divisão do Sudão, cujo sul agora está sob influência ocidental direta, e a "Primavera Árabe" permitiram uma nova presença na região, inclusive com o uso da estratégia de *Regime Change*. O Saara, em particular, passou a ser o centro da estratégia americana de luta antiterrorista.

Isto tem sido acompanhado por um maior protagonismo francês, que tenta recuperar parte do espaço perdido, primeiro para os Estados Unidos e, depois, para a China, a Índia e o Brasil. As reuniões de cúpula UE-África (como a de Lisboa) têm tido resultados patéticos, com os europeus se surpreendendo com o amadurecimento dos africanos. A histórica visita de Chirac à Argélia, em março de 2003, constitui um signo da tendência recuperadora francesa e sinaliza para a possibilidade desse importante país afro-árabe encerrar sua guerra civil e voltar a ter um maior protagonismo econômico e diplomático nos assuntos africanos. E o bloqueio da situação no Oriente Médio indicava que a África poderia ter um papel mais relevante, na medida em que constitui uma retaguarda geopolítica dessa região.

Esta situação conheceu uma evolução espetacular em 2011 com a eclosão da "Primavera Árabe", um conjunto de levantes populares iniciados na Tunísia em protesto contra as difíceis condições de vida e as oligarquias no poder há décadas, com apoio ocidental. Enquanto o presidente fugia do país, os protestos se espalharam por toda a região, levando à renúncia do Governo Mubarak. O velho líder estava desgastado e se afastando dos antigos aliados[7], daí não ser mais útil. Não houve mudança democrática profunda, porque os mesmos militares continuaram controlando a política e grande parte dos protestos foi orientada por *cyber* ativistas sob influência norte-americana, com o fim de evitar que os partidos islâmicos (que sempre se opuseram aos ditadores pró-ocidentais) ganhassem terreno. Após 30 anos de apoio americano-israelense a Mubarak, chama a atenção não ter havido *slogans* antiamericanos e queimas de bandeiras dos Estados Unidos. Com o Egito novamente sob sua influência

---

7. Mubarak foi contra a execução de Saddam Hussein, a criminalização do Hammas e do Hezbollah, o ataque ao Irã, a divisão do Sudão e criticou Israel, aproximando-se da Turquia e se manifestando pelo fim do bloqueio a Gaza. Também mediou a reconciliação entre a Síria e o Líbano e se aproximou economicamente da China, já que os Estados Unidos vinham cortando a ajuda financeira ano a ano, razões suficientes para que a relação com Obama fosse de antipatia recíproca.

e o surgimento do Sudão do Sul como um Estado débil, mas estrategicamente localizado (e rico em petróleo), o Sudão ficou cercado e a posição americana no Chifre da África foi reforçada.

No Marrocos e na Argélia os levantes foram contidos, mas uma tentativa malsucedida de golpe de Estado na Líbia degenerou numa guerra civil com intervenção da Otan, particularmente franco-inglesa. Por que razão os europeus apoiariam a derrubada de um líder "excêntrico" que havia normalizado suas relações com o Ocidente? No processo de privatização do petróleo promovido por Kadafi, ele privilegiou empresas americanas e asiáticas, em detrimento dos europeus, que adquiriam o produto abaixo do preço durante o embargo. Além disso, a crise europeia é tão grave que Paris e Londres aproveitaram a oportunidade para controlar uma nação imensa, rica em petróleo, mas quase desabitada. Os recursos petrolíferos, a venda de armas e os contratos de reconstrução (depois da destruição que promoveriam) falaram mais alto.

Todavia, seus aliados locais (liderados pelo ex-ministro da Justiça de Kadafi) eram fracos demais e seriam esmagados. Daí que a resolução da ONU autorizando o uso da força para separar os dois grupos foi extrapolada e a Otan entrou na guerra ao lado dos rebeldes, empregando aviação, forças especiais anglo-francesas, mercenários e soldados de outros países árabes. Mesmo assim, a guerra durou nove meses e Kadafi foi assassinado, pois poderia criar problemas aos líderes ocidentais (por exemplo, ele contribuiu financeiramente para a campanha eleitoral de Sarkozy). O país sofreu um retrocesso, com a poligamia sendo restaurada imediatamente. Mas para a África, o pior foi a perda de um dos maiores investidores no desenvolvimento do continente. Apenas para constar, o satélite africano, lançado por um foguete chinês, foi pago pela Líbia. Esses recursos agora vão para a Europa. Quase paralelamente, em março e abril a França fez mais uma intervenção militar na Costa do Marfim em favor do candidato Alassane Outtara, preferido de Paris, contra Laurent Gbagbo, que questionava sua derrota e não desejava entregar o poder.

Perspectivas africanas

Há algumas peculiaridades no convulsionado processo histórico africano que precisam ser desmistificadas, buscando-se compreender os entraves e potencialidades da inserção deste continente no sistema internacional do século XXI. Em primeiro lugar, é preciso descartar a visão segundo a qual a África é um continente voltado ao passado, num contexto de conflitos insolúveis, e mesmo irracionais do ponto de vista ocidental. As sociedades africanas estão passando por um processo semelhante ao atravessado por outras regiões do mundo, qual seja, *a construção dos modernos Estados nacionais e a definição de sua inserção internacional.*

Muito do que os europeus consideram absurdo na África constitui apenas a imagem contemporânea de processos semelhantes aos de seu próprio passado nem tão remoto. Quem se sente chocado pelas guerras de aparência étnico-tribal simplesmente esqueceu os sangrentos conflitos religiosos e proto-nacionais das monarquias dinásticas europeias, a construção pela força dos Estados nacionais europeus, que esmagaram os regionalismos (alguns dos quais ainda continuam a fazê-lo), ou a expansão dos colonizadores americanos, que exterminaram as comunidades indígenas. Esta semelhança, contudo, é ainda agravada pela herança do tráfico de escravos e o colonialismo imperialista, pois, segundo o líder nacionalista africano Amilcar Cabral, "o colonialismo pode ser designado como a paralisação ou a distorção, ou mesmo como o termo, da história de um povo, e fator da aceleração do desenvolvimento histórico de outros povos".

O brevíssimo período que se seguiu à Segunda Guerra Mundial caracterizou-se, em primeiro lugar, por uma *descolonização peculiar e tardia*. A peculiaridade reside no fato de a emancipação haver transcorrido largamente administrada pelas metrópoles europeias, apesar da eclosão de alguns conflitos graves. Isto foi possível e se deu de forma tardia devido ao descompasso da realidade africana em relação à da Ásia e à do Oriente Médio. As contradições internas ainda não estavam suficientemente amadurecidas em decorrência da referida herança do tráfico e do colonialismo sobre as estruturas sociais do continente, bem como pela posição particular das metrópoles europeias e de suas colônias africanas nas relações internacionais do imediato pós-guerra e durante a Guerra Fria.

Após as malogradas tentativas de reafirmação colonial na Indochina e na Indonésia e, sobretudo, devido à crise de Suez, ao desafio do nasserismo e à guerra da Argélia, as metrópoles trataram de emancipar politicamente o continente, cooptando as elites locais. Isto foi logrado com relativo sucesso, com a implantação de regimes neocoloniais, nos quais os interesses europeus eram conservados. Além disso, criaram-se mecanismos internacionais destinados a perpetuar esta situação, como os programas de "ajuda" das ex-metrópoles.

Em meio a uma extrema fragilidade iniciou-se o processo de *construção do Estado-nação*, como foi referido. Contudo, é necessário frisar que este movimento histórico foi distorcido pela permanência das estruturas coloniais, por conta do neocolonialismo e, geralmente, da implantação de pequenos Estados inviáveis política e economicamente. Por outro lado, é forçoso reconhecer que se trata de um processo recente, de apenas algumas décadas, que equivalem à vida de uma pessoa de meia-idade. Ou seja, encontra-se ainda em suas fases iniciais. A retomada da história da África pelos africanos, recém-atravessa uma etapa comparável à Europa dos séculos XVI e XVII, ou as Américas do século XIX, mas num mundo com os problemas ainda mais complexos do início do XXI.

Apesar da afirmação do neocolonialismo na África, o continente se dividiu entre uma corrente de Estados conservadores e outra de progressistas, no plano interno e externo, com projetos político-econômicos e alianças internacionais antagônicos. Esta rivalidade, entretanto, foi mantida dentro de certos limites – devido aos interesses comuns de consolidação nacional, articulação de relações interafricanas – nos padrões da OUA, e afirmação de certa margem de manobra internacional pelos novos países, dentro das estreitas margens possibilitadas pela ascendência europeia sobre o continente.

Contudo, este equilíbrio foi rompido pela permanência dos "bastiões brancos" na África Austral, que propiciaram o desenvolvimento de uma luta de libertação nacional mais radical. Os primeiros colapsos destes regimes, na conjuntura particular de meados dos anos de 1970, geraram conflitos intensos e internacionalizados, nos marcos da confrontação leste-oeste. A confrontação militar que se seguiu, somada aos desastrosos efeitos socioeconômicos da "década perdida", produziram a implosão de Estados e de sociedades africanas.

Quando o fim da Guerra Fria, a globalização e o reordenamento mundial que se seguiu combinaram-se aos efeitos da década perdida e dos conflitos regionais, a África sofreu um significativo processo de marginalização internacional, enquanto o caos tomava conta do continente. Em meio à desestrategização e consequente tribalização dos conflitos, da desarticulação das economias, estruturas sociais e dos sistemas políticos, reapareciam epidemias de cólera e novos vírus como a Aids e o Ébola, com efeitos malthusianos sobre as populações, fenômeno em relação ao qual as grandes potências não estão alheias.

Todavia, esta fase foi também de fermentação de novas tendências, consubstanciadas na redemocratização da África do Sul e no progressivo colapso do "protetorado" francês sobre amplos espaços africanos. Apesar de ter tido início uma influência americana mais articulada, pela primeira vez a África está logrando certa autonomia para reorganizar-se com base numa correlação de forças regionais, como ressaltou o histórico líder nacionalista tanzaniano Julius Nyerere.

A reativação da vida econômica, devida, sobretudo, aos maciços investimentos chineses e de outros, por sua vez, tem trazido de volta à África elementos da diáspora que se encontravam na Europa e, em menor medida, nos Estados Unidos. A constituição de um capitalismo africano, na esteira do colapso dos movimentos e governos de esquerda, tem produzido a emergência de novas contradições e realidades políticas, gerando condições para a articulação de novos atores sociais.

Por outro lado, na África Meridional, por exemplo, emerge uma nova fratura entre Estados que aderiram às reformas neoliberais e outros que desejam vencer as barreiras legadas pelos antigos colonizadores ou pelas poderosas comunidades brancas remanescentes. Segundo a tipologia de Jonathan Farley, os Estados "libertadores" são Zimbábue, Namíbia, Angola e Suazilândia, enquanto os "reformistas" são Moçambique, Botsuana, Lesoto e África do Sul. A ascensão de Jacob Zuma à presidência da África do Sul, todavia, sinaliza certa inclinação do país em direção ao primeiro grupo. Esta clivagem, com maior ou menor impacto em cada região, encontra-se presente em todo o continente.

Outro ponto a destacar é a reforma do Conselho de Segurança da ONU, onde emergem candidaturas africanas. Basicamente, quando o tema foi levantado, no início dos anos de 1990, a situação africana ainda era difícil, mas a África do Sul despontava como a "novidade". Pelo fato de se tratar do país mais próspero da África e ainda contar com uma poderosa minoria branca, houve reação. Em 2005 foi realizada uma reunião da UA na Suazilândia, da qual surgiu um documento intitulado Consenso de Elzuwini.

Apesar dos vagos termos do documento tentar estabelecer uma posição comum, o que fica patente é uma divisão em duas posições. A primeira é a das candidaturas individuais a membro permanente (com direito a veto), que são as da África do Sul e da Nigéria. A segunda, apoiada por países que iniciaram mais tarde um processo de articulação, defende a existência de duas vagas rotativas, e é defendida por Egito, Senegal, Argélia, Quênia e Líbia. Entre as duas, há várias sugestões, envolvendo certo número de novas vagas temporárias e outros arranjos. A verdade é que a África ainda não logrou obter uma posição comum, e a África do Sul constitui a candidatura mais provável. Mesmo assim, fica evidente que o continente começa a se reafirmar na cena internacional, no mesmo momento em que o mundo passa por uma transição e uma reorganização estrutural.

5
As relações Brasil-África: da indiferença à cooperação

Paulo G. Fagundes Visentini

O Brasil teve, no passado, fortes vínculos com a África, por conta do tráfico de escravos, que tornou o país "a segunda nação africana". Mas os vínculos entre as duas margens se romperam com o fim do tráfico e com a implantação do sistema colonial e a dominação do continente africano pelos europeus. Com as independências, o Brasil iniciou uma aproximação que atingiria o ápice a partir do Governo Lula, com sua política externa "ativa e afirmativa". A África se tornou a região onde a diplomacia brasileira realizou maiores avanços. Se as conquistas podem ou não ser revertidas é uma questão para discussão, mas o fato é que a cooperação Sul-Sul estabelecida tem sido multidimensional, o que sinaliza para sua continuidade. Mais ainda, as relações Brasil-África atualmente transcendem o nível bilateral, possuindo grande significado global.

5.1 O tráfico de escravos e a dimensão africana da sociedade brasileira[1]

Da conexão escravista ao afastamento

A história da África e a história do Brasil estão intimamente relacionadas desde o momento em que os colonizadores portugueses ocuparam as duas margens do Oceano Atlântico Sul, no século XVI. Com a chegada ao Brasil da primeira leva de escravos africanos, em 1538, inicia-se uma longa fase de íntima ligação, baseada principalmente no tráfico, que se estenderá até 1850, quando este entra em declínio. Tal relacionamento não era de menor importância no plano global, pois no século XVII o Atlântico Sul foi o centro dinâmico da economia mundial, com o Brasil impulsionando o Império Atlântico

---
1. Com a colaboração de Iara Binta Lima Machado, bolsista do Nerint.

Português; no século XVIII ele foi suplantado pelo Atlântico Norte devido à projeção de potências como a França e a Inglaterra[2].

Como foi visto antes, durante a colônia e a maior parte do império, milhões de africanos foram trazidos como escravos para o Brasil, fazendo com que a *europeização* das novas terras fosse acompanhada por sua *africanização*. A historiografia destaca a contribuição africana para a formação da sociedade brasileira na cultura, arte e religiosidade, além dos aspectos raciais. Mas os africanos também trouxeram técnicas que impulsionaram a agricultura, a pecuária e o combate a enfermidades, pois os conhecimentos portugueses eram inadequados para o desenvolvimento do mundo tropical. A fundição de metais e a produção de utensílios, bem como a introdução de determinados padrões de comportamento político e de organização social, também foram contribuições africanas importantes.

O Rei do Benin foi o primeiro soberano a reconhecer a independência do Brasil, em 1823, e, entre 1822 e 1830, houve um forte movimento político do outro lado do Atlântico para que Angola fizesse parte do Brasil devido aos vínculos econômicos decorrentes do tráfico de escravos e à composição majoritariamente brasileira da elite colonial angolana. Apenas a pressão da diplomacia e da armada inglesa impediu que isto acontecesse, permanecendo Angola como uma colônia portuguesa. Prosseguiu-se, paralelamente, um fenômeno da época colonial: o retorno de ex-escravos para a África, especialmente para o Golfo da Guiné, onde constituíram uma elite que, aos olhos dos "nativos", era ocidentalizada.

A pressão inglesa pelo fim do tráfico era cada vez maior e a promulgação do *Bill Aberdeen* (1845), lei que permitia apresar qualquer navio que transportasse escravos, gerou o aumento desmedido do tráfico clandestino. Os proprietários brasileiros, ao buscarem ampliar o estoque de escravos antes que o tráfico se extinguisse definitivamente, foram levados ao endividamento e à descapitalização. O Estado reagiu, promulgando a Lei Euzébio de Queiroz em 1850, que pôs fim ao tráfico. Porém, isto foi acompanhado pela mentalidade de criação de uma sociedade "branca e ocidental", permeada pela ideologia do "branqueamento", que incentivou a imigração de trabalhadores europeus. Afinal, a elite brasileira considerava que o país possuía um regime político europeu, a monarquia, e uma dinastia europeia, os Bragança, devendo diferenciar-se dos vizinhos. O fim do tráfico coincidiu com o início da expansão

---

2. RODRIGUES, J.H. *Brasil e África*: outro horizonte. 2. ed. rev. e aum. Rio de Janeiro: Civilização Brasileira, 1964.

colonialista europeia na África, a qual gerou o retrocesso das relações e o afastamento entre a África e o Brasil.

A contribuição socioeconômica e cultural dos afro-brasileiros

O Brasil atual é fruto de uma construção histórica que teve um de seus momentos marcantes com a chegada do colonizador português. Se não se pode negar que diversos povos habitavam o território brasileiro em períodos anteriores ao das grandes navegações, a chegada dos portugueses contribuiu para mudar o perfil da região, conferindo-lhe, ao longo do tempo, muitas das características que ela apresenta atualmente. Nesse sentido, os processos históricos que envolveram colonização, independência, império, república – entre ditaduras e democracias – deixaram um legado reconhecido por especialistas nacionais e estrangeiros e pelo cidadão comum: a diversidade de povos que contribuiu para a formação populacional brasileira.

Ao longo da história foram muitos os fluxos migratórios que se dirigiam ao Brasil, cada um desses grupos imprimindo uma contribuição própria para o quadro social, econômico e cultural do país. Não obstante, a historiografia nacional tem sido falha em destacar de forma igualitária tais aportes. Dessa forma, o que se verifica é um grande número de trabalhos enfatizando a contribuição positiva da imigração europeia na formação do Brasil, em oposição a uma quase ausência de análises semelhantes sobre a diáspora africana. Se, por um lado, a presença do negro no Brasil é analisada do ponto de vista do sistema escravocrata – com destaque para a submissão do negro –, ainda são poucos os estudos que discutem a importância da presença africana para o bem-estar econômico da população brasileira em geral.

Os três grandes ciclos de prosperidade econômica que marcaram o Brasil desde 1500 estiveram, pelo menos em algum momento, assentados sobre a mão de obra de origem africana, sobre a qual os senhores de escravos adquiriam seus lucros. O tráfico de escravos e a *plantation* açucareira constituíram as bases da história comum das duas margens do Atlântico Sul. Mas também ocorreu o intercâmbio de outros produtos, bem como a troca de experiências socioculturais. Situação semelhante aconteceu no ciclo do ouro, com a transferência de grandes contingentes para Minas Gerais e produção de apoio em outras regiões.

O século XIX foi a era do café para a economia brasileira. Nesse mesmo período, observa-se também o florescimento das cidades, principalmente na Região Sudeste. Segundo Márcio Theodoro, até a segunda metade do século os descendentes de africanos – principalmente os escravos[3] – estariam na base do desenvolvimento econômico nacional por sua posição nas lavouras de café e nas zonas urbanas. Mesmo com o fim do tráfico negreiro em 1850, os escravos continuariam sendo a mão de obra primária no ciclo do café a partir da compra de mão de obra da Região Nordeste. Nas cidades a situação era semelhante, com eles cumprindo serviços domésticos, atuando como artesãos, operários, prestadores de serviços ou negros de ganho. O desenvolvimento de cidades como Salvador, São Luís e Recife também implicou a presença de um maior contingente populacional negro.

Além do novo ciclo de prosperidade econômica, o século XIX vai prenunciar fortes mudanças no perfil da sociedade brasileira. Novas ondas migratórias contribuirão para aumentar a população de origem europeia do Brasil, entre as quais os italianos, alemães, portugueses e espanhóis. Para a parcela dos descendentes de africanos, esse período também é marcante, pois em 13 de maio de 1888 será declarada a abolição da escravatura. Em si um ato de repúdio ao sistema anteriormente vigente, a Lei Áurea é, no entanto, fruto de um processo carregado de contradições, as quais serviram para manter o negro em uma posição de inferioridade social. Assim,

> no Brasil, a abolição significará a exclusão dos ex-escravos das regiões e setores dinâmicos da economia. Em sua grande maioria, eles não serão ocupados em atividades assalariadas. Com a imigração massiva, os ex-escravos vão se juntar aos contingentes de trabalhadores nacionais livres que não têm oportunidades de trabalho senão nas regiões economicamente menos dinâmicas, na economia de subsistência das áreas rurais ou em atividades temporárias, fortuitas, nas cidades (THEODORO, 2008: 27).

Formalmente, a Lei Eusébio de Queiroz (de 1850) marca o início do processo que culminaria com a abolição da escravatura em 1888. Ainda que a alforria ou a emancipação tenham se tornado mais recorrentes desde o começo do século, foi somente a partir da extinção do tráfico negreiro que se observou um enfraquecimento do sistema vigente. Em 1871 tem-se a Lei do Ventre Livre, a qual estabelecia que todas as crianças nascidas a partir da vigência da lei não seriam consideradas escravas. Já em 1885 entra em vigor a Lei dos Sexagenários, declarando a liberdade dos escravos a partir dos sessenta anos de idade. Não obstante, esse processo de liberdade gradual – respondendo aos imperati-

---

[3]. Progressivamente, o número de mulatos e negros libertos e livres vai aumentar no Brasil a partir de medidas governamentais.

vos e debates políticos, econômicos e sociais das elites brasileiras – não foi totalmente positivo, pois a libertação não foi acompanhada de uma incorporação da mão de obra negra livre nos setores mais prósperos da economia nacional, como foi visto. Vestígios desse processo estariam vigentes ainda nos dias atuais.

Ainda que possam ser ponderadas razões de ordem prática que teriam levado a tal resultado, as vertentes ideológicas predominantes no país na época parecem ter tido um papel importante na configuração social do pós-abolição. No Brasil abolicionista, a teoria do branqueamento ganhava espaço entre os estudiosos e o poder público. Como o nome já diz, o objetivo era promover misturas populacionais que contribuíssem para tornar a população branca ao longo do tempo. É nesse sentido que Márcio Theodoro destaca a decisão do governo republicano de conter a imigração de africanos e asiáticos por meio do Decreto 528, de 20 de junho de 1890, o mesmo texto que garantia a livre entrada de imigrantes no Brasil. Assim, justificava-se ideologicamente a prioridade dada à imigração de contingentes europeus. Já no século XX o pensamento social em torno dos afro-descendentes teve uma guinada com a construção do mito da democracia racial, calcado na miscigenação como aspecto marcante da identidade nacional. Símbolo deste período foi o trabalho de Gilberto Freyre e a consequente imagem benigna da escravidão que foi originada de suas ideias (OSÓRIO, 2008)[4]. Não obstante, o que a evidência demonstrava era que as disparidades continuavam. Como resultado, as décadas subsequentes viram o surgimento de linhas um tanto diferenciadas de pensamento acerca do posicionamento do negro na sociedade nacional.

Em um esforço classificatório do pensamento teórico envolvendo desigualdade racial e mobilidade social, Rafael Guerreiro Osório dividiu o trabalho acadêmico realizado até o presente em três ondas teóricas. O discurso pertencente à primeira onda parte da convicção de que o racismo, se existente, não era expressivo e que haveria grande mobilidade social para os afro-descendentes – principalmente os mestiços. As oportunidades acompanhariam o desenvolvimento econômico do país, possibilitando a todos a ascensão social ao longo do tempo; o preconceito racial seria fruto do medo da competição que poderia advir da ascensão dos negros (OSÓRIO, 2008). Gilberto Freyre estaria enquadrado nesse primeiro grupo.

---

4. Ainda que a noção de democracia racial tenha se tornado hegemônica no Brasil, não faltaram críticas às suas linhas de pensamento, principalmente àquelas advindas de pretos e mulatos (ANDREWS, 1996: 489).

Apesar do discurso tão aclamado da democracia racial, a análise empírica da situação dos negros no Brasil levou alguns estudiosos a questionar a inexistência do racismo na sociedade brasileira, atribuindo a ele uma especificidade por sua relação histórica com o período escravocrata. Apesar dessas constatações, essa segunda onda teórica via uma tendência ao desaparecimento do racismo, uma vez que ele se tornaria irracional dentro das dinâmicas racionais de uma sociedade de classes emergente. Haveria espaço para ascensão social (OSÓRIO, 2008)[5]. Já nos anos de 1980, os trabalhos de Carlos Hasenbleg e Nelson do Vale Silva, baseados na utilização de técnicas e métodos de análise modernos à época, deram origem à teoria das desvantagens cumulativas ao longo da vida, caracterizando a terceira onda teórica. A vida estaria dividida em duas fases – vida pré-adulta e vida adulta, sendo a raça um determinante na primeira delas, quando o indivíduo está em formação acadêmica e sua origem social se mostraria influenciada pela raça –, uma vez que há maiores chances de um negro nascer nas classes sociais mais baixas. Ainda segundo os autores, o racismo seria utilizado como uma forma de garantir os privilégios das elites brancas, de modo que apenas o trabalho dos movimentos sociais negros seria capaz de reverter esse quadro.

Para Rafael Guerreiro Osório (2008), a literatura recente sobre desigualdade racial tem apontado que existe uma correlação entre discriminação racial e origem social. Essa interação influenciaria as possibilidades de ascensão social dos negros no Brasil. Além disso, novos estudos têm colocado a origem social como o empecilho maior a mobilidades, ainda que não se possa desconsiderar o impacto da discriminação racial nesse sentido. Uma pesquisa recentemente publicada pelo IBGE (2011) aponta que 63,7% das pessoas consideram que a cor ou a raça influenciam na vida dos indivíduos. Quando perguntados sobre as áreas de inter-relação social em que haveria influência, as respostas são as seguintes: trabalho, 71%; relação com polícia e judiciário, 68%; convívio social, 65%; escola, 59%; repartições públicas, 51%; atendimento à saúde, 44%; casamento 38,4% e outros, 2%. Esses dados mostram-se importantes a partir da constatação de que 50,7% da população declararam-se preta ou parda no Censo 2010, conforme resultados publicados pelo IBGE até o presente (IBGE, 2011b: 46)[6]. Ainda segun-

---

[5]. A segunda onda teórica foi marcada por divergências entre os diversos estudiosos que são sob ela enquadrados. De qualquer forma, as análises de Florestan Fernandes ganharam certa proeminência nesse período. Já Fernando Henrique Cardoso e Octavio Ianni não acreditavam na irracionalidade do preconceito ao afirmarem que ele se encaixaria nas estruturas da nova sociedade que surgia (OSÓRIO, 2008: 79-80).

[6]. As pesquisas do IBGE normalmente trazem à tona a questão da relevância dos resultados a partir da autoclassificação em comparação com a heteroclassificação de cor e raça. Outro

do o instituto, tal população estaria geograficamente concentrada no Nordeste, no Norte e em partes do Sudeste e do Centro-Oeste.

Apesar de os indicadores em pesquisas nos últimos anos revelarem uma melhoria geral nas condições de vida da população, permanecem disparidades entre os diferentes grupos de cor e raça. Nesse sentido, outro resultado importante do Censo 2010 são as disparidades de renda média mensal entre os diversos grupos, com pretos e pardos ganhando R$ 834 e R$ 845, respectivamente; sendo os ganhos médios de brancos e amarelos estipulados em R$ 1.538 e R$ 1.574, respectivamente (IBGE, 2011b: 51). Quando o quesito é alfabetização, a taxa de analfabetismo entre os brancos fica em 5,9%, um percentual bem menor que o de pardos (13%) e pretos (14,4%) (IBGE, 2011b: 53). Sobre a pobreza, um relatório compilado pelo Ministério do Desenvolvimento Social e Combate à Fome a partir dos dados preliminares do Censo 2010 constatou que, dentro do universo de pessoas vivendo em extrema pobreza no Brasil, 70,8% delas são pretas (9%) ou pardas (61,8%) (MDS, 2011: 5-6)[7].

As condições de inserção social do negro no Brasil e sua contribuição para a construção da história nacional não passaram despercebidas pela comunidade negra do país. Desde o período da escravidão observa-se a tentativa de organização de formas alternativas de vida por parte dos escravos, algo que ficou conhecido como movimento quilombola. Formado – e destruído – no século XVII, o Quilombo dos Palmares, por exemplo, tornou-se um símbolo da resistência à escravidão, o que levou à consagração do 20 de novembro, suposta data de morte de Zumbi dos Palmares, a ser considerada como o dia da Consciência Negra. Os vestígios dos quilombos permanecem até hoje na forma das comunidades quilombolas que existem no Brasil.

Ainda que se saliente o movimento quilombola como a origem da resistência negra organizada, é somente no período republicano que os movimentos sociais negros[8] de caráter reivindicatório irão aparecer. No período que vai da Proclamação da República até a instauração do Estado Novo,

---

fato importante é que o Censo 2010 entrevistou toda a população brasileira no quesito cor e raça, pois reincorporou essa questão em seu questionário básico (IBGE, 2011: 46).

7. A linha de extrema pobreza foi traçada em R$ 70,00 per capita em relação ao rendimento nominal mensal do domicílio (MDS, 2011: 1).

8. Adotando caracterização de Regina Pahim Pinto, Petrônio Domingues define movimento negro como "a luta dos negros na perspectiva de resolver seus problemas na sociedade abrangente, em particular os provenientes dos preconceitos e das discriminações raciais que os marginalizam no mercado de trabalho, no sistema educacional, político, social e cultural" (DOMINGUES, 2007: 101).

os negros se organizaram em clubes, grêmios e associações assistencialistas, culturais e recreativas. Foi somente em 1931 que demandas políticas começaram a ser organizadas a partir da formação de um movimento de massa consagrado na Frente Negra Brasileira (FNB), posteriormente convertida em partido político (DOMINGUES, 2007). Após o esfriamento do movimento no período ditatorial, o movimento negro ressurge diante das constatações de discriminação racial na sociedade. Foram os anos da União dos Homens de Cor (1943) e do Teatro Experimental Negro (1944) em que se percebe a influência de movimentos como a *negritude* francesa. No entanto, a ditadura militar, iniciada em 1964, interromperia mais uma vez esse processo. Segundo Andrews (1996), o regime militar não via com bons olhos críticas à suposta democracia racial que existiria no país. Isso valia não só para o mundo acadêmico, mas também para os movimentos negros. Assim, foi somente no fim dos anos de 1970 que o movimento negro logrou se reorganizar, dessa vez com uma crítica contundente ao racismo e denunciando sistematicamente a democracia racial (DOMINGUES, 2007) por meio do Movimento Negro Unificado (1978)[9].

Em conjunto com a evolução das bases teóricas, a atuação do movimento negro tem inspirado uma reversão, embora incipiente, da visão do negro na sociedade brasileira. Por um lado, tem-se a tentativa de valorização de sua contribuição econômica, social e cultural; por outro lado, passa-se a observar a criação de uma série de medidas para propiciar a inclusão social do negro em condições semelhantes a dos demais grupos do país. Salientando as evoluções que ocorrem nos últimos anos, Sales Augusto dos Santos (2007) aponta para um aumento do papel do poder público – nos âmbitos da União, Estados e municípios – na construção de um novo ideário, atuação em grande parte derivada da pressão dos movimentos negros.

Desde os anos de 1950 a atuação do governo vinha se mostrando tímida, com a aprovação da Lei Afonso Arinos (1951) em resposta não a reivindicações internas, mas a um incidente envolvendo Katherine Dunham, uma bailarina negra e um hotel em São Paulo. Com a retomada da democracia e a vigência da Constituição de 1988, passa-se a lutar contra o racismo e a discriminação racial a partir de sua criminalização e consequente descrição como crime inafiançável e imprescritível. Um ano depois, a Lei Caó determina reclusão para casos em que fossem constatados barreiras de cunho racial ao

---

[9]. Domingues (2007) destaca também a importância da imprensa negra como plataforma de denúncia e reivindicação.

acesso e atendimento de negros em espaços comerciais, públicos e empregos (JACCOUD, 2008).

Uma situação semelhante de diminuição da importância da contribuição do negro ao Brasil teria ocorrido no âmbito cultural, caracterizando um paradoxo entre racionalidade e exotismo. Ainda que símbolos como o carnaval e escolas de samba fossem agraciados há algumas décadas (JENSEN, 2001), foi só a partir dos anos de 1980 que o aporte cultural negro começa a ter um reconhecimento maior, principalmente com o estabelecimento da Fundação Cultural Palmares (1988) no Ministério da Cultura. No que concerne ao quadro religioso nacional, estaria ocorrendo uma africanização das religiões afro-brasileiras – principalmente candomblé e umbanda, as quais foram dotadas de um sincretismo desde sua fundação – e estiveram mais ou menos ligadas à população negra durante o século XX. No entanto, as religiões afro-brasileiras em geral sempre se viram estigmatizadas, o que leva Reginaldo Prandi a afirmar que os dados sobre o número de praticantes das diversas vertentes no Brasil seriam subestimados diante de um país de base católica. As religiões afro-brasileiras são estigmatizadas principalmente por lidarem com oferendas, sacrifícios e o suposto domínio do mágico[10]. Além disso, enfrentam atualmente os ataques e a concorrência de outros grupos religiosos, como os pentecostais (PRANDI, 2003).

Apesar desses esforços iniciais de reconhecimento da contribuição socioeconômica e cultural do negro ao Brasil, foi apenas no governo de Fernando Henrique Cardoso que um presidente da república constatou publicamente que existia discriminação racial no Brasil (DOS SANTOS, 2007). A partir desse momento, e também por pressões externas, a questão do negro começa a ser discutida no país, de modo que, em 2003, o governo federal responde com a criação da Secretaria Especial de Políticas de Promoção da Igualdade Racial (Seppir). Nas palavras do então presidente:

> Pelo menos metade da população brasileira vem sendo prejudicada por essa situação: a metade negra do nosso povo. Ela não é somente negra – é em sua grande maioria pobre. Mais de 64% dos pobres e pelo menos 70% dos indigentes são negros, como também a maior parte dos desempregados e subempregados do país também são negros. [...] Essa situação injusta e cruel é produto da nossa história – da escravidão, que durou quatro séculos no

---

10. Para compreender as diferenças entre umbanda e candomblé, inclusive quanto a suas práticas, histórico e interação com a população negra, cf. Prandi (2003) e Jensen (2001).

Brasil, deixando marcas profundas em nosso convívio social –, mas é também resultado da ausência de políticas públicas voltadas para superá-la. O Estado brasileiro não deve ser neutro em relação às questões raciais (BRASIL/SEPPIR, 2003: 6, apud DOS SANTOS, 2007: 189).

Entre as ações executadas nos últimos anos, especialmente incrementadas a partir do Governo Lula em 2003, é possível destacar quatro iniciativas de grande impacto por seus objetivos, resultados e controvérsias. O Programa de Combate ao Racismo Institucional (Pcri) (2005-2006), que tinha no Ministério da Saúde seu grande expoente nacional[11], buscava reduzir as disparidades raciais em matéria de saúde. Um dos resultados do programa foi a adoção da Política Nacional de Saúde da População Negra (2006) pelo Conselho Nacional de Saúde. No âmbito das relações trabalhistas, o Ministério Público do Trabalho (MPT) implementou o Programa de Promoção da Igualdade de Oportunidade para Todos (2005) para combater as disparidades raciais no mercado de trabalho brasileiro. A atuação do órgão se dá a partir da sensibilização, de acordos e de ações jurídicas para incentivar uma maior equidade de condições a todos.

O maior reconhecimento da contribuição socioeconômica e cultural do negro para o Brasil foi materializado com a Lei 10.639/03, a qual obriga o estudo da História e da Cultura Afro-Brasileira no Ensino Fundamental e Médio. Longe de ser ideal, principalmente pelo despreparo do corpo docente em lidar com essa temática, a lei responde a reivindicações contundentes do movimento negro desde os anos de 1980. Para Luciana Jaccoud (2008: 152), além de informar, a iniciativa busca reduzir a discriminação e o preconceito raciais, valorizando a figura do negro. Não obstante, essas iniciativas de inclusão social e reconhecimento não deixam de gerar contradições próprias. Nesse sentido, um dos temas que tem gerado controvérsia pública é justamente a questão das ações afirmativas na universidade.

Calcadas na autonomia universitária, desde o começo dos anos 2000, as universidades públicas têm discutido a adoção de bonificações e cotas para assegurar a entrada de candidatos negros em seus cursos. No que diz respeito às cotas, as instituições têm implementado sistemas de cotas raciais e sociais independentes, raciais e sociais sobrepostas e raciais simples; quanto às boni-

---

11. O Pcri era fruto de uma parceria com o Programa das Nações Unidas para o Desenvolvimento (Pnud), o Ministério Público Federal, a Organização Pan-Americana de Saúde (Opas), a Seppir e a Agência de Cooperação Técnica do Ministério Britânico para o Desenvolvimento e a Redução da Pobreza (Dfid).

ficações, os candidatos beneficiados contam com um bônus de nota em variações que podem incluir ou não critérios de ordem social. Não obstante, a adoção de ações afirmativas desse cunho não se dá sem críticas. Enquanto alguns apontam para resultados positivos no tocante à manutenção da qualidade do ensino, na democratização do acesso e por meio de medidas de apoio aos estudantes nessas categorias (JACCOUD, 2008), críticos do processo falam sobre a dificuldade em se determinar quem é negro no Brasil, sobre a necessidade de se manter o mérito individual no ingresso à universidade, sobre um possível incremento nos conflitos de cunho racial, sobre a prevalência do quesito social sobre o racial no acesso ao Ensino Superior, sobre a inconstitucionalidade de tais medidas (DOS SANTOS, 2007).

O Presidente Lula não apenas deu grande impulso às ações afirmativas, como foi visto, mas os programas sociais para as populações mais carentes atingiram diretamente um grande contingente de negros. Ou seja, além das ações contra a discriminação e a falta de oportunidades devido à cor, outras que visavam a pobreza extrema melhoraram a situação material das comunidades afro-brasileiras. Na mesma linha, o Brasil abriu uma intensa cooperação com o continente africano, como se verá adiante, e relacionou tal ação, em parte, com a herança africana do Brasil. A Presidente Dilma Rousseff, que sucedeu Lula em 2011, tem dado continuidade a tal política.

O Brasil ainda tem muito caminho a percorrer na reconstrução da participação do negro em sua história. É preciso ir além da contagem do número de escravos trazidos para o país e dos nascidos aqui. Longe de ignorar a tragédia humana que foi a escravidão, trata-se de colocar o negro como parte integrante do todo que é o país hoje, destacando sua contribuição para a geração da riqueza econômica e social da nação. Afinal, os quase quinhentos anos de presença negra no Brasil não resultaram apenas em tradições culturais; eles são parte daquilo que se define como Brasil.

O problema é que nossa sociedade ainda se baseia em valores elitistas e na desigualdade, e como apontaram muitas críticas construtivas, a simples "inclusão social" pode apenas gerar um segmento de elite negra, sem um avanço da consciência cidadã nem melhoria da sociedade. Portanto, como se observa na história da África, mais importante do que a cor do opressor e explorador é a estrutura de opressão e exploração, a qual necessita ser alterada. E, neste sentido, é importante constatar que os movimentos negros ainda têm muito que avançar para não cair em alguma armadilha da nossa astuta elite, que se revelou mestre em se reinventar ao longo de cinco séculos.

5.2 Afastamentos e reaproximações com a África pós-colonial

A reaproximação (contraditória) com a África pós-colonial

Como foi visto, o fim do tráfico no Atlântico Sul coincidiu com o início da expansão colonialista europeia na África, a qual gerou o retrocesso das relações e o afastamento entre a África e o Brasil. Na primeira metade do século XX, 90% do comércio do Brasil se dava exclusivamente com a África do Sul. Após a Segunda Guerra Mundial a relação com Portugal era importante para os sucessivos governos brasileiros que barganhavam o apoio eleitoral da comunidade de imigrantes lusitanos (estimulado por Salazar, através das Casas de Portugal) em troca do apoio brasileiro ao colonialismo português nos fóruns da ONU. Além disso, o Brasil evitava apoiar a descolonização, pois Dakar era um ponto estratégico de escala das comunicações aeronavais com a Europa, além de Portugal ser membro da Otan.

Em 1953 Vargas assinou o Tratado de Amizade Brasil-Portugal, que Kubitschek levou ainda mais longe, com a proposta do estabelecimento de uma Comunidade Luso-Brasileira. Era a época de Gilberto Freire e seu luso-tropicalismo, que dava a Salazar, o líder do fascismo português, uma base teórica para a manutenção do império colonial na África, e faziam do Brasil um paradigma para sua política de assimilação, a partir da ficção jurídica das "Províncias Ultramarinas". Como compensação, chegou a ser firmado um Convênio do Café (a produção africana concorria com a brasileira), num momento em que se constituía a Comunidade Econômica Europeia (1957), e o Itamaraty, o Ministério das Relações Exteriores do Brasil, era reestruturado, instituindo-se um Departamento Comercial.

Além de perdurar o que José Honório Rodrigues denominou de "velha mentalidade conservadora do Sr. Raul Fernandes" (Chanceler de 1946-1951 e de 1954-1955), típica do alinhamento na Guerra Fria, o lançamento da Operação Pan-Americana por JK, em 1958, restringia a política externa brasileira às Américas. As independências africanas, que se iniciaram justamente durante o Governo Kubitschek, foram praticamente ignoradas. Em 1960, o *Ano Africano*, dezessete países se tornaram independentes, com o Brasil adotando uma política meramente protocolar. Foi preciso o desencadeamento da Política Externa Independente, no Governo Jânio Quadros, para que a África adquirisse importância para a diplomacia brasileira.

Com a Política Externa Independente, de 1961 a 1964, houve uma primeira aproximação, seguindo-se uma fase de distanciamento durante os dois primeiros governos militares (1964-1969). Do Governo Médici até o fim do Governo Sarney (1969-1990), por outro lado, houve um salto qualitativo nas relações Brasil-África, com uma intensa cooperação em várias áreas, mas com o advento dos governos neoliberais, de Fernando Collor de Mello a Fernando Henrique Cardoso (1990-2002), nos marcos da globalização, houve novo distanciamento. Contudo, na passagem do século XX ao XXI, especialmente a partir do início do Governo Luiz Inácio "Lula" da Silva, o continente africano viria, finalmente, a se tornar uma prioridade para o Brasil.

Em 1961, com o lançamento da Política Externa Independente por Jânio Quadros e seu chanceler Afonso Arinos, o Brasil lançou uma ousada política africana e tomou posição em favor do direito à autodeterminação dos povos coloniais, especialmente as colônias portuguesas, que iniciavam a luta armada. Tal tomada de posição, que implicou tensão com Lisboa, não foi isenta de certos retrocessos devido à ação do poderoso *lobby* pró-português.

De qualquer forma, o Itamaraty criou uma Divisão da África, foi estabelecida uma linha de navegação e abertas cinco embaixadas: Senegal (visitado por Afonso Arinos), Costa do Marfim, Nigéria, Etiópia e Gana. Em relação a este último país ocorreu um episódio prosaico, quando Quadros designou como embaixador o escritor negro Raimundo de Souza Dantas. Kwame Nkrumah, o combativo líder de Gana, ironizou: "Se o Brasil desejava demonstrar-nos que não era um país racista, deveria ter nomeado um negro para Londres, Washington ou Paris, não para a África".

A assinatura de diversos acordos culturais propiciou o estabelecimento de um programa de bolsas de estudo para estudantes africanos no Brasil, que viria a dar origem ao Programa de Estudantes Convênio (PEC). O país também condenou o massacre de Sharpeville, ocorrido na África do Sul, e criticou o *Apartheid*, buscando manter os contatos num nível mais limitado com os sul-africanos, em relação aos quais possuía um bom volume de comércio. Apesar de João Goulart, que assumiu a presidência com a renúncia de Quadros, e de seu chanceler San Tiago Dantas manterem e até aprofundarem a Política Externa Independente, houve vacilações e retrocessos na relação com a África, dada a fragilidade do governo e a suspeição ideológica de que padecia.

Na verdade, Quadros e Arinos desejavam aumentar o poder de barganha do Brasil frente aos Estados Unidos (aumentando nossa inserção internacional), aproveitar novos nichos de mercado para a crescente produção industrial brasileira, projetar o país na cena internacional e servir de elo do Ocidente com a África, no contexto de recuo do colonialismo. Interessante, também preocupava o governo a "concorrência desleal" dos países africanos no tocante ao acesso privilegiado aos mercados europeus para seus produtos tropicais (café, açúcar e cacau), seja como colônias, seja pelos vínculos privilegiados estabelecidos após a independência.

Da geopolítica da Guerra Fria às relações econômicas

O primeiro esboço de cooperação Sul-Sul ensaiado pela Política Externa Independente, todavia, sofreu um revés considerável com o golpe de 1964. Castello Branco desejava acabar com a politização da PEI e deixou de lado o discurso terceiro-mundista. Apesar de enviar uma missão comercial à África Ocidental, o novo regime tratou de recompor a relação com Portugal e, em nome da segurança do Atlântico Sul, condenar os movimentos de libertação nacional de influência marxista na África Austral. Mais uma vez, devido ao enfoque da geopolítica da Guerra Fria, o tema da segurança coletiva foi resgatado, tanto no que diz respeito às Américas (proposta de uma Força de Defesa Interamericana) como ao Atlântico Sul (proposta da formação da Organização do Tratado do Atlântico Sul – Otas). Esta última implicava a cooperação com os regimes colonialista de Portugal e racista da África do Sul. O Governo Costa e Silva, apesar de condenar a hegemonia das grandes potências e de esfriar o discurso sobre os mecanismos multilaterais de defesa, não promoveu ações de aproximação com a África em seu curto governo (1967-1969).

As iniciativas de reaproximação ocorreram no Governo Médici, o mais repressivo do regime militar. Em 1970 foram abertas três novas embaixadas e, em 1972, o Chanceler Mário Gibson Barboza visitou nove países da África Ocidental e da Oriental, firmando diversos acordos comerciais, culturais e de cooperação técnica. O Brasil do "milagre econômico", com sua renda concentrada e indústria em rápida expansão, necessitava de mercados, matérias-primas e energia, especialmente petróleo. Por outro lado, a tecnologia intermediária e "tropicalizada" se oferecia à prestação de serviços e funcionava como modelo inspirador aos Estados africanos. O Brasil também necessitava da simpatia diplomática dos africanos para legitimar a expansão do Mar Territorial para 200 milhas, ao mesmo tempo em que a ideia da Otas era enterrada. A Diplomacia do Interesse Nacional do Governo Médici, contudo, evitou a agenda polêmica da África Austral, onde as guerras de libertação nacional montavam o assalto final contra o decrépito colonialismo português.

A crise do petróleo, em 1973, e o início do Governo Geisel (1974-1979), marcaram o aprofundamento da política africana. Seis novas embaixadas foram abertas na África e o Brasil foi o primeiro país a reconhecer o governo do Movimento Popular de Libertação de Angola (MPLA), de viés marxista, em novembro de 1975. A condenação firme dos regimes racistas da Rodésia e da África do Sul caracterizou, igualmente, a diplomacia do *Pragmatismo Responsável* de Geisel e do Chanceler Azeredo da Silveira, marcada por um forte discurso terceiro-mundista. Ao mesmo tempo em que o Brasil exportava bens de consumo, alimentos e automóveis, importava crescentes quantidades de petróleo.

A Braspetro, subsidiária da Petrobras, iniciou atividades de prospecção na África, a Vale do Rio Doce desenvolvia projetos de mineração e as construtoras Mendes Jr. e Odebrecht, entre outras, construíam rodovias, pontes, portos e barragens hidroelétricas. As relações com Angola, Gabão, Nigéria e Argélia, nações produtoras de petróleo, eram as mais intensas, enquanto o Brasil recebia muitas centenas de estudantes africanos para cursar estudos universitários, na base do PEC, e dezenas de estagiários em suas empresas, particularmente estatais. Ao mesmo tempo, o Brasil exportava grande volume de armamentos produzidos por sua indústria, aviões da Embraer e estabelecia parcerias na área aeronáutica.

A *Diplomacia do Universalismo*, do Presidente Figueiredo (1979-1985) e do Chanceler Saraiva Guerreiro, manteve e expandiu a cooperação Brasil-África. Figueiredo foi o primeiro presidente brasileiro a visitar a África oficialmente: Nigéria, Senegal, Guiné-Bissau, Cabo Verde e Argélia. Com o fim do regime racista na Rodésia, em 1980, o Brasil aproximou-se do novo Zimbábue e continuou a criticar duramente o racismo e as agressões sul-africanas aos países recém-libertados. Além do crescimento contínuo do comércio, os programas de cooperação foram intensificados nas mais diversas áreas, enquanto as representações diplomáticas africanas aumentavam rapidamente de número em Brasília.

O Governo Sarney, apesar das crescentes dificuldades da economia e das adversidades emanadas do sistema internacional, manteve um alto perfil na relação Brasil-África. Ele visitou Cabo Verde e, posteriormente, Angola e Moçambique, que atravessavam momentos difíceis face às investidas sul-africanas e à guerra civil. Em 1986, em plena Era Reagan e no contexto de militarização do Atlântico Sul (pós-Malvinas), logrou que a ONU aprovasse o estabelecimento da Zona de Paz e Cooperação do Atlântico Sul (Zopacas). Neste contexto, em 1988 promoveu a I Conferência do Atlântico Sul, no Rio de Janeiro, com a participação de 19 países africanos. A emancipação da Namíbia, a crítica ao *Apartheid* e o apoio à paz em Angola (com a retirada das forças sul-africanas e cubanas) eram pontos importantes dessa política, ao lado da busca pelo desenvolvimento.

Todavia, as dificuldades eram crescentes. O impacto da crise da dívida era forte no Brasil e fortíssimo na África, drasticamente enfraquecida pelos planos de ajuste do FMI e pelos conflitos da Guerra Fria. Assim, o primeiro governo pós-militar buscou uma inflexão em direção aos países de língua portuguesa, na esteira do espaço deixado por Portugal, que ingressara na Comunidade Europeia. Em 1989 foi realizada a I Cúpula dos Países Lusófonos, em São Luís do Maranhão, com a presença do Brasil, de Portugal e dos Países Africanos de Língua Oficial Portuguesa (Palops), tendo sido criado o Instituto Internacional da Língua Portuguesa, sediado em Cabo Verde.

A era dos ajustes econômicos transatlânticos

A ascensão de Fernando Collor de Mello à presidência e a adoção do neoliberalismo como política econômica, em 1990, abriram nova fase de relativo distanciamento em relação à África. A visão estratégica contida no Consenso de Washington, que orientava a nova elite brasileira, enfatizava as relações verticais Norte-Sul, em lugar das relações horizontais Sul-Sul. No contexto do fim da Guerra Fria e da criação do Mercosul, em 1991, a África foi considerada um cenário secundário, nos marcos de uma diplomacia baseada numa visão neoliberal da globalização e voltada aos países da Ocde. O declínio comercial que se seguiu era fruto dos planos de ajuste dos dois lados do Oceano Atlântico, da retirada do Estado do financiamento das exportações e de muitos ramos da economia e da necessidade de comprar petróleo da Argentina, como forma de equilibrar as relações comerciais dentro do Mercosul.

De qualquer maneira, a transição à democracia na África do Sul e a independência da Namíbia, que recebeu ajuda brasileira para estruturar sua marinha de guerra, levaram o presidente a visitar a região, em 1991. Enquanto isso, o número de diplomatas brasileiros na África diminuía constantemente. Pior que isso, o *status* da África na estrutura do Itamaraty, junto com o do Oriente Médio, foi reduzido em termos político-administrativos. Tudo com base numa visão de custo-benefício de curto prazo, em detrimento de políticas estratégicas empreendidas pelos governos anteriores.

Durante o Governo Itamar Franco (1992-1994), com Fernando Henrique Cardoso (FHC) e, depois, Celso Amorim como chanceleres, voltou a haver certa visão articulada quanto à política africana. Foram selecionados alguns países-chave como prioritários, e neles concentrados os limitados esforços. A nova África do Sul, Angola e Nigéria eram os principais focos da política externa brasileira, que buscava atingir os vizinhos por meio destes. Em 1993 Itamar Franco reativou a Zopacas e, no ano seguinte, realizou um encontro de Chanceleres dos Países de Língua Portuguesa, em Brasília. Mais importante, contudo, foi o apoio bilateral e multilateral (via ONU) ao processo de paz e reconstrução em alguns países do continente, especialmente em Angola.

No Governo FHC (1995-2002) o lugar da África nas relações internacionais do Brasil continuou modesto, mas houve algumas iniciativas importantes e certa inflexão ao longo do segundo mandato, que viriam a ser qualitativamente aprofundadas pelo Governo Lula. A partir de 1995 o exército brasileiro participou ativamente das missões de paz da ONU em Angola e em alguns outros países. Em 1996 Cardoso visitou Angola e África do Sul, firmando acordos em várias áreas, e em 1998 o Presidente Mandela visitou o Brasil. A nova África do Sul emergia como parceira importante para o Brasil. No ano 2000 aquele país assinou um Acordo-quadro com o Mercosul.

No mesmo sentido, a cooperação no campo das políticas públicas cresceu, especialmente quando o Brasil iniciou sua luta para quebrar os direitos de patente dos medicamentos para a Aids, epidemia que assola a África Austral. Quando o presidente, no contexto da crise do real, começou a criticar a "globalização assimétrica", passou também a haver entre o Brasil e os Estados africanos uma maior convergência na diplomacia mundial e seus foros multilaterais, especialmente os econômicos.

Mas vale a pena, ainda, mencionar que, desde o fim dos anos de 1980, tem crescido na África a penetração da televisão brasileira (especialmente as telenovelas), das igrejas evangélicas[12] e, mesmo, o estabelecimento de redes de contrabando, tráfico de drogas, armas e lavagem de dinheiro (num fluxo de duplo sentido). Aspectos culturais e de segurança, assim, tornaram-se agendas comuns no relacionamento entre as duas margens do Atlântico Sul. O Brasil também tem recebido refugiados e imigrantes do continente africano.

---

12. Somente na África do Sul já existem quase 300 templos da Igreja Universal do Reino de Deus, onde pastores brasileiros conseguem até contar anedotas em zulu, mas o fenômeno é ainda mais intenso nos países de língua portuguesa.

5.3 A nova cooperação Brasil-África: solidariedade ou interesse?

A emergência de uma política africana multidimensional

A política externa do Governo Lula e a África

Desde o início do Governo Lula, em 2003, a diplomacia brasileira tem dado atenção especial à África, intensificando os laços com o continente, pois o Brasil passou a desenvolver uma diplomacia "ativa e afirmativa". Uma visão estratégica e uma perspectiva coerente são as novas bases das relações Brasil-África, tornando-se o principal foco da chamada cooperação Sul-Sul. Relações bilaterais e multilaterais têm se desenvolvido de maneira notável nas áreas de comércio e investimento (principalmente nos setores petrolíferos, de mineração e infraestrutura), saúde, ciência e tecnologia, diplomacia e, mesmo, segurança e defesa.

Ao mesmo tempo em que o combate à pobreza adotava programas efetivos como o "Fome Zero", as "políticas afirmativas" buscavam integrar os afrodescendentes aos avanços da sociedade brasileira. Uma das iniciativas, já em março de 2003, foi o fomento do ingresso de negros nos quadros diplomáticos, com a concessão de bolsas para a preparação ao concurso do Instituto Rio Branco. No campo da educação, os programas PEC e PEC-G (oportunidade para estudantes estrangeiros cursarem graduação e pós-graduação no Brasil) foram ampliados com a inclusão de novas universidades brasileiras participantes (com aumento no número de vagas e bolsas de estudo) e maior ênfase na cooperação em pesquisas científicas, além do intercâmbio de professores.

Na África, são oferecidos cursos e eventos, e em ambos os lados do Atlântico são promovidos seminários para aprofundar o conhecimento comum. Um desses esforços é a Conferência Internacional de Intelectuais Africanos e da Diáspora, que ocorreu em Salvador em julho de 2006. A África, dessa maneira, tem sido vista como o mais importante ensaio no âmbito da Cooperação Sul-Sul, acompanhada de um aumento no comércio bilateral e das ações de cooperação técnica brasileiras na África.

Para muitos, as relações com a África provam a dimensão solidária do programa social do Presidente Lula, numa extensão internacional das ações nacionais, enquanto outros consideram essas relações apenas uma "diplomacia de prestígio", com desperdício de tempo e dinheiro; finalmente, alguns as consideram pela ótica da "diplomacia de negócios", uma espécie de *imperialismo soft*, que se diferenciaria da presença chinesa na África apenas em sua forma e intensidade.

Brasil, China e Índia são os novos atores na política internacional africana. Após um longo período de distanciamento, a sociedade brasileira e as relações interestatais com a África ultrapassaram a etapa retórica e ganharam incentivo a partir do Governo Lula. Os laços históricos, o elevado número de descendentes africanos no país e o debate interno em relação à igualdade racial estão presentes na perspectiva brasileira em relação à necessidade de um relacionamento mais próximo e cooperativo para com os parceiros africanos. Entretanto, os pilares estratégicos e econômicos dessa recente aproximação são mais importantes: ainda que o continente africano apresente níveis alarmantes de pobreza, não há estagnação na região, fato que propicia um papel importante para a projeção mundial brasileira.

Enquanto partidos de oposição acusavam o Governo Lula de "desperdiçar dinheiro em um continente sem futuro", empreendimentos brasileiros estão ganhando espaço e reforçando sua presença, principalmente a Petrobras. Enquanto ações chinesas, e mais recentemente indianas, são orientadas por objetivos econômicos – apesar de sua ajuda na área de infraestrutura – e da presença norte-americana ser focada em questões de segurança e geopolítica, a estratégia brasileira de cooperação traz novos elementos.

O discurso diplomático e suas práticas, no Governo Lula, levaram à formação de alianças prioritárias com parceiros da esfera Sul-Sul. Nesse sentido, o continente africano representa uma das áreas de influência mais relevantes nos planos diplomáticos brasileiros, atrás apenas da América do Sul. Uma das suas primeiras ações foi modificar a estrutura interna do Itamaraty em relação à África: além das Divisões de África (I) e (II), o governo dividiu o Departamento da África e do Oriente Médio para dar lugar a mais um departamento, voltado unicamente para o continente africano. Seguindo a mesma linha, foi criada a Divisão de África-III (DAF-III).

A partir de 2003 houve uma mudança substancial na política externa brasileira, objetivando o estabelecimento de alianças com parceiros do grupo Sul-Sul, e ressaltando a importância do continente africano na estratégia brasileira de inserção internacional. Um sinal claro disso é o alto nível de investimentos diplomáticos no continente, o que promoveu várias visitas às nações africanas, estabelecendo diversos acordos de cooperação nas mais variadas áreas – desde o início do primeiro mandato, o Presidente Lula esteve no continente dez vezes, tendo visitado mais de vinte países, alguns deles mais de uma vez.

O presidente, inclusive, deu uma declaração semelhante a uma proferida por Jânio Quadros: "O Brasil tem um compromisso moral e ético com o continente africano". Outro ponto relevante nessa política africana é abertura/reabertura de postos diplomáticos brasileiros no continente, totalizando 16 novas embaixadas brasileiras na África. O caminho inverso também tem sido reforçado, sendo que entre 2003 e 2006 o número de representações diplomáticas africanas, acreditadas em Brasília, saltou de 16 para 25.

O perdão brasileiro da dívida externa de alguns países africanos também deve ser interpretado a partir dessa nova postura brasileira. Segundo o Programa de Desenvolvimento das Nações Unidas (Pnud), o governo brasileiro perdoou aproximadamente US$ 1 bilhão em dívidas para a África, com o objetivo de aprofundar pontos das Metas de Desenvolvimento do Milênio, o que inclui apoio técnico aos países do Sul, com transferência de tecnologia e conhecimento. Entre estes países com dívida perdoada destacam-se a Nigéria, com um abatimento de 67% da dívida (pendente desde a década de 1980, somando aproximadamente US$ 162 milhões) e Moçambique, onde foi acordado perdão de 95% de sua dívida com o Brasil, no valor de US$ 351 milhões.

Essa mudança na política externa brasileira é, portanto, justificada, por um lado, pela maior compreensão do governo da importância do apoio africano para aumentar a projeção do Brasil no cenário internacional, em sua estratégia de se inserir globalmente, cumprindo sua aspiração como uma potência de porte médio. Por outro lado, a nova política também é justificada pelo Renascimento Africano, já que a África tem seu *status* reconhecido no cenário internacional, causado em grande parte pela valorização das *commodities* exportadas pelo continente e pelo crescente investimento da China na região.

Os países africanos de língua oficial portuguesa e a estratégia do Atlântico Sul

É importante reconhecer o potencial de alguns dos acordos do Brasil em direção ao continente africano para futuras combinações no campo multilateral, como a Comunidade dos Países de Língua Oficial Portuguesa (CPLP) e a Zona de Paz e Cooperação do Atlântico Sul (Zopacas).

Os Palop têm se tornado prioridade para o Itamaraty, principalmente no âmbito da CPLP. Unindo uma população de aproximadamente 240 milhões de pessoas em quatro continentes, a CPLP se originou por iniciativa brasileira – com a fundação do Instituto Internacional da Língua Portuguesa (IILP), em 1989 – e tem sido, desde sua fundação, em 1996, um dos mais importantes pilares da política do Brasil em relação à África. Esse mecanismo foi muito utilizado pelo Governo Lula para aprofundar as relações com o continente africano, impulsionado pelos seus laços culturais e históricos, como em 2003, quando o Brasil, no exercício da presidência da CPLP, promoveu consultas a fim de identificar possíveis medidas de apoio à Guiné-Bissau, que atravessava séria crise política e institucional.

Em 2008 o governo brasileiro oficializou a iniciativa de criação de uma Universidade dos Países de Língua Oficial Portuguesa com o objetivo de unificar o idioma e aproximar as sociedades brasileira, portuguesa e africana. Estabelecida na cidade de Redenção (Ceará) – primeira a libertar os escravos no século XIX, a UNICPLP terá cinco mil vagas para estudantes oriundos de países da CPLP, incluindo, ainda, polos de ensino à distância espalhados pelo continente africano, com o oferecimento de cursos voltados para a disseminação do português, sendo que as áreas de especialização serão definidas pelos países africanos.

Portugal, Timor Leste, Guiné-Bissau, Cabo Verde, São Tomé e Príncipe, Moçambique e Angola tentam, por meio da cooperação brasileira, alcançar melhorias nas áreas de segurança, comércio, saúde e educação. Desde o início da administração de Lula, São Tomé e Príncipe, Cabo Verde, Moçambique e Angola receberam o presidente brasileiro, alguns deles mais de uma vez. Nestas ocasiões foram discutidas possibilidades de investimento em diversas áreas da indústria e do comércio.

Proposta pelo Governo Sarney, em 1986, no âmbito da Assembleia Geral das Nações Unidas, a Zona de Paz e Cooperação do Atlântico Sul (Zopacas) tem superado a estagnação e está passando por um processo de revitalização, o qual se iniciou na Reunião Ministerial de Luanda, em 2007. O principal resultado da reunião foi o Plano de Ação de Luanda, indicando as áreas em que os esforços de cooperação devem ser reforçados. Isso foi seguido pela criação de Grupos de Trabalho para cooperação econômica – atualmente coordenados pelo Brasil –, missões de paz, questões ambientais e luta contra atividades ilegais transnacionais.

Tanto a CPLP quanto a Zopacas foram criadas em governos anteriores, e ambas ainda não atingiram seu potencial total, mas oferecem mecanismos para unir grupos de nações que, entre temas gerais e específicos, são capazes de promover objetivos comuns em fóruns globais. Além do mais, é importante ressaltar que a CPLP e a Zopacas têm um grande potencial como um local de intersecção entre os diferentes processos de integração na região do Atlântico Sul, favorecendo especialmente o comércio entre o Mercosul, a Sadc e a Ecowas.

A maioria das reservas de petróleo brasileiras, tanto as mais antigas quanto as mais recentes, são localizadas fora de seu território continental, assim como ocorre na África. Ao mesmo tempo, o comércio com a Ásia passa principalmente pelo Atlântico Sul e pelo Oceano Índico. Desse modo, a segurança e a soberania da região são assuntos muito sensíveis e estratégicos para o Brasil. As iniciativas estadunidenses de "securitização" (militarização) da área, como a recente reativação da 4ª Frota no Atlântico Sul, são questões relevantes.

A dimensão multilateral da diplomacia africana do Brasil

O Fórum de Diálogo Ibas e a Reunião África-América do Sul (ASA)

O *status* de potência emergente que o Brasil conquistou entre os países em desenvolvimento, impensável durante o Governo FHC, torna-se evidente na diplomacia atual em relação às atividades diplomáticas multilaterais. Isso pode ser visto claramente nos esforços brasileiros para criar e desenvolver o Ibas e a ASA, iniciativas que estão produzindo ações concretas em muitas áreas, e muito produtivas para o fortalecimento da cooperação Sul-Sul.

O Fórum Trilateral de Diálogo Índia-Brasil-África do Sul (Ibas), também conhecido como G-3, foi criado com o objetivo de coordenação e cooperação entre os três países emergentes no campo trilateral e internacional, baseado na sinergia política, econômica e cultural, além dos seus interesses e ambições comuns em relação à ordem internacional – especialmente em relação à Rodada de Doha, no campo da OMC, para reformas da ONU e a construção de uma Nova Ordem Econômica e de um sistema mundial multipolar. Mesmo que seja frequentemente criticada, está atraindo muita atenção, não somente pelo simples fato de que seus líderes se encontram anualmente.

Diversos Grupos de Trabalho também desenvolvem ações nas áreas de saúde, ciência e tecnologia, segurança, comércio e transporte, investimento, e ainda um foco diplomático no potencial político do grupo. No 3º Fórum do Ibas, ocorrido em Nova Délhi em outubro de 2008, os líderes dos países reafirmaram sua vontade política na área da cooperação Sul-Sul, reiterando sua necessidade para agir em conjunto no contexto de crise internacional e criticando os países do Norte pelo seu sistema financeiro abusivo e sua indiferença para com os países em desenvolvimento. Neste sentido, o Ibas também se apresenta como um mecanismo relevante de aproximação com a África do Sul – que sempre foi seu principal parceiro econômico no continente –, assim como com as outras nações africanas.

Por outro lado, a Cúpula América do Sul-África (ASA), com edições em 2006 e 2009, foi outra iniciativa proposta pelo Governo Lula, representando uma grande oportunidade para melhorar as relações com a África no campo da cooperação Sul-Sul. A reunião de 2006 resultou na Declaração de Abuja, o principal documento da ASA, no qual os países signatários reconhecem a necessidade de intensificar a cooperação entre os integrantes do grupo como uma alternativa às pressões exercidas pela desigual ordem econômica internacional.

A ASA também criou um órgão executivo, Asacof, cujas atividades serão coordenadas pela Nigéria, do lado africano, e pelo Brasil, do lado sul-americano – os dois países, que têm liderado os esforços para o novo mecanismo multilateral que presidiu a primeira reunião. Como o Ibas, ele abrange uma grande variedade de temas, desde a cooperação em fóruns multilaterais até parcerias estratégicas em campos variados, tais como governança, desenvolvimento rural, comércio e investimento, infraestrutura, entre outros.

Fóruns multilaterais

Levando em conta o cenário internacional, também se mostram relevantes as relações entre o Brasil e a África em fóruns globais, principalmente nas Nações Unidas e no G-20 comercial. Nessas ocasiões o Presidente Lula declarou – desde o início do seu governo – sua disposição para unir o mundo em desenvolvimento, no sentido de gerar mudanças na ordem internacional.

No campo econômico sua principal reivindicação é o fim dos subsídios agrícolas e de barreiras protecionistas dos países do Norte, criticando a globalização assimétrica. No campo político, o principal fator de união é a reforma da ONU, especialmente considerando as ambições brasileiras e sul-africanas de alcançar um assento permanente no Conselho de Segurança, quando de sua reforma.

Em setembro de 2008, na 63ª Assembleia Geral da ONU, o Presidente Lula discutiu a importância da produção de biocombustíveis como oportunidade de desenvolvimento para as nações africanas, e criticou as barreiras protecionistas que têm impedido o desenvolvimento agrícola do continente, reiterando que o problema africano é uma prioridade da política externa brasileira.

Na última reunião do G-20 financeiro, ocorrida em Londres em 2009, o Brasil e a África do Sul apresentaram visões semelhantes sobre a atual crise financeira, enfatizando a necessidade de uma resposta global para diminuir o impacto da crise e prevenir sua chegada aos mercados emergentes e aos países em desenvolvimento, em particular da África. Em parte, seu discurso uníssono foi bem-sucedido, conseguindo uma ajuda financeira de US$ 100 bilhões para os países em desenvolvimento, bem como a promessa de maior participação desses países no processo de tomada de decisões econômicas internacionais.

Diplomacia econômica: comércio e investimentos

Considerando as relações comerciais entre o Brasil e a África, houve uma clara expansão do intercâmbio desde o início do Governo Lula. De fato, em 2003 esse fluxo correspondia a apenas US$ 2,4 bilhões, enquanto em 2006 (final do primeiro mandato de Lula), o fluxo atingira US$ 7,5 bilhões, com a participação dos principais parceiros comerciais do Brasil no continente: Angola, África do Sul e Nigéria – o que representava então 48% das exportações brasileiras para o continente. Em 2008 esse fluxo chegou a US$ 10,2 bilhões, cinco vezes mais do que em 2002, no fim do mandato de FHC.

As empresas brasileiras também tiveram um papel importante durante o Governo Lula, pois para fortalecer os laços com os países africanos foram substancialmente favorecidas pela política diplomática presidencial. Um bom sinal disso foi um aumento de missões empresariais durante tal período, resultando num crescente número de empresas brasileiras – especialmente aquelas que exportam serviços – no continente africano: entre essas iniciativas brasileiras é importante citar a presença ativa da Vale, da Petrobras e da Odebrecht.

A Vale do Rio Doce, a segunda maior mineradora do mundo, conquistou o direito de explorar as reservas de carvão de Moatize, no norte de Moçambique: a empresa lançou, no começo de 2009, um projeto para um complexo de mineração de carvão com valor estimado em US$ 1,3 bilhões, que vai produzir 11 toneladas de carvão por ano, que serão exportadas para o Brasil, Europa, Ásia e Oriente Médio. No total, o projeto vai gerar 8,5 milhões de toneladas de carvão metalúrgico (usado para a fabricação de aço), produzindo também 2,5 milhões de toneladas de carvão térmico (usado na geração de energia).

Para concretizar o projeto a Vale do Rio Doce vai contar com a ajuda de outras vinte companhias brasileiras, aumentando as dimensões do projeto para as relações bilaterais. É estimado que essa iniciativa transformará Moçambique no segundo maior produtor de carvão, atrás apenas da África do Sul. Além de gerar 3.000 postos de trabalho para a comunidade local no estágio de construção e mais 1.500 quando começar a funcionar, também pode melhorar a situação do país no comércio mundial, já que Moçambique é tradicionalmente um país rural.

Esse não é o único investimento da Vale do Rio Doce no continente. Em março de 2009 a companhia anunciou a criação de um empreendimento conjunto com a African Rainbow Minerals Limited (ARM), com o objetivo de aumentar as opções estratégicas do cinturão do cobre na África. Além disso, a empresa também está presente em Angola, na Guiné e na África do Sul (onde fica seu principal escritório na África), tendo aberto um novo escritório na República Democrática do Congo, em outubro de 2008.

Por outro lado, a Petrobras – líder mundial em tecnologia de extração de petróleo no mar – está presente na África desde os anos de 1970: em Angola, o mais antigo braço africano da companhia, possui seis blocos ativos de extração e produção, e tem planos para perfurar onze novos poços em 2011; na Nigéria, onde atua desde 1998, vários investimentos foram feitos em 2008 para aumentar a participação da empresa no país, já que é um dos maiores produtores mundiais de petróleo. É notável que, durante o Governo Lula, a Petrobras expandiu suas ações e investimentos para quatro outros países: Tanzânia (2004), Líbia (2005), Moçambique (2006) e Senegal (2007). É também relevante mencionar o acordo que a Petrobras tem com a Empresa Nacional de Hidrocarbonetos (ENH), a companhia nacional de Moçambique, que contempla a pesquisa para a produção de biocombustíveis – iniciativa que tem sido plenamente encorajada pelo governo brasileiro na promoção da "revolução do biocombustível".

Em Angola, por exemplo, a cooperação política principalmente através da CPLP, tem favorecido enormemente as relações comerciais bilaterais e os investimentos brasileiros no país. Durante o Governo Lula, as linhas de crédito têm sido estendidas para Angola para permitir a conclusão da Planta Hidroelétrica de Capanda – que foi construída pela empresa brasileira Odebrecht –, assim como para encorajar a exportação de automóveis e a realização de novos projetos nos campos de infraestrutura, sanitária e agricultura. Isto representa um crescimento econômico de aproximadamente 16% no PIB de Angola (US$ 91 bilhões) correspondente às companhias brasileiras, especialmente do setor de serviços, além de linhas de crédito aprovadas pelo BNDES para financiar a construção de infraestrutura para empreendimentos brasileiros no continente.

É importante ainda mencionar o fato de que, em 2003, o fluxo da exportação brasileira para o país era de apenas US$ 235 milhões, enquanto que em 2008 esse montante subiu para US$ 1,9 bilhões, ultrapassando o fluxo de exportação para a África do Sul e para a Nigéria, os quais costumavam ser os maiores parceiros comerciais do Brasil no continente. Em 2008 as principais companhias brasileiras ativas em Angola, além da Odebrecht, eram a Petrobras, Costa Negócios e Tecnologia e a Volvo do Brasil – todas tendo exportado para o país africano valores acima de US$ 50 milhões.

Em novembro de 2007 Brasil e China anunciaram a distribuição gratuita de imagens do Satélite Sino-brasileiro de Recursos da Terra (Cbers) para o continente africano. O anúncio, feito pela delegação brasileira na Cidade do Cabo durante o 4º encontro do Grupo de Observação da Terra (GEO), tem a intenção de contribuir para o aumento da capacidade dos governos e organizações africanas de monitorar desastres naturais, desflorestamento, secas, desertificação, ameaças para a produção agrícola e segurança de alimentos, e saúde pública. Além de fornecer as imagens de alta qualidade, o Brasil também se comprometeu em prover o software necessário para o processamento das imagens e outros instrumentos de interpretação, assim como treinamento para os usuários africanos.

Parceria Brasil-África do Sul

É importante ressaltar o papel que a África do Sul tem desempenhado para a política brasileira em relação ao continente africano. O país é um parceiro tradicional do Brasil, tendo concentrado 90% das exportações brasileiras para a África até meados do século XX. Além da reaproximação política ocorrida com o fim do regime do *Apartheid*, seu crescimento econômico e sua posição como potência regional emergente contribuiu para o aumento das relações bilaterais. Como a maior economia africana – não apenas pelo seu tamanho, mas também por ser o principal acesso para a distribuição de bens para o resto do continente –, o país representa um grande mercado em potencial para as exportações brasileiras e uma conexão privilegiada com o continente. Seguindo o crescimento econômico da África do Sul em anos recentes (5% em 2008), a procura por produtos brasileiros tem crescido e, consequentemente, as exportações brasileiras aumentaram em 32% de 2004 para 2005, chegando a um total de US$ 1,37 bilhão.

Em 2008 esse fluxo de exportações se expandiu ainda mais, chegando a US$ 1,7 bilhão – 28% maior do que em 2005. É interessante notar a composição dessas exportações, já que apenas 12,7% são de produtos básicos, enquanto 4,8% são de produtos semimanufaturados e 82,4% correspondem a produtos manufaturados – o que reitera a tendência brasileira de se tornar um exportador de capital e tecnologia. Alguns dos setores mais importantes do mercado são a maquinaria, equipamentos, suprimentos médicos, plásticos, eletrônicos, TI e alimentos (especialmente a carne), como indica a Apex. Por outro lado, o Brasil também se beneficia da dinâmica produção de minérios sul-africana, importando uma grande variedade de produtos minerais – os sul-africanos são considerados os maiores produtores mundiais de platina, cromo e ouro – entre outros produtos, tendo importado um total de US$ 772 milhões em produtos sul-africanos, em 2008.

As relações econômicas entre os dois países também são importantes no contexto do Ibas, o que contribuiu para o fortalecimento das relações trilaterais de comércio, levando-se em conta que este alcançou um total de US$ 10 bilhões em 2007 – a caminho de cumprir seu objetivo de US$ 15 bilhões em 2010. Nesse sentido, o G-3 tem representado uma grande oportunidade para explorar as sinergias entre os membros, aumentando o investimento e o comércio. Entre o Brasil e a África do Sul está, igualmente, emergindo um amplo campo de cooperação: o setor de defesa e C&T. Os regimes autoritários brasileiro e racista sul-africano desenvolveram eficientes indústrias armamentistas, aeronáuticas e de tecnologia nuclear. O neoliberalismo no Brasil e o pacto sul-africano causaram danos graves a esses setores, e agora existe um campo de cooperação para a retomada desses projetos.

Em abril de 2009, no Lesoto, durante a visita do Presidente Lula ao continente africano, os membros da Southern African Customs Union (Sacu) – Botsuana, Lesoto, Namíbia, África do Sul e Suazilândia – assinaram o Acordo de Comércio Preferencial com o Mercosul. O acordo já havia sido assinado pelos Estados-membros do Mercosul em dezembro de 2008, e constitui um dos únicos acordos comerciais extrarregionais assinados pelo bloco sul-americano. A principal proposta do documento é facilitar o acesso aos mercados de ambos os blocos com o objetivo de aumentar o fluxo comercial e o fluxo de investimento para ambos os lados. O acordo também tem um papel estratégico como uma base prática para futuras negociações sobre um Tratado de Livre-Comércio entre os dois blocos, e futuramente pode servir de apoio para um tratado de livre-comércio trilateral entre os membros do Ibas.

Outros campos de interação

A cooperação técnica tem se mostrado um instrumento essencial da ação externa brasileira. A cooperação que o Brasil promove, no âmbito da cooperação Sul-Sul, privilegia a transferência de conhecimento, a capacitação, o emprego da mão de obra local e a concepção de projetos que reconheçam a realidade de cada país e identifiquem as respectivas demandas.

Assim, as viagens do presidente, quando geralmente é acompanhado por grupos de empresários, têm dado grande impulso para iniciativas importantes, como a criação de centros brasileiros de ensino técnico, por meio do apoio da Agência Brasileira de Cooperação (ABC) e do Serviço Nacional de Aprendizagem Industrial (Senai), visando a formação profissional. Já estão em operação centros de formação profissional em Angola, Cabo Verde e Guiné-Bissau, e dois outros novos centros serão implantados em São Tomé e Príncipe e Moçambique. Um exemplo esclarecedor é o do Centro de Formação Profissional Brasil-Angola, em Luanda: fundado em 2000, é o resultado de vários anos de planejamento e coordenação técnica, com a identificação de uma série de demandas locais, como falta de mão de obra qualificada. Dessa forma, o projeto apoiou a formação de quadros qualificados nas áreas de mecânica de motores, construção civil, eletricidade, vestuário e informática, contribuindo para o esforço de reinserção social e de reconstrução nacional do país (em 2005 o governo brasileiro transferiu sua gestão para o governo angolano).

A ABC tem sido a grande gestora das iniciativas de cooperação técnica com a África, sendo que em 2008 aproximadamente 115 ações de cooperação – entre projetos e atividades isoladas – foram executadas com países africanos em diversas áreas: educação, agricultura, pecuária, saúde, meio ambiente, administração pública, tecnologia da informação, governo eletrônico, cultura, energia, desenvolvimento urbano, formação profissional e esporte. A linha de frente da cooperação brasileira junto aos países africanos envolve os Palop. A cooperação brasileira prestada a Angola, Moçambique, Guiné-Bissau, São Tomé e Príncipe e Cabo Verde corresponde a 74% dos recursos alocados em projetos de cooperação técnica na África.

A agricultura tem se destacado no âmbito da cooperação técnica, sendo que a instalação de um Escritório Regional da Embrapa, em Acra (Gana), em 2006, refere-se à demanda dos países africanos, com o objetivo dessa agência atuar como agente facilitador do processo de transferência de tecnologias agropecuárias e florestais. Inserida na linha dos projetos estruturantes da ABC, destaca-se a cooperação técnica da Embrapa em apoio à iniciativa do algodão em benefício dos países-membros do Cotton-4 (Benin, Burkina Faso, Tchad e Mali). Aprovado por meio de Ajuste Complementar ao Acordo de Cooperação Técnica entre a República Federativa do Brasil e a União Africana, o projeto prevê o estabelecimento de parcerias para a promoção da cooperação técnica para o desenvolvimento sustentável da cadeia do algodão.

Na área de governança o Brasil tem cooperado com Angola, Cabo Verde e São Tomé e Príncipe, por intermédio do Serpro, para a instalação de telecentros, que contemplam ações no campo da inclusão digital (foram inaugurados em 2004, em Cabo Verde e em São Tomé e Príncipe e, em 2009, em Angola). Na área da saúde a cooperação brasileira tem se concentrado, sobretudo, em ações de apoio ao combate à malária, ao HIV/Aids e à anemia falciforme. Cabe ressaltar o importante apoio brasileiro às ações de combate ao HIV/Aids em Moçambique, materializado pela elaboração de estudo de viabilidade econômica para a implantação de fábrica de medicamentos antirretrovirais no país. A iniciativa prevê a capacitação, por parte do governo brasileiro, de profissionais moçambicanos para atuarem na fábrica, bem como o apoio ao fortalecimento institucional do órgão público responsável pelas atividades de regulação sanitária. Na área de educação destacam-se os projetos de Alfabetização de Jovens e Adultos em São Tomé e Príncipe e Moçambique, e a transferência da metodologia do Programa Bolsa-Escola em Moçambique e São Tomé e Príncipe; em Angola tem ocorrido o Projeto "Capacitação para Elaboração de Proposta Curricular".

Outras iniciativas brasileiras também têm ocorrido nas diversas áreas setoriais, como o empréstimo de urnas eletrônicas para as eleições na Guiné-Bissau, além de a Missão do Brasil na Organização das Nações Unidas presidir os trabalhos da Comissão para a Construção da Paz da ONU (CCP) para a Guiné-Bissau desde 2008.

Finalmente, outro aspecto que deve ser salientado sobre a presença brasileira recente na África é a influência cultural, principalmente relacionada à disseminação das igrejas evangélicas em todo o continente – principalmente em países que falam a língua portuguesa e a África do Sul. Isso se reflete pela expansão de algumas das principais expedições missionárias brasileiras, como as missões da Congregação Batista – em 15 países da África – e do grupo Miaf (Missão para o Interior da África) – em 13 países. Além disso, a Igreja Universal do Reino de Deus tem um número impressionante de templos no continente africano, estando presente em mais de 25 países, sendo que apenas na África do Sul já existem mais de 300 igrejas.

Perspectivas e dimensões das relações Brasil-África

Se todos esses processos e desenvolvimentos representam apenas discurso político (diplomacia de prestígio), interesse econômico ("imperialismo *soft*") ou uma associação entre duas periferias do sistema mundial na busca do desenvolvimento socioeconômico (cooperação Sul-Sul) só o tempo dirá. Trata-se de um processo em curso, com muitos atores envolvidos, objetivos diversos e uma conjuntura regional e mundial complexa.

Os governos africanos, por sua vez, devem superar a conduta de assistência e dependência externa, criada durante o período da Guerra Fria e intensificada durante a "década perdida", e buscar aprofundar os processos de desenvolvimento e de integração, sob o desafio da globalização. Superar alguns aspectos da herança colonial – principalmente a fragmentação dos países, observada principalmente na configuração de nações pequenas e inviáveis – representa uma necessidade urgente. Ao mesmo tempo, eles têm de aprofundar os laços de cooperação, numa perspectiva externa independente, invertendo a tendência à marginalização do continente.

O Brasil, por outro lado, constitui um país mestiço, não uma "democracia racial" ou uma nação "multicultural". Miscigenação não significa branqueamento, mas a mistura, algo que tem a ver com uma cultura que ignora certas diferenças e se sente fortemente atraída por outras. Estamos compondo uma cultura própria, onde o elemento africano tem uma contribuição decisiva e que deve ser reconhecida, e as desigualdades sociais, que penalizam a maioria da população negra, devem ser eliminadas. E ainda, entre muitas injustiças, temos uma cultura de tolerância enorme, que pode ser um modelo para um mundo de intolerância.

Muito além do aspecto comercial, o Brasil poderia ser um parceiro importante para que o continente africano pudesse superar alguns obstáculos internos (políticos, econômicos e sociais). Os entraves da África, por sua vez, também podem ser úteis para o Brasil, não só nos aspectos econômicos, mas também político-culturais. Como uma nação em desenvolvimento, há sempre uma espécie de "tentação de Primeiro Mundo" por parte das elites brasileiras, que veem o país como "branco, ocidental e cristão". Além disso, nossa sociedade, que recebe estudantes africanos, deveria enviar também estudantes e turistas para a África, o que contribuiria para o desenvolvimento da nossa identidade.

Finalmente, a tensão entre uma cooperação transoceânica focada no Atlântico Norte (decorrente da história do capitalismo) e outra centrada no Atlântico Sul (com base na integração sul-americana, em associação com a África e a cooperação Sul-Sul) representa uma contradição fundamental. Nesse contexto, as relações Brasil-África são cruciais para se superar tal limitação. A integração do Atlântico Norte já está concluída e muitos analistas se concentram sobre a ascensão da região do Oceano Pacífico. Mas poucos percebem a importância dos espaços oceânicos emergentes do Atlântico Sul e do Índico, rota de ligação do Brasil com a Ásia. A maior parte do petróleo da América do Sul, da África e da Ásia Meridional se encontra nesses dois oceanos. Nesse sentido, é vital defender a soberania sobre esses recursos naturais e a desmilitarização e a segurança dessas rotas estratégicas. Assim, é possível compreender a lógica por detrás da estratégia do Ibas e mesmo das relações Brasil-África.

Obviamente a posição do Brasil em relação aos Estados africanos permite projetar mundialmente a imagem do país (diplomacia de prestígio). Mas é importante para ambos os lados do Atlântico Sul, porque as relações bilaterais e a ação multilateral comum são fundamentais para potencializar a atuação internacional dos países africanos, contribuindo para a emergência de uma ordem multipolar. Mas também para vencer os antigos desafios e equilibrar as oportunidades da cooperação com os europeus e norte-americanos, por um lado, com as novas portas que se abrem com a presença chinesa e indiana. Trata-se de uma condição prévia para o desenvolvimento social e econômico africano.

Ao mesmo tempo, como país capitalista, a comunidade empresarial brasileira quer obter lucro, possível, especialmente, em novos mercados (daí o conceito de imperialismo *soft*). No entanto, a experiência histórica mostra que apenas vontade política e uma retórica de solidariedade são insuficientes sem vínculos econômicos sólidos. A evolução política recente demonstra, por outro lado, que os governos africanos estão se tornando mais pró-ativos na defesa de seus interesses. E o Brasil não está em posição de impor algo que os africanos não desejam. Da mesma forma, chineses e indianos não têm condições de "dominar" os africanos.

É evidente que o atual governo tem uma abordagem abrangente sobre a cooperação Sul-Sul e tenta propor uma nova forma para o sistema internacional. Não é o caso de solicitar um novo tipo de tratamento por parte dos parceiros mais poderosos, mas não fazer o mesmo em relação aos parceiros menos desenvolvidos. Isto é coerente com o programa político e social de Lula. Tampouco se trata da antiga estratégia terceiro-mundista dos anos de 1970 – uma coalizão contra o Norte. O cenário pós-Guerra Fria e a globalização produziram um novo ambiente internacional, onde o Brasil precisa de parceiros fortes para a construção de uma ordem mundial multipolar.

Finalmente, as relações Brasil-África ganham ainda mais importância no atual contexto de crise financeira mundial, em que os países em desenvolvimento estão ameaçados pela queda nos preços de *commodities* e diminuição do fluxo de investimentos externos. É, portanto, um momento crítico para as parcerias com os países africanos, em que há um potencial tanto para uma ligação mais estreita entre eles como uma ruptura. De acordo com sua postura nos fóruns mais recentes – III Cúpula do Ibas, G-20 financeiro e Assembleia Geral da ONU –, o Presidente Lula parece estar interessado na primeira opção, tendendo a manter as linhas principais de sua política externa a partir de esforços diplomáticos, a fim de aprofundar as relações do Brasil com as nações em desenvolvimento. Conforme afirmou o presidente durante a XXIII Assembleia da União Africana, em julho de 2009: "O Brasil não veio à África para se desculpar do passado colonial, nós queremos ser verdadeiros parceiros no desenvolvimento e na cooperação". Na ocasião ele prometeu auxiliar a África a promover uma Revolução Verde em todos os campos da agricultura.

Concluindo, não seria exagerado considerar a política africana do Brasil durante o Governo Lula como uma *revolução*. Durante a Copa Mundial de Futebol, em julho de 2010, Lula realizou sua última viagem à África como presidente, a 11ª! Ele visitou Cabo Verde, onde assistiu a Reunião de Cúpula Brasil-Cedeao/Ecowas para promover a cooperação com os países da África Ocidental. Então ele viajou para Guiné-Bissau, Guiné Equatorial, Quênia, Tanzânia, Zâmbia e África do Sul. No Quênia e na Tanzânia foram assinados acordos com a Vale do Rio Doce e a Petrobras. Entre 2003 e 2010 Lula viajou 11 vezes à África, visitando 29 nações, enquanto o Brasil recebeu 48 chefes de Estado africanos. O Brasil abriu 17 novas embaixadas na África, totalizando 35, ficando em 4ª posição, atrás dos Estados Unidos, da França e da China. Nunca se fez tanto nas relações Brasil-África, e a Presidente Dilma Rousseff está mantendo a mesma política.

6
A ÁFRICA NA SEGUNDA DÉCADA DO SÉCULO XXI

Elaborado pela equipe do CEBRÁFRICA/UFRGS, sob a coordenação de Analúcia Danilevicz Pereira e de Paulo Fagundes Visentini (março de 2020)

O dinamismo das sociedades africanas, o avanço do desenvolvimento e o crescimento demográfico acelerado (conforme o relatório populacional da ONU, 2019) são traços marcantes do continente, apesar da continuidade de alguns conflitos. É lastimável que a diplomacia brasileira tenha diminuído sua cooperação com a África, embora muito disso seja apenas discurso. Em relação à intensa política africana de Lula, Dilma Rousseff já recuara, com sua "continuidade sem prioridade", o que se intensificou na presidência Temer e se agravou desde 2019. O enfraquecimento das empresas brasileiras internacionalizadas, em função da Operação Lava Jato, reforçou a tendência de retirada do continente, como a Petrobrás, que deixa campo livre para as companhias europeias e norte-americanas.

Todavia, a África avança, inclusive com a redução do poder financeiro da França em relação ao Franco CFA, renomeado Eco em 2020, com maior poder de decisão às nações da África Ocidental. Sem dúvida, um salto qualitativo, enquanto a presença chinesa, indiana, russa e de outras potências médias cresce, ao lado dos avanços dos Estados Unidos e das nações europeias. Como fonte de recursos naturais, mão de obra, mercado consumidor e zona de investimentos e construção de infraestrutura a África se tornou o campo de uma disputa global estratégica, ampliando a margem de manobra dos Estados do continente. O sucesso editorial desta obra, com reimpressões anuais, exigia a atualização que se segue.

6.1 A união africana e as potências extrarregionais[1]

A UA tem três grandes objetivos: unificar a grande quantidade de organizações sub-regionais do continente, criar as condições para que os Estados africanos estejam interligados de tal forma que a guerra entre eles seja pouco provável, e, por fim, desenhar uma estrutura institucional que possibilite aos Estados-membros participar efetivamente dos fluxos internacionais. Como evidenciado nas etapas de sua criação, a organização possui uma complexa rede de interesses que precisam ser harmonizados em sua estrutura institucional, proveniente do grande número de Estados-membros. Inicialmente com 54 membros, em 2017, o Marrocos ingressou na UA, causando grande impacto na organização devido à questão do Saara Ocidental. Havia se retirado em 1984 em função do reconhecimento da República Árabe Saaraui Democrática pela OUA. Em 2018 a UA se comprometeu em não interferir na questão do Saara Ocidental, se limitando a apoiar as iniciativas das Nações Unidas na região como forma de diluir as pressões dentro do bloco. Dessa forma, o retorno do Marrocos fortaleceu a organização, agora contando com a representação de todos os países africanos.

Na última década, a atuação da UA no âmbito securitário se intensificou. A Arquitetura de Paz e Segurança Africana (APSA) já está operacionalizada, contando com Forças de Pronto Emprego (ASF) nas cinco regiões do continente. Além disso, desde a criação do Conselho de Paz e Segurança da UA, a organização vem tendo sucesso no estabelecimento de operações de paz próprias, sendo as principais a Missão da União Africana no Burundi (AMIB, 2003-2004), Missão da União Africana no Sudão (AMIS, 2004-2007) e Missão da União Africana na Somália (AMISOM, 2007-presente). Esta última, após 10 anos em operação, em 2017, foi proposto um prazo para o encerramento da missão em 2020. Assim, a declaração do encerramento da Amisom é um momento marcante para a União Africana: significa a finalização do maior esforço empreendido pela organização, ainda que com sucesso questionável, para consolidar-se como uma instituição capaz de desempenhar a função de mantenedora da paz e da segurança no continente.

Da mesma forma, a Agenda 2063, de 2013, reafirmou os objetivos da organização no âmbito da integração econômica e política. O documento, lançado em comemoração aos 50 anos da Organização da Unidade Africa-

---
1. Colaboração de Rafaela Serpa e Eduardo Faustini.

na, antecessora da UA, destaca os objetivos dos líderes africanos no que tange à diversificação produtiva, à projeção internacional e à consolidação de uma identidade africana em torno dos ideais pan-africanistas. Entre os projetos previstos está o estabelecimento de uma zona de livre-comércio no continente, o qual começou a ser colocado em prática em 2018 pelo então presidente da UA, Paul Kagame. O líder ruandense também atuou no sentido de superar a dependência financeira da UA, cujo orçamento é em sua maioria proveniente de doadores externos. África do Sul, Argélia, Egito e Nigéria são os países que mais auxiliam financeiramente.

A década de 2010-2020 também foi marcada no continente africano pelo aprofundamento da parceria estratégica entre os países africanos e a República Popular da China. Em 2012, como resultado dessa parceria, foi construída em Adis Abeba a sede da UA. Além disso, a presença da UA no Fórum de Cooperação China-África (Focac), principalmente após sua inclusão como membro permanente do fórum em 2011, denota o compromisso da organização em ampliar suas parcerias externas tendo o multilateralismo e a cooperação sul-sul como princípios norteadores. De fato, a cooperação China-África no âmbito comercial e de infraestrutura tem potencial de contribuir decisivamente para a realização dos objetivos da UA. Outros países, como Rússia, Turquia e Índia também avançam em estratégias para promover a cooperação política, econômica e cultural com a África.

Como reação à presença chinesa na região, a União Europeia lançou o Fórum África-União Europeia em 2000, que em 2017 alcançou sua 5ª edição. De forma similar ao Focac, os europeus pretendem retomar sua influência no continente em um período de crescimento econômico e ampliação de oportunidades comerciais. A decisão de um grupo de Estados da África Ocidental de abandonar a zona monetária do Franco CFA, atualmente sob controle da França, é um dos indicadores do declínio da influência europeia na região. Entretanto, militarmente, a França continua atuando em parceria com as elites africanas e mantendo suas bases militares no continente. Além disso, Forças francesas intervieram no combate contra grupos insurgentes no Mali por meio da Operação Serval em 2013, no Chade por meio das Operações Epervier até 2014, e Operação Barkhane em 2014, englobando toda a região.

A resposta dos Estados Unidos à expansão chinesa veio inicialmente por meio da "guerra ao terror" ainda na primeira década dos anos 2000. Sob o pretexto de combater grupos terroristas islâmicos na região, os Estados Unidos aumentaram significativamente sua presença militar no continente africano.

Nos governos Obama (2009-2017), essa atuação foi aprofundada, mas sob outro formato: aumentando as assistências militares aos aliados no continente e "terceirizando" sua atuação por meio das organizações internacionais e aliados na região, como a França. Além disso, foi intensificado o uso de Operações de Forças Especiais que não necessitam de autorização do Congresso norte-americano, de ataques aéreos e de *drones*. Somente em 2017 os Estados Unidos mantiveram quarenta e seis bases militares, postos avançados e áreas de preparação em, pelo menos, vinte e quatro países africanos. Na administração Trump, os Estados Unidos também viram sua influência econômica declinar, principalmente em função das oportunidades oferecidas pelos chineses. Além da guerra comercial contra a China, seu discurso forte contra o Islã e o uso de *drones* e ataques aéreos marcarão a política externa norte-americana atual para a África (SCHMIDT, 2018).

O interesse das potências estrangeiras em reconquistar espaço na África é resultado das transformações que o continente vem passando nas últimas décadas, marcadas por crescimento econômico acelerado, autonomia diplomática e aprofundamento da cooperação com nações emergentes.

6.2 SADC[2]

A África foi uma das regiões com economia mais dinâmica do mundo no século XXI. Os países do continente passaram a atrair mais investimentos diretos do que doações. O alcance de comunicações, como o uso de celulares, quintuplicou. Os países da SADC foram protagonistas desse processo, com construção de infraestrutura, atração de empresas estrangeiras e crescimento econômico. Apesar de algumas exceções, a maioria dos países da SADC conseguiu superar as oscilações e manter um aumento do PIB relativamente constante, sem retrações, ao longo da última década. São os casos da Tanzânia (crescimento entre 5 e 6%), Moçambique (entre 3,5 e 7%), Zâmbia (entre 3 e 10%), África do Sul (entre 1 e 3%), Malawi (entre 2 e 5,5%) e República Democrática do Congo (entre 2,5 e 9,5%), segundo dados (aproximados) do Banco Mundial.

O *boom das commodities* atraiu muitas empresas estrangeiras para o continente na década anterior e os anos 2010 viram as consequências deste processo. Na Zâmbia, onde a maior parte das empresas estatais de mineração foi privatizada na primeira década do século XXI, os últimos anos foram mar-

---

[2]. Colaboração de Camila Castro Kowalski e Isabella Cruzichi.

cados por intensa cobrança da sociedade pelos frutos deste processo – tanto questionando condições de trabalho quanto a capacidade do Estado de tributar. A evasão de divisas continua sendo um grande desafio para a maioria dos Estados da SADC. A instalação de empresas estrangeiras e maiores investimentos na região intensificaram a pressão nas instituições africanas.

O dinamismo econômico também pressionou a capacidade energética dos países da SADC, sobretudo nos casos em que há uma indústria de mineração forte. Angola e África do Sul operam no limite da sua capacidade, mas o caso mais grave é a Zâmbia, onde desde 2015 foi imposto um racionamento de energia de 8h/dia aos consumidores domésticos, tendo aumentado para 10h/dia em 2019. Na RDC, dois terços das empresas dependem de geradores de energia próprios. Com a relativa maior estabilidade do país na segunda década do século XXI, foi possível retomar planos de construção de infraestrutura, como hidrelétricas. A ideia do governo é construir uma série de barragens ao longo do Rio Congo, para consumo interno e exportação.

Por outro lado, um dos grandes destaques da década foi a descoberta de enormes reservas de gás na região norte de Moçambique. Quando exploradas, estas reservas colocarão Moçambique entre os maiores produtores do mundo, e terceiro maior da África. Dois campos já estão recebendo investimentos. A Área 1 foi atribuída a um consórcio liderado pela francesa Total (26,5%), ao lado da japonesa Mitsui (20%), de estatais indianas (Indian State Oil and Natural Gas Corporation, com 16%, Bharat Petroleum, com 10%, e Oil India, com 4%), da petrolífera estatal moçambicana ENH (15%) e a tailandesa PTTEP (8,5%). Já a Área 4, será explorada por um consórcio liderado pela Eni (italiana) e Exxon Mobil (americana), que juntas respondem por 70% da participação, além da portuguesa Galp, empresa estatal moçambicana ENH e a Kogas, da Coreia do Sul, com 10% cada. Apenas na Área 1, o investimento estimado é de 25 bilhões de dólares, quase duas vezes o PIB do país. Uma injeção de recursos neste nível só pode ser comparada à feita pela Vale no final dos anos 2000, quando o valor investido foi equivalente ao total do PIB moçambicano de então.

Junto com a descoberta das reservas de gás, ressurgiram em Moçambique questões securitárias. A Renamo, maior partido de oposição, voltou a assumir um caráter beligerante, tendo reativado sua base militar na região da Gorongosa (centro) em 2012, um ato apenas simbólico. No ano seguinte, o partido renunciou ao Acordo de Paz de 1992. Os enfrentamentos entre os guerrilheiros e o governo se estenderam até agosto de 2014, quando foi assinado o cessar-fogo às vésperas das eleições. Sem sucesso na via institucional, entretanto, a Renamo voltou a tentar se impor militarmente, reforçando sua presença em outras regiões e lançando recrutamento de novos guerrilheiros. Os confrontos se estenderam durante os anos de 2015 e 2016, até que em dezembro foi assinado o cessar-fogo entre as partes. Desde então, o foco das discussões está na descentralização da administração do Estado por meio da revisão pontual da Constituição e na integração dos quadros da Renamo nas Forças de Defesa e Segurança.

As disputas entre opositores na região sul da África têm tido uma tendência a permanecer na esfera política, sem escalar para um conflito aberto militar. Na RDC, as instituições se fortaleceram na última década. Em 2019, Félix Tshisekedi foi empossado num evento histórico – a primeira transferência pacífica de poder no país desde a sua independência da Bélgica em 1960. O fato é ainda mais marcante por tratar-se de um novo presidente opositor do antigo líder, Joseph Kabila, e filho de um tradicional rival de Mobutu Sese Seko. Mesmo quando o contexto político esteve instável, os africanos mostraram ter respostas rápidas para prevenir a escalada de crises. Em 2017, uma missão da SADC foi implementada no Lesoto a fim de afastar uma ameaça de golpe de Estado e garantir a continuidade de reformas institucionais e securitárias (também apoiadas pela SADC).

Três outras transições merecem destaque. Tratam-se dos casos de África do Sul, Angola e Zimbábue, onde uma forte pressão popular fez com que os partidos políticos tradicionais promovessem reformas internas. Em 2017, após 38 anos, José Eduardo dos Santos afastou-se da presidência de Angola, após a vitória do seu ex-Ministro da Defesa, João Lourenço, nas eleições. Apesar de serem do mesmo partido (MPLA), a posse de Lourenço sinalizou mudanças. Pressionado por denúncias de corrupção do governo anterior, ele foi eleito com a promessa de reformar a economia angolana e tornar mais transparentes as relações do Estado com empresas privadas. Já na África do Sul, após uma série de denúncias de corrupção que levaram à abertura de um processo de *impeachment*, Jacob Zuma foi afastado do cargo de presidente, sendo substituído pelo seu vice, Cyril Ramaphosa. O processo desgastou o CNA, que teve sua pior votação nas eleições seguintes (2019), conseguindo, entretanto, manter seu candidato no cargo máximo do Executivo sul-africano. Num caso mais delicado, o Zimbábue viu encerrar-se em 2017 os 37 anos de governo de Robert Mugabe. A economia vinha num crescimento na casa dos dois dígitos de 2009 a 2012, até que abruptamente estagnou, tendo crescido entre 2 e 1% entre 2013 e 2016. A estagnação econômica contribuiu para aprofundar a crise política dentro da Zanu-PF, que disputava nomes para sucessão de Mugabe entre a ala jovem e a ala militar. Por fim, os militares conseguiram se impor, também através do ex-Ministro da Defesa, Emmerson Mnangagwa. A abertura de um processo de *impeachment* no Congresso resultou na renúncia de Mugabe em 2017, que viria a falecer em 2019.

Em termos de parceiros internacionais, os Brics continuam ativos na região. A China contribuiu para a reabilitação de uma importante ferrovia ligando o porto de Lobito, em Angola, à RDC. O apoio chinês na construção de outras ferrovias, em Moçambique e na Zâmbia, pode levar a uma integração entre Angola, RDC, Zâmbia e Moçambique, criando um corredor logístico Atlântico-Índico. Já a Índia, além do já citado investimento em Moçambique, firmou com Seicheles um acordo para a criação de uma base militar na Ilha de Assunção. Seicheles, aliás, passou a abrigar em 2009 uma Força de Operações Especiais dos Estados Unidos, com drones de vigilância para monitoramento de ações de pirataria. Em 2011, esta Força passou a contar também com drones armados, utilizados para missões de ataque contra afiliados da Al-Qaeda na Somália.

6.3 Comunidade econômica dos estados da África Ocidental (Cedeao)[3]

Em 2014, o Presidente Blaise Compaoré, que estava no poder de Burkina Faso desde 1987, se retira de suas funções governamentais após protestos populares contrários à corrupção e aos problemas socioeconômicos do país. Uma administração interina foi formada, sob a presidência de Michael Kafando e do primeiro-ministro Yacouba Isaac Zida, com o intuito de realizar novas eleições presidenciais e legislativas, entretanto tais eleições foram adiadas devido a uma nova tentativa de Golpe de Estado em setembro de 2015. Em novembro daquele ano ocorreram eleições e Roch Marc Christian Kabore foi eleito Presidente no primeiro turno. Após anos de confronto e eleições conturbadas na Costa do Marfim, em 2010 Alassane Ouattara conquista a vitória presidencial no país. Entretanto, apoiadores do antigo Governo de Laurent Gbagbo iniciaram confrontos civis, e o país sofre intervenções internacionais das Nações Unidas e de Estados-membros da Cedeao, que insistiram na rendição de Gbagbo, que foi preso em abril de 2011 e julgado em Haia pelo Tribunal Penal Internacional. Em 2015, Ouattara se reelege, devido aos esforços do atual governo em produzir resultados sólidos e estáveis nos âmbitos políticos, econômicos e sociais do país.

---

3. Colaboração de Luiza Flores e Lucca Medeiros.

Em 2016, eleições presidenciais ocorrem em Gâmbia, declarando vitória ao candidato Adama Barrow. Entretanto, o até então presidente Yahya Jammeh recusa-se a deixar o cargo, provocando no país uma crise política que levou 45 mil pessoas a deixarem suas casas, de acordo com a Acnur. Uma coligação de partidos políticos foi formada com o intuito de firmar um acordo, no qual Barrow, como novo Chefe de Estado, permaneceria no poder do país por três anos e então convocaria novas eleições no final desse período. Entretanto, Adama Barrow permaneceu no poder, o que provocou insatisfação popular e manifestações que exigem a demissão imediata do Presidente. No final dos anos de 1990, o Estado de Gana presenciou a descoberta de diversas jazidas de petróleo no país, entretanto este fator não conferiu um peso relevante à indústria nacional, embora tenha propiciado fortes surtos de crescimento. Em 2015, no final do mandato de John Mahama, a queda do barril de petróleo provocou dificuldades orçamentárias na economia de Gana, o que acarretou na reaproximação com algumas instituições financeiras internacionais, como o FMI. Nas eleições de 2016, o então Presidente John Mahama não conseguiu se reeleger, e o país empossou o atual Presidente Nana Akufo-Addo, em uma transição pacífica do poder, com a derrota do partido político Congresso Nacional.

Após a morte de Lansana Conté em 2006, o governo da Guiné é comandado por uma Junta Militar, com o intuito de organizar o processo de transição para novas eleições. Assim, em 2010, é eleito o atual Presidente Alpha Condé. Entretanto, o adiamento do referendo constitucional e das eleições legislativas provocou insatisfação popular, com diversas manifestações clamando pela demissão do presidente. A União Africana retirou a sua missão de observação eleitoral no país e até o presente momento, Alpha Condé permanece no poder.

Em 12 de abril de 2012, um golpe de Estado ocorreu em Guiné-Bissau, faltando duas semanas para as eleições. Um grupo de militares depôs o Presidente Raimundo Pereira e o Primeiro Ministro Carlos Gomes Júnior. A reação da comunidade internacional foi imediata e, no dia seguinte ao golpe, o Brasil já havia pedido uma reunião de emergência no Conselho de Segurança das Nações Unidas e a CPLP já havia apelado pelo fim da violência exigindo a libertação dos presos políticos inclusive defendendo uma "força de interposição" com o aval da ONU e em articulação com a Cedeao, União Africana e União Europeia. De abril de 2012 a maio de 2014 o país viveu um de seus piores momentos político-diplomáticos uma vez que, após o golpe, um governo de transição, formado por partidos da oposição suspeitos de articularem o golpe, assumiu o governo do país.

Fortemente atingida em 2014 pela epidemia do vírus Ebola, a Libéria passou por um processo de reestruturação com estímulos estrangeiros. Em 2013 o país assinou o Acordo de Parceria Voluntária da Libéria com a EU, cujo objetivo é o combate de exportação ilegal de madeira da Libéria para a UE e em 2015 foi assinado um acordo pesqueiro estabelecendo uma cooperação em diversos setores para o desenvolvimento da atividade pesqueira. É importante, ainda, fazer menção ao Prêmio Nobel da Paz concedido em 2011 à Ellen Johnson Sirleaf, presidente do país de 2006 a 2018. Os principais desafios que o Níger enfrenta atualmente são a fome e a ameaça de grupos terroristas vindos do deserto. Em 2014 o país foi classificado pela ONU como o de menor desenvolvimento naquele ano, principalmente devido à insegurança alimentar, ao crescimento populacional acelerado e à falta de indústrias no país.

A Nigéria é considerada uma potência emergente do continente africano. Em 2013, seu Produto Interno Bruto (PIB) se tornou o maior da África, com mais de 500 bilhões de dólares, chegando ao posto de 26 maior economia do mundo. Em 2014, a Nigéria, Níger, Chade, Togo e Benim entraram em um acordo para declarar guerra ao grupo Boko Haram após o sequestro de 200 meninas pela organização terrorista. Com o respaldo de França, Estados Unidos e Reino Unido, os cinco países africanos se comprometeram a compartilhar dados de espionagem e a estabelecer uma equipe conjunta para combater a célula terrorista. Estima-se ainda, que até 2050, a Nigéria será uma das 20 maiores economias do mundo.

Em 2012, ano eleitoral, momentos de tensão fizeram parte das eleições que foram marcadas por revoltas sociais e violência no Senegal. O Presidente Wade candidatou-se a um terceiro mandato e ignorou o limite constitucional de candidatura de dois mandatos. A terceira candidatura de Wade e os consequentes levantes colocaram em risco a longa estabilidade democrática do país. No entanto, o Presidente Wade foi derrotado no segundo turno pelo primeiro-ministro Macky Sall. Nos últimos anos, a economia senegalesa sob o Governo Sall vem crescendo em média 3% e a reestruturação dos setores da economia junto com a execução do "Plano de Emergência do Senegal" pretendem transformar o país em uma economia emergente até 2035.

Assim como a Libéria, Serra Leoa, após vir de um período de reestruturação econômica pós-guerra civil e ser bem visto na comunidade internacional pela boa reestruturação e boa governança, o país foi fortemente desestruturado pelo Ebola. No plano interno, o Togo teve algumas agitações nas eleições de 2015 quando o principal partido opositor do governo, a *Alliance Nationale pour le Changement* (ANC), não aceitou o resultado do pleito de abril de 2015 e disputou a legitimidade até a nomeação de Gnassingbé, em maio. No plano externo merece destaque, por exemplo, a participação do Togo como membro não permanente do Conselho de Segurança da ONU no período de 2012-2013.

6.4 União do Magreb Árabe (UMA) e Egito[4]

Entre os grandes acontecimentos que afetaram profundamente o Norte da África na última década é imprescindível mencionar a Primavera Árabe, iniciada em dezembro de 2010 com protestos na Tunísia, decorrentes do suicídio de Mohamed Bouazizi. Esta revolta popular inicial espalhou-se para todo o Norte da África, trazendo consequências que até hoje são sentidas pela região. Porém, cabe ressaltar que essa onda de protestos não se deu apenas devido a crises políticas, mas também à insatisfação popular com a situação econômica enfrentada pelos países, pois a maioria ainda sofria com os efeitos da crise de 2008. Além disso, a influência de atores externos, para além do povo, também foi essencial para determinar o que ocorreria nos Estados.

Na Tunísia, após o vendedor de rua Mohamed Bouazizi atear fogo ao próprio corpo, devido à perseguição policial sofrida, desencadearam-se uma série de manifestações populares contra as péssimas condições de vida, corrupção e altos índices de desemprego. Semanas após o início dos protestos, em 14 de janeiro de 2011, o Presidente Zine El Abidine Ben Ali, no poder há 23 anos, fugiu do país. Com isso, o Primeiro-ministro Mohamed Ghannouchi passou a dirigir o governo, porém a insatisfação popular se manteve, até que, no dia 23 de outubro, ocorreram eleições para Assembleia Constitucional e o Movimento Ennahda, partido islâmico anteriormente proibido, saiu vitorioso. Com isso, em 2014, uma nova Constituição, mais ocidental, foi adotada e ocorreram as primeiras eleições para presidente desde a independência do país, com a vitória de Beji Essebsi, do partido anti-islâmico Nidaa Tounes, o qual formou uma peculiar aliança com o Movimento Ennahda até 2018. Desde então, a Tunísia tem passado por uma crescente crise econômica e continuidade esporádica do terrorismo, com a ocorrência de diversos atentados por parte de grupos radicais islâmicos.

No Egito, os protestos se iniciaram no dia 25 de janeiro de 2011, também devido ao descontentamento popular com a situação econômica, com o regime

---

4. Colaboração de Cecília Maieron Pereira e Camila Ayala.

autoritário do Presidente Hosni Mubarak e com a pobreza advinda da explosão demográfica ocorrida nas décadas anteriores. Após semanas de manifestações e confrontos violentos, no dia 11 de fevereiro, Mubarak renunciou e entregou o poder ao exército. Esta decisão não se deveu apenas aos protestos populares, mas também à forte pressão dos Estados Unidos, que desejavam um novo governo capaz de manter a estabilidade da região e satisfazer a população; e das forças armadas, que se opunham ao filho sucessor de Murabak, temiam o aumento do radicalismo popular e eram contrários à violência contra os manifestantes. Em 2012, realizaram-se as primeiras eleições presidenciais do país e foi eleito o candidato do Partido da Liberdade e Justiça, ligado à Irmandade Muçulmana, Mohamed Morsi. Seu governo, entretanto, durou por pouco tempo, sendo deposto pelas Forças Armadas em 2013. No ano de 2014, foram realizadas novas eleições e o General Fatah Al-Sisi assumiu o poder. Uma das características deste governo foi a repressão à Irmandade Muçulmana do antigo Presidente Morsi. A partir disso, verifica-se a crescente radicalização de grupos islâmicos no país, que ocupam sobretudo o Sinai e representam um dos principais desafios à segurança do Egito.

A Líbia foi um dos países que mais sofreu com os protestos da chamada "Primavera Árabe". Desde a derrubada de Muamar Qaddaffi e a intervenção da OTAN, o país encontra-se territorialmente dividido e com um governo instável. Em 2011, criou-se o Conselho de Transição Nacional (CTN) liderado por opositores do regime. Este foi substituído em 2012 pelo Conselho Nacional Geral (CNG) que visava estabelecer um governo provisório até a elaboração de uma constituição prevista para 2014. No entanto, a instabilidade no país continuou e Ali Zeidan, o primeiro-ministro do governo transitório, foi destituído em 2014. No mesmo ano, o General Khalifa Haftar, na chamada Operação Dignidade, passou a controlar a cidade de Benghazi e outras regiões do país, alegando confronto com jihadistas. Em 2015, foi formado o Governo de Acordo Nacional, reconhecido pelas Nações Unidas como o governo oficial do país. Dessa forma, a Líbia encontra-se dividida politicamente: é controlada no leste e em partes do sul pelo Exército Nacional Líbio (ENL), liderado por Haftar, enquanto o GNA controla o oeste e a capital Trípoli, liderado por Fayez Al-Sarraj. Além disso, há partes do território controladas por milícias, causando ainda mais instabilidade ao país.

Outro marco importante para a sub-região na última década foi o retorno do Marrocos à União Africana (UA) em 2017, organização que havia deixado em 1984, após o reconhecimento da República Democrática Árabe do

Saharaui pela UA. O Marrocos era até então o único país africano que não fazia parte da organização africana. Apesar do afastamento, o país possuía boas relações com uma série de países do continente, sobretudo nos últimos anos, sob a liderança de Mohammed VI. Em relação ao Saara Ocidental, pouco se avançou para uma resolução do conflito. O retorno do Marrocos para a UA também pode ser visto como uma tentativa de conseguir mais aliados estratégicos para seus interesses nessa questão. Apesar da instabilidade política e econômica nos últimos anos, a União do Magreb Árabe (UMA) permanece como um esforço diplomático para integração no norte africano. Um avanço se deu em âmbito econômico, com a criação do Banco do Magreb de Investimento e Comércio Exterior (BMICE). Este foi criado em 21 de dezembro de 2015 e tem como objetivo financiar projetos e estimular o comércio entre os países-membros. Entretanto, as relações comerciais entre os Estados da organização ainda permanecem como uma das mais baixas do mundo e há pouco interesse entre os países para reverter essa situação.

6.5 África Oriental/Igad/Comores[5]

O território oriental africano é compreendido por duas organizações regionais importantes para o desenvolvimento dos Estados locais e para o processo coletivo de decisão política: a Comunidade Africana Oriental (CAO) e a Autoridade Intergovernamental para o Desenvolvimento (Igad, na sigla em inglês). Enquanto a CAO surgiu em 1967 como resquício do colonialismo britânico na região, a Igad surgiu em 1986, fruto de uma necessidade autóctone espontânea – encontrar os subsídios para o desenvolvimento dos Estados--membros, combatendo a estiagem do Sahel, células paramilitares ilegais e distúrbios inter-regionais. Dentro do escopo local, a CAO foi criada em 1967, unindo Tanzânia, Uganda e Quênia em uma União Aduaneira, cuja Tarifa Externa Comum privilegiava o crescimento econômico do Quênia em detrimento de Uganda e Tanzânia, que denunciaram a organização a partir dos anos de 1970. No entanto, a partir dos anos 2000, os países da antiga união aduaneira, somados a Ruanda, Burundi e Sudão do Sul, após emancipar-se em 2011, voltaram a utilizar a organização como um fórum regional para construção de um desenvolvimento coletivo.

---

5. Colaboração de Igor Sardo e Artur Frantz.

Ampliando o escopo, a Igad, desde sua fundação, ofereceu um fórum regional mais amplo (incluindo Djibuti, Eritreia, Etiópia, Quênia, Somália, Sudão, Sudão do Sul e Uganda) e manteve-se como uma organização coesa desde os anos de 1990, apesar da ocorrência de distúrbios inter-regionais. De fato, atualmente, a região compreendida pela Igad ainda enfrenta contendas na província sudanesa de Darfur, nos conflitos civis sul-sudanês e somali, e nas divergências entre Estados-membros. Neste âmbito, Etiópia e Quênia despontam como lideranças regionais na Autoridade Intergovernamental, combatendo o grupo fundamentalista islâmico *Al-Shabaab* na Somália e a pirataria no Golfo de Áden e no estreito de Bab-el-Mandeb, e se esforçando na cooperação regional para vencer a estiagem perene do Sahel e o subdesenvolvimento humano, de transportes e de telecomunicações entre os países-membros.

Observando mais atentamente as principais dinâmicas políticas da região, desde 2010, o leste africano passou por fortes transformações e impasses. Uma das principais lideranças regionais e bastião de equilíbrio de poder na África Oriental, a Etiópia, passou por um processo de reaproximação com os países vizinhos, maior utilização dos fóruns regionais, crescimento econômico, estabilidade política, redução da censura à imprensa etc., o qual está se caracterizando como uma espécie de *perestroika* etíope. Desde o início da administração Abiy Ahmed Ali, em 2018, o país já assinou a paz com a vizinha Eritreia, dando fim a um conflito que atingira um impasse 20 anos antes. Abiy igualmente buscou integrar-se aos demais vizinhos limítrofes, como o Quênia e a província norte da Somália, buscando portos alternativos aos do Djibuti. Essa reabertura da Etiópia após a administração voltada para dentro de Meles Zenawi (1995-2012) tem por causa o crescimento econômico do país, cujo financiador principal é o capital chinês.

Ademais ao caso etíope, os investimentos chineses contemplam todos os países da região, tendo por foco a infraestrutura energética e de transportes. Projetos para construção do oleoduto Juba-Lamu, ligando o petróleo sul-sudanês ao porto queniano de Lamu, desenvolvimento das estruturas ferroviária e rodoviária etíopes, tanzanianas e sudanesas são alguns exemplos da parceria chinesa na África Oriental. Os projetos de infraestrutura chineses buscam saciar algumas demandas históricas de países sem acesso ao mar, tais como, Ruanda, Burundi, Uganda, Etiópia e Sudão do Sul, que estão em uma corrida para acessar os portos quenianos de Mombaça e Lamu.

O leste africano, no entanto, enfrenta contendas securitárias regionais que têm preocupado os fóruns da União Africana e da Igad quanto à segurança e ao desenvolvimento regionais, além de disputas que extrapolam a África Oriental. Desde 2018, a Etiópia enfrenta uma disputa em conferências especializadas em Direito Internacional Público sobre o aproveitamento hídrico do Nilo Azul para produção de energia elétrica. Supostamente, a construção de uma barragem nesse rio prejudicaria o potencial hidroelétrico dos demais países a jusante (Sudão do Sul, Sudão e Egito). A Etiópia alega que o oligopólio hídrico egípcio-sudanês remonta ao colonialismo britânico do início do século XX, enquanto Egito e Sudão contestam a construção de barragens no Nilo Azul como internacionalmente ilegais. Após mais de dois anos, o episódio atingiu um impasse.

Para além do impasse hídrico, o Sudão experimentou uma crise política e econômica sem precedentes ao longo da década de 2010. O governo sudanês, centralizado em Cartum, teve de lidar com dissidências políticas regionais no Sul (Movimento/Exército Popular de Libertação do Sudão) e a oeste (Movimento de Justiça e Igualdade, de Darfur). Contudo, em 2011, Cartum admitiu a secessão da região sul e reconheceu o novo Estado independente do Sudão do Sul, o qual concentrava mais de 75% do petróleo do Sudão na província de Abyei. Enfraquecido economicamente pela perda de vastas jazidas de petróleo, o governo de Cartum tentou negociar o preço do barril com o novo país, fracassando na diplomacia, e sofrendo uma crise energética em 2013. Com a economia e a política nacionais em estado crítico, o líder político Omar al-Bashir, no poder desde 1989, ao perder apoio popular e do círculo militar, foi afastado do cargo em 2019.

O Sudão do Sul, por sua vez, é o mais novo Estado do mundo, tendo se separado do Sudão em 2011, após um longo e violento processo de independência. Apesar de ter grandes reservas de petróleo, boa parte da produção costumava ser exportada por via de oleodutos existentes no território do Sudão, ao norte, fato que foi dificultado pela separação dos dois Estados. Além disso, a Guerra Civil que se instaurou no país a partir de 2013, fruto de intensas disputas políticas entre o então Presidente, Salva Kiir, e seu vice, Riek Machar, e só aparenta ter sido solucionada em 2020, dificultava a exploração do petróleo por razões de segurança. Por esses motivos, o recém-criado país passou boa parte de sua existência buscando lidar com severas dificuldades econômicas e securitárias, que se refletiram em desafios para os países vizinhos, os quais tiveram de receber grandes ondas de refugiados, além de serem impactados pela violência no país contíguo. Com a formação do governo de coalizão no início de 2020, espera-se que o Sudão do Sul consiga garantir sua estabilidade política e fomentar o crescimento econômico, levando ao fim a Missão das Nações Unidas no Sudão do Sul (Minuss), que já dura quase nove anos, e permitindo que o país tenha controle soberano sobre seus assuntos internos e internacionais.

Uma das características mais marcantes da África Oriental, e especialmente da região do Chifre da África, é a importância de sua localização geoestratégica. O estreito de Bab-el Mandeb e o Golfo de Áden, que ligam o Oceano Índico ao Mar Vermelho e, através do Canal de Suez, ao Mediterrâneo, são regiões-chave para muitas das principais rotas do comércio marítimo mundial. Ainda no início da década de 2010, considerava-se que o principal perigo enfrentado pela região era a pirataria e demais crimes similares cometidos por grupos oriundos da Somália. Ao longo do decênio, no entanto, os grupos piratas foram duramente combatidos por esforços regionais e internacionais, que foram, em larga medida, bem-sucedidos. Assim, apesar da continuada atuação do grupo terrorista *Al-Shabaab* em seu território e da existência de movimentos separatistas na Somalilândia e na Puntlândia, a Somália tem passado por anos de estabilização e reconstrução, apoiada, principalmente, pela Turquia, que tem buscado afirmar sua presença no Chifre Africano. Além de nações emergentes, potências tradicionais também têm buscado garantir sua presença, inclusive militar, em torno do estreito. Exemplo disso são as bases existentes no Djibuti, pertencentes a potências tradicionais, como Estados Unidos, França, Itália e Japão, ou a potências emergentes, como China e Índia. Constata-se, portanto, que para os Estados africanos próximos dessa importante região geoestratégica, a última década foi um período de inserção de novos atores que contribuíram para uma relativa estabilização, apesar das ameaças ainda existentes.

6.6 África Central e a Cemac[6]

Criada em 1994 e sediada na cidade de Bangui (República Centro-Africana), a Comunidade Econômica e Monetária da África Central (Cemac), que engloba o Banco de Desenvolvimento dos Estados da África Central, foi antecedida pela Comunidade Econômica dos Estados da África Central (Ceeac), que tinha como principal objetivo o estabelecimento de uma União Aduaneira na região. Ainda que este propósito tenha logrado resultados significativos no

---

6. Colaboração de Guilherme Geremias e Camila Andrade.

âmbito da Cemac, é possível observar, principalmente, a prioridade de atuação do organismo no campo da paz e segurança.

Em relação aos países que compõem a Cemac – sejam eles Camarões, Chade, Gabão, Guiné Equatorial, República Centro-Africana, República do Congo e São Tomé e Príncipe – estes estão inter-relacionados pelo dilema de segurança, ou seja, de como a questão securitária afeta a relação entre os vizinhos, buscando uma maior estabilidade para a região e, consequentemente, para os contextos nacionais. Além disso, situados na Zona do Franco, estes Estados objetivam criar um espaço geopolítico que faça frente ao gigante nigeriano a leste e sul, equilibrando a balança de poder regional.

Os contextos nacionais desses países foram marcados por disputas internas pelo poder do Estado recém-independente, gerando instabilidade e pouca continuidade de políticas. Ademais, há uma forte presença do papel do petróleo na economia e nas dinâmicas internas da maioria dos países do grupo, com uma presença marcada da França na região, além dos Estados Unidos e da China.

Influenciado por múltiplas colonizações (alemã, inglesa, francesa), Camarões é reconhecido pela estabilidade de seus governos, não sofrendo um golpe militar com êxito. Estabelece relações bilaterais com os Estados Unidos, a China e a Europa, além de uma atenção à região buscando solucionar os impasses com seus vizinhos. Desde 2016, o país sofre com uma onda de movimentos separatistas armados na fronteira com a vizinha Nigéria, ao sudeste de seu território. A crise na região reivindicada pela população anglófona do país, vem se tornando uma pauta cada vez mais urgente nos fóruns internacionais securitários, entretanto não existem indícios de quando a violência encerrará.

Marcado por conflitos internos, Chade é um Estado que não possui saída para o mar, dependendo de portos de outros países, em especial de Camarões. Apesar de, recentemente, ter iniciado a exploração do petróleo, produto que possui um peso significativo em sua economia (cerca de 60% das exportações), o país continua sendo um dos Estados mais pobres da África. Hoje, os principais Estados atuantes do setor petrolífero chadiano são Estados Unidos e China, qual representa também a principal exportadora comercial do Chade.

O Gabão caracteriza-se por ser um país relativamente estável, atuando na pacificação da região como mediador e propondo iniciativas regionais de cessar-fogo. O país, um dos maiores produtores de petróleo da África Subsaariana, desde 2009, tem se concentrado na modernização, transformação e diversificação de sua economia por meio da implementação do Plano Estratégico para um Gabão Emergente (PSGE), que, alimentado por investimentos públicos e privados significativos, vem aumentando sua infraestrutura industrial e estratégica na região.

O petróleo também tem uma relevância na economia da Guiné Equatorial, sendo o terceiro exportador da África Subsaariana. Ademais, o Estado é privilegiado por sua posição estratégica na região, o que garante a sua barganha com as grandes potências. Recentemente, o país vem se profissionalizando no setor de hidrocarbonetos por meio de parcerias no refinamento petrolífero com outros países, como o Egito, e com o Projeto Gás Megahub, que juntamente com outros oito projetos para atrair investimentos, estão definindo o caminho para o desenvolvimento energético do continente para a próxima década. Ao longo da história da República Centro-Africana o país vem passando por fortes ondas de desestabilização nacional, com discretas relações multilaterais e a influência da França no território. Em 2019 foi negociado na capital do país, sob os auspícios da União Africana (UA), um acordo de paz que pretende o fim da crise iniciada em 2012, após a luta entre a milícia anti-Balaka, de maioria cristã, e uma coalizão rebelde principalmente muçulmana conhecida como Séléka.

Seguindo os passos dos seus vizinhos, a República do Congo também se encontra entre os maiores exportadores de petróleo africano. Após o término do conflito civil, concluído em 2003, o país segue buscando por estabilidade. É no território congolês que se encontra um dos maiores portos de águas profundas da África Ocidental e Central, o Porto de Pointe-Noire, que, concedido à França, vem fortalecendo o *status* do Congo como país-trânsito na sub-região. Também marcado pelo papel do petróleo em sua economia, São Tomé e Príncipe caracteriza-se por ser um dos menores países e economias da África, com uma significativa parte da população vivendo abaixo da linha da pobreza. O governo são-tomense, no entanto, recentemente assinou um acordo com o Fundo Internacional de Desenvolvimento Agrícola que pretende apoiar a produção de cacau, café e pimenta, reduzindo progressivamente a importação com a substituição de produtos locais e alargando a base produtiva com a diversificação agrícola do país.

Os estados africanos*

País (capital)	Superfície (1.000km²)	População 1.000 hb.	Densidade hab./km² (% urbano)	PIB (bilhões de dólares) (crescimento em 2011)	PIB per capita 2011 (em dólar)	Analfabetismo	Religiões[1]	Idiomas	Economia[2]	Principais produtos	Moeda
África do Sul (Pretória)	1.211,0	49.300	41,0 (61,7%)	422,0 (3,4%)	11.000	11%	Crist. 79,7%, Muçul. 1,5%, Trad. 18,8%	Inglês, Afrikaans, Venda, Xhosa e outros	Agr. 2,5%, Ind. 31,6%, Serv. 65,9%	Agricultura, viticultura e minas	Rand
Angola (Luanda)	1.246,7	18.500	15,0 (58,5%)	99,3 (3,7%)	5.900	30%	Trad. 47%, Crist. 53%, Prot. 15%	Português, Umbundu, Kimbundu e outros	Agr. 9,6%, Ind. 65,8%, Serv. 24,6%	Petróleo e diamantes	Kwanza
Argélia (Argel)	2.381,0	34.900	15 (66,5%)	183,4 (2,9%)	7.200	27,0%	Muçul. 99% Crist. e Jud.1%	Árabe, Dialetos berberes, Francês	Agr. 8,1%, Ind. 61,6%, Serv. 30,2%	Petróleo, gás natural e fosfatos	Dinar Argelino
Benin (Porto-Novo)	112,0	8.900	79,0 (42,0%)	7,5 (3,8%)	1.500	59,0%	Muçul. 24,4%, Crist. 42,8%, Outras 32,8%	Francês, Fon, Goun, Yorubá e outros	Agr. 35,5%, Ind. 6,1%, Serv. 58,4%	Algodão e pesca	Franco CFA
Botsuana (Gaborone)	581,7	1.900	3,0 (1,5%)	16,4 (6,2%)	16.300	17,0%	Crist. 71,6%, Trad. 28,4%	Inglês, Setswana e outros	Agr. 2,1%, Ind. 45%, Serv. 52,9%	Diamantes, níquel e cobre	Pula
Burkina Fasso (Ouagadougou)	274,0	15.800	58,0 (25,7%)	10,1 (4,9%)	1.500	71,0%	Muçul. 60,5%, Crist. 23,2%, Trad. 16,3%	Francês, Mooré, Dioula, Peul e outros	Agr. 34,1%, Ind. 23,2%, Serv. 42,8%	Algodão, criação de animais e ouro	Franco CFA
Burundi (Bujumbura)	27,8	8.300	298,0 (11%)	1,7 (4,2%)	400	82,1%	Crist. 67% Muçul. 10%, Trad. 23%	Kirundi, Francês, Swahili	Agr. 31,1%, Ind. 21,5%, Serv. 47,4%	Agricultura, níquel e cassiterita	Franco do Burundi

* Dados compilados por Thierry Lukama e Guilherme Ziebell de Oliveira.
1. Crist.: Cristãos; Muçul.: Muçulmanos; Trad.: religiões tradicionais locais.
2. Agr.: Atividades do setor primário; Indus.: Atividades do setor secundário, inclusive mineração; Serv.: Atividades do setor terciário.

País (capital)	Superfície (1.000km)	População 1.000 hab.	Densidade hab./km² (% urbano)	PIB bilhões de dólares (crescimento em 2011)	PIB *per capita* 2011 (em dólar)	Analfabetismo	Religiões	Idiomas	Economia	Principais produtos	Moeda
Cabo Verde (Praia)	4,0	505	125,0 (61,1%)	1,9 (5,6%)	4.000	16,0%	Crist. 100%	Português, Crioulo	Agr. 8,5%, Ind. 16% Serv. 75,5%	Banana, pesca e turismo	Escudo Cabo-verdiano
Camarões (Yaoundé)	475,4	19.500	41,0 (58,4%)	25,8 (3,8%)	2.300	24,0%	Crist. 40%, Muçul. 20%, Trad. 40%	Inglês, Francês, Ewondo, Bulu e outros	Agr. 19,7%, Ind. 31,9%, Serv. 48,4%	Petróleo, madeira e algodão	Franco CFA
Chade (N'Djamena)	1.284,0	11.200	9,0 (26,7%)	9,6 (2,5%)	1.900	67,0%	Crist. 34,3%, Muçul. 53,1%, Trad. 12,6%	Francês, Árabe, Sara, Baguirmi e outros	Agr. 52,7%, Ind. 6,7%, Serv. 40,6%	Algodão, gado e petróleo	Franco CFA
Comores (Moroni)	2,2	659	302,0 (28,2%)	0,6 (2,2%)	1.200	26%	Cat. 2%, Muçul. e Sunni 98%	Francês, Comoriano, Árabe	Agr. 41,8%, Ind. 8,6% Serv. 49,6%	Coco e turismo Baunilha	Franco Comoriano
Congo, R.P. (Brazzaville)	342,0	3.700	11,0 (62,1%)	15,1 (5,0%)	4.600	18,9%	Crist. 50%, Muçul. 2%, Trad. 48%	Francês, Lingala, Kikongo, Téke e outros	Agr. 4,1%, Ind. 68,7%, Serv. 27,2%	Madeira e petróleo	Franco CFA
Congo, R.D. (Kinshasa)	2.344,0	66.000	28,0 (35,2%)	15,3 (6,5%)	300	33,0%	Crist. 70%, Muçul. 10%, Trad. 20%	Francês, Lingala, Swahili e outros	Agr. 37,5%, Ind. 27,6%, Serv. 35%	Cobre, diamantes e ouro	Franco Congolês
Côte d'Ivoire (Yamoussoukro)	322,4	21.000	65,0 (50,6%)	23,8 (-5,8%)	1.600	45,0%	Crist. 32,8%, Muçul. 38,6%, Trad. 28,6%	Francês, Dioula, Baoulé, e outros	Agr. 29,2%, Ind. 20,9%, Serv. 49,8%	Cacau, algodão e café	Franco CFA
Djibuti (Djibouti)	23,2	864	37,0 (76,2%)	1,3 (4,8%)	2.600	29,7%	Crist. 6%, Muçul. 94%	Francês, Afar, Árabe, Somali	Agr. 3,20%, Ind. 16,6%, Serv. 80,1%	Pesca e atividade portuária	Franco do Djibuti

Egito (Cairo)	1.001,0	83.000	83,0 (43,4%)	218,9 (1,2%)	6.500	34,0%	Muçul. 90%, Cooptas 9%, e Outros, Crist. 1%	Árabe, Inglês e Francês	Agr. 14,4%, Ind. 39,5%, Serv. 45,8%	Gás natural, ferro e cacau	Libra Egípcia
Eritreia (Asmara)	117,6	5.100	43,0 (21,6%)	2,6 (8,2%)	700	35,0%	Muçulmanos, Animistas, Cristãos	Árabe, Tigrinya, Afar e outros	Agr. 11%, Ind. 34%, Serv. 55%	Cobre, petróleo e sal	Nakfa
Etiópia (Addis-Abeba)	1.104,3	82.800	43,0 (16,7%)	30,5 (7,5%)	1.100	64%	Ortod. 43,5%, Muçul. 33,9%, Crist. 19,3%, Trad. 3,3%	Amárico, Oromo, Somali, Árabe	Agr. 49,3%, Ind. 11,1%, Serv. 39,6%	Café, chá e especiarias	Birr Etíope
Gabão (Libreville)	267,6	1.500	6,0 (86,0%)	16,7 (5,6%)	16.000	13%	Crist. 55% Muçul. 1%, Trad. 44%	Francês, Fang, Pounou, Myéné e outros	Agr. 5,1%, Ind. 53,9%, Serv. 41%	Madeira, petróleo e manganês	Franco CFA
Gâmbia (Banjul)	11,3	1.728	151,0 (58,2%)	1,1 (5,5%)	2.100	55%	Crist. 8%, Muçul. 90%, Trad. 2%	Inglês, Mandinga, Wolof, Peul e outros	Agr. 29,5%, Ind. 15,1%, Serv. 55,4%	Cereais, amendoim e pesca	Dalasi
Gana (Accra)	238,5	23.800	100,0 (51,5%)	38,6 (13,5%)	3.100	34%	Crist. 68,8%, Muçul. 15,9% Trad. 16,3%	Inglês, Gha, Twi, Ewé, Fanté e outros	Agr. 28,3%, Ind. 21%, Serv. 50,7%	Ouro, cacau e diamantes	Cedi
Guiné (Conakry)	245,8	10.100	41,0 (35,4%)	4,6 (4,0%)	1.100	62%	Crist. 8%, Muçul. 85%, Trad. 7%	Francês, Malinké, Peul, Soussou e outros	Agr. 16,8%, Ind. 53,5%, Serv. 29,7%	Bauxita, ouro e diamantes	Franco da Guiné
Guiné Bissau (Bissau)	36,1	1.600	45,0 (30,0%)	1,0 (4,8%)	1.100	49%	Crist. 10%, Muçul. 50%, Trad. 40%	Português, Criolo, Mandigue, Peul	Agr. 55,7%, Ind. 12,7%, Serv. 31,6%	Castanha de caju	Franco CFA
Guiné Equatorial (Malabo)	28,0	677	24,0 (49,5%)	19,4 (7,1%)	19.300	7%	Crist. 100%	Espanhol, Francês, Fang, Bubi e outros	Agr. 3,4%, Ind. 91,7%, Serv. 4,9%	Petróleo, gás natural e madeira	Franco CFA
Lesoto (Maseru)	30,3	2.100	68,0 (26,9%)	2,7 (5,2%)	1.400	10%	Crist. 80%, Trad. 20%	Inglês, Sotho e outros	Agr. 8,4%, Ind. 34,2%, Serv. 57,3%	Hidroeletricidade e turismo	Loti
Libéria (Monróvia)	111,3	4.000	36,0 (47,8%)	1,2 (6,9%)	400	42%	Crist. 85,6%, Muçul. 12,2%, Trad. 2,2%	Inglês, Mandinga, Krou, Bassa e outros	Agr. 76,9%, Ind. 5,4%, Serv. 17,7%	Diamantes, madeira e cacau	Dólar Liberiano

País (capital)	Superfície (1.000km²)	População 1.000 hab.	Densidade hab./km² (% urbano)	PIB (bilhões de dólares) (crescimento em 2011)	PIB per capita 2011 (em dólar)	Analfabetismo	Religiões	Idiomas	Economia	Principais produtos	Moeda
Líbia (Trípoli)	1.759,0	6.400	4,0 (77,9%)	77,9 (10,6%)	12.063	12%	Muçul. 97%, outras 3%	Árabe, Inglês, Italiano	Agr. 17%, Ind. 23%, Serv. 59%	Petróleo e gás natural	Dinar Líbio
Madagascar (Antananarivo)	587,0	19.600	33,0 (30,2%)	9,4 (1,0%)	900	36%	Crist. 41%, Muçul. 7%, Trad. 52%	Malgache, Francês	Agr. 28,8%, Ind. 16,6%, Serv. 54,6%	Agricultura e minas	Ariary
Malaui (Lilongue)	118,4	15.200	129,0 (19,8%)	5,7 (4,6%)	900	27%	Crist. 82,7%, Muçul. 13%, Trad. 4,3%	Inglês, Chichewa, Nyanjas e outros	Agr. 30,3%, Ind. 16,3%, Serv. 53,4%	Turismo e agroindústria	Kwacha
Mali (Bamako)	1.240,0	13.000	10,0 (35,9%)	11,0 (5,3%)	1.300	74%	Crist. 1%, Muçul. 90%, Trad. 9%	Francês, Bambara, Peul, Sénoufo e outros	Agr. 38,8%, Ind. 21,9%, Serv. 39,3%	Ouro e algodão	Franco CFA
Marrocos (Rabat)	446,0	32.000	45 (58,2%)	101,8 (4,6%)	5.100	44%	Muçul. 99%, Crist. e Jud.1%	Árabe, Francês, Dialetos berberes	Agr. 16,6%, Ind. 32,3%, Serv. 51%	Fosfatos, agricultura e turismo	Dirham
Maurício (Port-Louis)	2,0	1.270	631,0 (41,8%)	11,0 (4,2%)	15.000	12%	Hind. 48%, Muçul. 16,6%, Crist. 32,2%, Trad. 3,2%	Inglês, Creole, Francês, Hindi	Agr. 4,4%, Ind. 23,8%, Serv. 71,8%	Têxteis, açúcar e turismo	Rúpia da Maurícia
Mauritânia (Nouakchott)	1.025,0	3.300	3 (41,4%)	4,0 (5,1%)	2.200	43%	Muçul. 100%	Árabe, Francês, Dialetos variados	Agr. 19,2%, Ind. 36,6%, Serv. 44,1%	Ferro, pesca e hidrocarbonetos	Ouguiya
Moçambique (Maputo)	801,5	22.900	29,0 (38,4%)	12,1 (7,2%)	1.100	45%	Crist. 56,1%, Muçul. 17,9%, Trad. 24%	Português, Makua, Tsonga e outros	Agr. 28,4%, Ind. 26,9%, Serv. 44,7%	Minas, pesca e madeira	Metical

Namíbia (Windhoek)	824,2	2.200	3,6 (38%)	13,0 (3,6%)	7.300	13%	Crist. 80 a 90%, Trad. 10 a 20%	Inglês, Afrikaans, Alemão e outros	Agr. 7,1%, Ind. 34,4%, Serv. 58,5%	Diamantes, ouro, prata e urânio	Dólar Namibiano
Níger (Niamei)	1.267	15.300	12,0 (17,1%)	6,5 (5,5%)	800	71%	Muçul. 80%, Outras (Crist. e Trad.) 20%	Francês, Haoussa, Djerma, Peul e outros	Agr. 40,7%, Ind. 16,1%, Serv. 46,5%	Urânio, carvão e ouro	Franco CFA
Nigéria (Abuja)	923,7	154.700	167,0 (49,8%)	247,1 (6,9%)	2.600	40%	Muçul. 50%, Crist. 40% Trad. 10%	Inglês, Francês, Haoussa, e outros	Agr. 35,4%, Ind. 33,6%, Serv. 31%	Hidrocarbonetos, madeira e cacau	Naira
Quênia (Nairóbi)	580,3	39.800	67,0 (22,2%)	36,1 (5,3%)	1.700	13%	Crist. 78%, Muçul. 10%, Trad. 12%	Inglês, Swahili, Kikuyu, Luo e outros	Agr. 22,2%, Ind. 16,4%, Serv. 64,6%	Chá, café e horticultura	Xelim Queniano
República Centro-africana (Bangui)	622,9	4.400	7,0 (38,9%)	2,3 (4,1%)	800	45%	Crist. 50%, Muçul. 15%, Trad. 35%	Francês, Sango, Zandé	Agr. 53,4%, Ind. 14,6%, Serv. 32,1%	Madeira, algodão e diamantes	Franco CFA
Ruanda (Kigali)	26,3	10.000	380,0 (18,9%)	6,0 (7,0%)	1.300	30%	Crist. 93,6%, Muçul. 4,6%, Trad. 1,8%	Inglês, Francês, Kinyarwanda e outros	Agr. 33,6%, Ind. 14,1%, Serv. 52,3%	Agricultura, minas e turismo	Franco Ruandês
Saara Ocidental (El Aaiún)	266,0	522	1,95 (82,0%)	0,9	2.500	---	Muçulmanos	Árabe, Francês, Espanhol,	Agr. e Ind. 60%, Serv. 40%	Fosfatos e agricultura	Dirham e Peseta Saaraui
São Tomé e Príncipe (São Tomé)	0,9	162	169,0 (62,2%)	0,2 (5%)	2.000	12%	Crist. 77,5%, Trad. 23,5%	Português, Créole	Agr. 14,6%, Ind. 23,8%, Serv. 61,7%	Agricultura, pesca e petróleo	Dobra
Senegal (Dakar)	196,7	12.500	64,0 (42,4%)	14,7 (4,0%)	1.900	58%	Muçul. 94%, Crist. 5%, Trad. 1%	Francês, Wólof, Peul-Toucouleur e outros	Agr. 15,9%, Ind. 21,7%, Serv. 62,3%	Cacau, fosfatos e amendoim	Franco CFA
Serra Leoa (Freetown)	71,7	5.700	79,0 (38,4%)	2,1 (5,1%)	800	60%	Muçul. 60%, Crist. 10%, Trad. 30%	Inglês, Krio, Dtmné, Mendé e outros	Agr. 51%, Ind. 21,7%, Serv. 27,3%	Diamantes, ouro e cacau	Leone
Seychelles (Victoria)	0,4	87	185,0 (55,3%)	1,0 (5,0%)	24.700	8%	Crist. 93,2%, Hindu 2,1%, Trad. 3,6%	Inglês, Creole, Francês	Agr. 1,9%, Ind. 18,7%, Serv. 79,3%	Pesca e turismo	Rúpia de Seychelles

País (capital)	Superfície (1.000km²)	População 1.000 hab.	Densidade hab./Km² (% urbano)	PIB (bilhões de dólares) (crescimento em 2011)	PIB *per capita* 2011 (em dólar)	Analfabetismo	Religiões	Idiomas	Economia	Principais produtos	Moeda
Somália (Mogadíscio)	637,6	9.100	14,0 (37,5%)	2,3 (2,6%)	600	---	Muçulmanos	Árabe, Somali	Agr. 60,2%, Ind. 7,4%, Serv. 32,5%	Gás natural e sal	Xelim Somali
Suazilândia (Mbabane)	17,3	1.200	68,0 (21,4%)	3,9 (-2,1%)	5.200	13%	Trad. 40%, Muçul. 10%, Crist. 20%, outras 30%	Swazi, Inglês, Afrikaans, Zulu e outros	Agr. 7,8%, Ind. 50,8%, Serv. 41,4%	Carvão, açúcar e turismo	Lilangeni
Sudão (Cartum)	1.861,0	25.946	13,9 (40%)	63,3 (-0,2%)	3.000	48,9%	Muçul. e minoria Crist.	Árabe, Inglês, Núbio e outros	Agr. 33,66%, Ind. 29,75%, Serv. 36,59%	Petróleo, algodão e têxteis	Dinar Sudanês
Sudão do Sul (Juba)	644,3	10.625	16,4 (22,0%)	-- --	--	73%	Crist. e Trad.	Inglês, Árabe, e outros	--	Petróleo, ouro e diamantes	Libra Sudanesa
Tanzânia (Dodoma)	945,0	43.700	46,0 (26,4)	23,2 (6,1%)	1.500	27%	Crist. 30%, Muçul. 35%, Trad. 35%	Inglês, Swahili e outros	Agr. 27,8%, Ind. 24,2%, Serv. 48%	Agricultura, ferro e turismo	Xelim Tanzaniano
Togo (Lomé)	56,7	6.600	117,0 (43,4)	3,6 (3,8%)	900	35%	Crist. 29%, Muçul. 20%, Trad. 51%	Francês, Éwé, Kabié e outros	Agr. 46%, Ind. 23%, Serv. 31%	Café, fosfatos e algodão	Franco CFA
Tunísia (Tunis)	163,0	10.400	63,0 (67,3%)	48,9 (0%)	9.500	22%	Muçul. 98%, Crist. 1%, Outros 1%	Árabe, Francês	Agr. 10,6%, Ind. 34,6% Serv. 54,8%	Fosfatos, agricultura e têxteis	Dinar Tunisiano
Uganda (Kampala)	241,0	32.700	136,0 (13,3%)	16,0 (6,4%)	1.300	25%	Crist. 83,9, Muçul. 12,1%, Trad. 4%	Inglês, Luganda, Swahili e outros	Agr. 21,8%, Ind. 26,1%, Serv. 52,1%	Café, chá e turismo	Xelim ugandês

Zâmbia (Lusaka)	752,6	13.000	17,0 (35,7%)	18,4 (6,7%)	1.600	29%	Crist. 50 a 75%, Muçul. e Hind. 24 a 49%, Trad. 1%	Inglês, Bemba, Nyanja, Tonga e outros	Agr. 21,5%, Ind. 35,2%, Serv. 43,4%	Cobre, cobalto, e pedras preciosas	Kwacha
Zimbábue (Harare)	390,7	12.500	32,0 (38,3%)	9,2 (6,0%)	500	9%	Crist. 25%, Trad. 24%, outras 51%	Inglês, Shona, Ndebele e outros	Agr. 20,4%, Ind. 24,6%, Serv. 54,9%	Tabaco, algodão e milho	Dólar do Zimbábue
TOTAL	30.291,4	1.002.245									

Fonte: *Jeune Afrique*, França, 2011.

Territórios europeus na África

Nome do Território (País)	Superfície (1.000km)	População 1.000 hab.	Densidade Hab./Km²
Reunião (França)	2,5	827	329,2
Mayotte (França)	0,3	194	498,5
Canárias (Espanha)	7,4	2.117	282,6
Ceuta (Espanha)	0,02	78	4.067,0
Melilla (Espanha)	0,01	73	5.972,0
Madeira (Portugal)	0,8	267	308,5
Santa Helena (Reino Unido)	0,41	5,0	43,0
Esparsas (França – Canal de Moçambique)	0,04	Desabitado	--

Fonte: Cia World Factbook
(https://www.cia.gov/library/publications/the-world-factbook/index.html).

Referências

ABADEJO, A.; ADEDEJI, A. & LANDSBERG, C. (orgs.) (2007). *South Africa in Africa* – The post-apartheid era. Scottsville: University of KwaZulu/Natal Press.

ABRANTES, H. (1980). *Reflexões sobre a cultura nacional.* Angola: U.E. Angolanos.

ALDEN, C. (2007). *China in Africa.* Londres: Zed.

ALMEIDA FILHO, J.G. (2009). *O Fórum de Diálogo Índia, Brasil e África do Sul.* Brasília: Funag.

AMPIAH, K. & NAIDU, S. (org.) (2008). *Crouching Tiger, Hidden Dragon?* – Africa and China. Scottsville: University of KwaZulu/Natal Press.

BA, A.H. (1980). *Vie et enseignement de Tierno Bokar, le sage de Bandiagara.* Paris: Du Seuil.

BUTLER, A. (2004). *Contemporary South Africa.* Londres: Palgrave/Macmillan.

BRUNSCHWIG, H. (1974). *A partilha da África Negra.* São Paulo: Perspectiva.

CARDIM, C. & DIAS FILHO, R.G. (orgs.) (2011). *A herança africana no Brasil e no Caribe.* Brasília: Funag.

CARDOSO, N.F. (2020). *Segurança Regional no Chifre da África (1974-2017).* Porto Alegre: Leitura XXI/Livraria Palmarinca/Cebráfrica-UFRGS.

CARDOSO, P.E. (2011). *A nova arquitetura de paz e segurança na África.* Brasília: Funag.

CHALIAND, G. (1982). *A luta pela África* – Estratégia das potências. São Paulo: Brasiliense.

CHAZAN, N. et al. (1992). *Politics and society in contemporary Africa.* Boulder: Lynne Rienner.

CLAPHAM, C. (1996). *Africa and the international system* – The politics of state survival. Cambridge: Cambridge University Press.

CLAPHAM, C.; HERBST, J. & MILLS, G. (2006). *Big African States*. Joanesburgo: Wits University Press.

COELHO, P. & MENDONÇA, H. (orgs.) (2002). *Relações Brasil-África*: um colóquio. Brasília: Ministério das Relações Exteriores.

COELHO, P. & SARAIVA, F. (orgs.) (2004). *Fórum Brasil-África*: política, cooperação e comércio. Brasília: Ibri/Funag.

COKER, C. (1985). *Nato – The Warsaw Pact and Africa*. Nova York: St. Martin's Press.

COOPER, F. (2003). *Africa since 1940*. Cambridge: Cambridge University Press.

COPSON, R. (2007). *The United States and Africa*. Londres: Zed Books.

COQUERY-VIDROVITCH, C. & MONIOT, H. (1985). *África Negra de 1800 a nuestros dias*. Barcelona: Labor.

DAVIDSON, B. (1979a). *A política da luta armada* –Libertação nacional nas colónias africanas de Portugal. Lisboa: Caminho.

_____ (1979b). *L'Afrique au XXe siècle* – L'èveil et les combats du nacionalisme africain. Paris: J.A.

_____ (1969). *Os africanos*: uma introdução à sua história cultural. Lisboa: Ed. 70, 1969.

DECRAENE, P. (1962). *O pan-africanismo*. São Paulo: Difusão Europeia do Livro.

DEUTSCHMANN, D. (org.) (1989). *Angola and Namibia*: changing the history of Africa. Melbourne: Ocean.

DIOP, C.A. (1999). *Nations nègres et culture*: de l'antiquité nègre égyptienne aux problèmes culturels de l'Afrique Noire d'aujourd'hui. Paris: Présence Africaine.

_____ (1987). *L'Afrique pré-colonial*. Paris: Présence Africaine.

DÖPCKE, W. (org.). (1998). *Crises e reconstruções*. Brasília: Linha Gráfica.

FALOLA, T. & HEATON, M. (2008). *A history of Nigeria*. Cambridge: Cambridge University Press.

FANDON, S. (org.) (2006). *India & Africa, emerging scenarios*. Delhi: Centre for African Studies/University of Delhi.

FARLEY, J. (2008). *Southern Africa*. Londres/Nova York: Routledge.

FERRO, M. (1996). *História das colonizações*. São Paulo: Companhia das Letras.

FIELDHOUSE, D.K. (1984). *Los imperios coloniales desde el siglo XVIII*. Madri: Siglo XXI.

GLEIJESES, P. (1999). *Conflicting Missions*: Havana, Washington, Pretoria. Alberton: Galago.

GONZÁLEZ, C. (org.) (1987). *Cambio e contrarrevolución en África Meridional*. Havana: Ciencias Sociales.

GONZÁLEZ, Y.S. (2018). *Africa Occidental*: crisis vs estabilidade política. Porto Alegre: Livraria Palmarinca/Cebráfrica-UFRGS.

GORDON, A. & GORDON, D. (2007). *Understanding Contemporary Africa*. Boulder: Lynne Rienner.

GRIFFITHS, I. (1994). *The atlas of African Affairs*. Londres/Nova York: Routledge.

GROMIKO, A. (org.) (1986). *A Casa Branca e o continente negro*. Moscou: Progress.

_____ (1983). *African countrie's foreygn policy*. Moscou: Progress.

GUIMARÃES, S.P. (1998). *Brasil e África do Sul*: riscos e oportunidades no tumulto da globalização. Brasília: Ipiri/Funag.

GUIMARÃES, S.P. (org.) (2000). *África do Sul*: visões brasileiras. Brasília: Ipri/Funag.

HALLIDAY, F. & MOLYNEUX, M. (1981). *The Ethiopian Revolution*. Londres: Verso/NLB.

HASSEB, K. (org.) (1985). *The arabs and Africa*. Beirute/Beckenham: Centre for Arab Unity Studies/Croom Helm.

HENTZ, J. (2005). *South Africa and the logic of regional cooperation*. Bloomington: Indiana University Press.

HUGHES, A. (org.) (1992). *Marxism's retreat from Africa* – The Journal of Communism Studies. Londres: Frak Cass.

HUGON, P. (2015). *Geopolítica da África*. Lisboa: Escolar Editora.

HUGUENEY FILHO, C. (1993). *A Conferência de Lancaster House*: da Rodésia ao Zimbábue. Brasília: Funag/Ipri/MRE.

IKOME, F. (2007). *From the Lagos Plan of Action to The New Partnership for Africa's Development*. Midrand: Institute for Global Dialogue.

ILIFFE, J. (2006). *The african Aids epidemic*. Oxford/Cape Town: James Currey/Doublé Storey.

_____ (1999). *África*: história de um continente. Lisboa: Terramar.

JOHNSON, D. (2007). *The root causes of Sudan's Civil Wars*. Oxford: James Currey.

JONGE, K. (1991). *África do Sul*: *apartheid* e resistência. São Paulo: Cortez/Eboh.

KI-ZERBO, J. (1980). *Historia del África Negra*. Madri: Alianza.

KI-ZERBO, J. (org.) (1987). *História geral da África*. 8 vols. São Paulo: Ática/Unesco.

KOHN, H. & SOKOLSKI, W. (1968). *El nacionalismo africano en el siglo XX*. Buenos Aires: Paidós.

LEFORT, R. (1978). *Sudáfrica*: historia de una crisis. México: Siglo XXI.

LEOGRANDE, W. (1980). *Cuba's Policy in Africa, 1959-1980*. Berkeley: Institute of International Studies/University of California.

LYONS, T. & KHADIAGALA, G. (org.) (2008). *Conflict management and African politics*. Londres/Nova York: Routledge.

MAKINDA, S. & OKUMU, F. (org.) (2008). *The African Union*. Londres/Nova York: Routledge.

MANDELA, N. (1994). *The long walk to freedom*. Braamfontein: Nolwazi Educational.

MARKAKIS, J. (org.) (1986). *Military marxists regimes in Africa*. Londres: Frank Cass.

MARTIN, G. (2001). *Africa in world politicas*. Trenton/Asmara: Africa World Press.

McEVEDY, C. (1985). *The Penguin Atlas of African History*. Harmondsworth: Penguin.

MIÈGE, J.-L. (1980). *Expansión europea y descolonización, de 1870 a nuestros dias*. Barcelona: Labor.

MORÁN, F. (1971). *Revolución y tradición en África Negra*. Madri: Alianza.

MOREIRA, N. & BISSIO, B. (1979). *Os cubanos na África*. São Paulo: Global.

MWATHA, M.N. (2011). *Imprimés anonymes en langues africaine, 1830-1960*. Paris: Bibliothèque Nacional de France.

NKRUMAH, K. (1967). *Neocolonialismo*: último estágio do imperialismo. Rio de Janeiro: Civilização Brasileira.

NYERERE, J. (1967). *Uhuru na Umoja*. Londres: OUP.

NYONG'O, P.A. (org.) (1989). *La politica africana y la crisis del desarrollo*. México: El Colegio de Mexico.

OTTAWAY, M. (1982). *Soviet and American influence in the Horn of Africa*. Nova York: Praeger.

Países da Linha de Frente (1983). Lisboa: Comissão Nacional Portuguesa da Conferência Internacional de Solidariedade com os Estados da Linha de Frente.

PERE, G. (org.) (2007). *China in Africa*: mercantilist predator, or partner in development? Joanesburgo: Institute for Global Dialogue/Saiia.

PEREIRA, A.D. (ed.). (2016-2020). *Revista Brasileira de Estudos Africanos* (on line). Porto Alegre: Cebráfrica/UFRGS.

_____ (2012). *A Revolução Sul-africana*: classe ou raça, revolução social ou libertação nacional. São Paulo: Unesp.

PFISTER, R. (2005). *Apartheid, South Africa and African States*: from Pariah to Middle Power, 1961-1994. Londres: Tauis.

RIZZI, K. (2014). *O grande Brasil e os pequenos PALOP*: A política externa brasileira para Cabo Verde, Guiné-Bissau e São Tomé e Príncipe (1974-2010). Porto Alegre: Leitura XXI/Cebráfrica-UFRGS.

RODNEY, W. (1975). *Como a Europa subdesenvolveu a África.* Lisboa: Seara Nova.

RODRIGUES, J.H. (1964). *Brasil e África*: outro horizonte. Rio de Janeiro: Civilização Brasileira.

RUPIYA, M. (org.) (2005). *Evolutions and Revolutions* – A contemporary history of militaries in Southern Africa. Pretória: Institute for Security Studies.

SANTOS, L.V.G. (2011). *A arquitetura de paz e segurança na África.* Brasília: Funag.

SCHUTZ, B. & SLATER, R. (org.) (1990). *Revolution and political change in the Third World.* Boulder/Londres: Lynne Rienner/Adamantine.

SHETH, V.S. (2008). *Índia-Africa Relations*: Emerging policy and development perspectives. Delhi: Academic Excellence.

SHUBIN, V. (2008). *The hot "cold war"* – The USSR in Southern Africa. Londres/Scottsville: Pluto Press/University of KwaZulu/Natal Press.

SILVA, I.C. (2017). *Política Externa na África Austral*: Guerra construção do Estado e ordem regional. Porto Alegre: Cebráfrica/UFRGS.

_____ (2012). *Congo, a Guerra Mundial Africana.* Porto Alegre: Leitura XXI/Cebráfrica-UFRGS.

SLOVO, J. (1979). *África do Sul*: um só caminho. Lisboa: Caminho.

SOLOMON, H.; KELLY, S. & MOTSI, I. (2008). *Towards a sustainable peace in the Democratic Republic of the Congo.* Pretória: CiPS/University of Pretoria.

SOMERVILLE, K. (1993). *Southern Africa and the Soviet Union.* Londres: Macmillan.

SOW, A. et al. (1977). *Introdução à cultura africana*. Luanda: Instituto Nacional do Livro e do Disco/Unesco.

STEPHAN, H. et al. (2006). *The scramble for Africa in the 21st century*. Cape Town: Renaissance.

STEVENS, R. & ELMESSIRI, A. (1977). *Israel-África do Sul*: a marcha de um relacionamento. Brasília: Escopo.

SYLLA, A. (1994). *La philosophie morale wolof*. Dakar: Ifan.

TAYLOR, I. & WILLIAMS, P. (2004). *Africa in international politics*. Londres/Nova York: Routledge.

TORRES, A. (1998). *Horizontes do desenvolvimento africano no limiar do século XXI*. Lisboa: Vega.

TURNER, J.W. (1998). *Continent Ablaze* – The insurgency wars in Africa, 1960 to the present. Joanesburgo: Jonathan Ball.

TWADDEL, M.; RABEARIMANANA, L. & KIMAMBO, I. (1999). "The struggle for political sovereignty in Eastern África, 1945 to independence" In: MAZRUI, A. (org.). *África since 1935*. Oxford: James Currey/Unesco [General History of Africa, VIII].

URNOV, A. (1988). *África do Sul contra África (1966-1986)*. Moscou: Progress.

VARELA BARRAZA, H. (1981). *África: crisis del poder político* – Dictaduras y procesos populares. México: Nueva Imagem.

VERSCHAVE, F.-X. (2004). *De la Françafrique à la Mafiafrique*. Bruxelas: Tribord.

VISENTINI, P. (2016). *A relação Brasil-África*: Prestígio, cooperação ou negócios? Rio de Janeiro: Alta Books.

_____ (2012). *Revoluções africanas*: Angola, Moçambique e Etiópia. São Paulo: Unesp.

VISENTINI, P. & EQUIPE DO NERINT/CEBRÁFRICA. (2018). *Guia da Política Externa dos Estados Africanos*. Porto Alegre: Livraria Palmarinca/Nerint-UFRGS.

VISENTINI, P. & EQUIPE DO CEBRÁFRICA. (2013). *A África e as potências emergentes*: Nova partilha ou cooperação Sul-Sul? Porto Alegre: Leitura XXI/ Cebráfrica-UFRGS.

VISENTINI, P.; MIGON, E. & PEREIRA, A. (orgs.). (2016). *A (in)segurança da África e sua importância para a Defesa do Brasil.* Porto Alegre: NERINT--UFRGS/Rio de Janeiro: ECEME.

VISENTINI, P. & PEREIRA, A.D. (orgs.) (2010). *África do Sul*: história, Estado e sociedade. Brasília: Funag/MRE.

WADE, A. (2005). *Un destin pour l'Afrique* – L'avenir d'un continent. Paris: Michel Lafon.

WANNENBURG, G. (2006). *Africa's Pablos and Political Entrepreneurs – War, the State and Criminal Networks in West and Southern África.* Joanesburgo: Saiia.

WESSELING, H.L. (1998). *Dividir para dominar* – A partilha da África (1880-1914). Rio de Janeiro: UFRJ/Revan.

WILD, L. & MEDHAM, D. (orgs.) (2006). *The new sinosphere.* Londres: Institute for Public Policy Research.

WILSON, H.S. (1994). *African decolonization.* Londres: Edward Arnold.

Os autores

Paulo Fagundes Visentini é professor titular de Relações Internacionais na Universidade Federal do Rio Grande do Sul. Graduado em História, mestre em Ciência Política pela UFRGS, doutor em História Econômica pela USP e pós-doutor em Relações Internacionais pela London School of Economics. Coordenador do Programa de Pós-Graduação em Estudos Estratégicos Internacionais (PPGEEI/UFRGS); coordenador do Centro Brasileiro de Estudos Africanos (Cebrafrica); pesquisador do CNPq e do Núcleo Brasileiro de Estratégia e Relações Internacionais (Nerint/UFRGS); professor-visitante no Nupri/USP e na Universidade de Leiden, Holanda; pesquisador-visitante no Afrika Studie Centrum, Holanda (paulovi@ufrgs.br).

Luiz Dario Teixeira Ribeiro é professor de História Contemporânea na Universidade Federal do Rio Grande do Sul. Graduado em História pela Universidade Federal de Santa Maria e doutorando em História pela UFRGS. Coordenador do Núcleo Brasileiro de Estratégia e Relações Internacionais (Nerint/UFRGS) e pesquisador do Centro Brasileiro de Estudos Africanos (Cebrafrica) (teixeira.ribeiro@ufrgs.br).

Analúcia Danilevicz Pereira é professora de Relações Internacionais da Universidade Federal do Rio Grande do Sul e do Programa de Pós-Graduação em Estudos Estratégicos Internacionais (PPGEEI/UFRGS). Graduada em História pela PUCRS; especialista em Processos de Integração na América Latina, Ásia e Europa, pela Universidade de Leiden, Holanda; mestre e doutora em História pela UFRGS; pesquisadora do Centro Brasileiro de Estudos Africanos (Cebrafrica) e do Núcleo Brasileiro de Estratégia e Relações Internacionais (Nerint/UFRGS) (ana.danilevicz@ufrgs.br).

Conecte-se conosco:

 facebook.com/editoravozes

 @editoravozes

 @editora_vozes

 youtube.com/editoravozes

 +55 24 2233-9033

www.vozes.com.br

Conheça nossas lojas:
www.livrariavozes.com.br

Belo Horizonte – Brasília – Campinas – Cuiabá – Curitiba
Fortaleza – Juiz de Fora – Petrópolis – Recife – São Paulo

  Vozes de Bolso

EDITORA VOZES LTDA.
Rua Frei Luís, 100 – Centro – Cep 25689-900 – Petrópolis, RJ
Tel.: (24) 2233-9000 – E-mail: vendas@vozes.com.br